Confrontando o Leviatã

David Runciman

Confrontando o Leviatã

Uma história do pensamento político moderno

tradução
Christian Schwartz

todavia

Prefácio 7

1. Hobbes sobre o Estado: *Leviatã* (1651) **11**
2. Wollstonecraft sobre a política e os sexos: *Reivindicação dos direitos da mulher* (1792) **46**
3. Constant sobre a liberdade: "A liberdade dos antigos compara à dos modernos" (1819) **67**
4. Tocqueville sobre a democracia: *Da democracia na América* (1835/1840) **91**
5. Marx e Engels sobre a revolução: *Manifesto do Partido Comunista* (1848) **113**
6. Gandhi sobre o autogoverno: *Hind Swaraj — Autogoverno da Índia* (1909) **137**
7. Weber sobre a liderança: "Política como vocação" (1919) **160**
8. Hayek sobre o mercado: *O caminho da servidão* (1944) **184**
9. Arendt sobre a ação: *A condição humana* (1958) **207**
10. Fanon sobre a violência: *Os condenados da terra* (1961) **229**
11. MacKinnon sobre a opressão sexual: *Toward a Feminist Theory of the State* [Para uma teoria feminista do Estado] (1989) **251**
12. Fukuyama sobre a história: *O fim da história e o último homem* (1992) **273**

Outras referências para ler, assistir e ouvir **297**
Índice remissivo **305**
Créditos das imagens **317**

Prefácio

Este livro é baseado numa série de palestras que dei na primavera e no início do verão de 2020. Foi o período em que o Reino Unido, como grande parte do resto do mundo, esteve sob lockdown rigoroso. Escolas e universidades foram fechadas, a maioria das pessoas ficou confinada em casa e muitos nos vimos com tempo disponível. As palestras foram lançadas como parte do podcast *Talking Politics*, que apresento desde 2016. Eu queria duas coisas com o projeto: primeiro, oferecer a estudantes de política e outros que estavam isolados de seus locais habituais de estudo algo novo sobre o que pensar; e, segundo, tentar relacionar a história das ideias aos grandes temas políticos trazidos à tona pela pandemia. Um lockdown é uma experiência política singular. Estávamos sendo coagidos para nossa própria segurança. A ordem era que abríssemos mão de nossa liberdade para salvar vidas. Nunca tendo passado por uma pandemia antes, para muitos de nós, a inflexibilidade dessas escolhas foi uma novidade. Mas também senti que eram dilemas bem familiares em textos-chave sobre política publicados nos últimos quatro séculos. Neste livro, identifico doze desses escritos e tento explicar o que significaram em sua época e o que podem significar para nós nos dias de hoje.

    O tema central ao redor do qual o livro se organiza é a ideia de Estado moderno. Explico no primeiro capítulo o que entendo por esse conceito, de onde ele veio e como suas origens se conectam a muitos dos dilemas que enfrentamos atualmente. Cada um dos capítulos que se seguem pode ser lido como um relato à parte e autônomo, mas juntos eles formam uma única história, uma investigação sobre como a ideia de Estado moderno se transformou de meados do século XVII até o final do século XX. Essa história inclui guerras e revoluções, a ascensão e a queda de impérios, a disseminação da democracia e o fracasso do comunismo, assim como as abordagens críticas do feminismo e do pós-colonialismo. Quase tudo na política dos últimos quatro séculos mudou a ponto de ficar irreconhecível, e ainda assim as peças centrais do quebra-cabeça — poder, liderança, responsabilidade e liberdade — seguem as mesmas. Ser cidadão de um Estado moderno no início do século XXI é desfrutar de vantagens extraordinárias e enfrentar desafios sem precedentes. Ao mesmo tempo, é encarar o paradoxo fundamental da política moderna: o Estado que construímos para nos manter seguros é nosso salvador ou nosso algoz? Ou ambas as coisas, talvez?

Tentei, tanto quanto possível, manter o estilo coloquial das palestras originais. Queria evitar o atoleiro dos debates acadêmicos e do jargão. Esta é uma visão pessoal desses textos clássicos, expressa em grande medida em minhas próprias palavras. Acrescentei a elas algumas citações, de modo a oferecer também um pouco das palavras dos próprios autores, o que não era possível nos podcasts (ali procurei o máximo possível falar sem consultar anotações). Cada capítulo contém um pequeno esboço biográfico do autor em questão, e o livro termina com sugestões para ler, escutar e assistir. Há por aí uma grande variedade de excelentes materiais sobre todos os autores e ideias aqui discutidos. Agora que escolas e universidades estão reabrindo, tenho certeza de que alguns leitores serão apresentados a versões alternativas dos mesmos temas.

A minha não pretende ser definitiva. Mas espero que, para qualquer pessoa interessada nas grandes ideias da política moderna que continuam a moldar a forma como todos vivemos, este livro se torne um bom ponto de partida para pensar sobre o que está em jogo.

Cambridge, maio de 2021

I.
Hobbes sobre o Estado

Leviatã (1651)

Thomas Hobbes (1588-1679), filho de um pastor pobre, nasceu perto de Malmesbury, Wiltshire. Seu tio pagou para que ele fizesse a graduação em Oxford, onde Hobbes, reclamando por não poder cursar matemática, estudou os clássicos e aprendeu a não gostar deles. Posteriormente foi trabalhar em Derbyshire como tutor para a rica família Cavendish, à qual permaneceu ligado pelo resto da vida. Durante o período turbulento da Guerra Civil Inglesa, Hobbes desenvolveu três versões de sua filosofia política: em *Os elementos da lei natural e política* (um panfleto de circulação privada), de 1640, depois em *Do cidadão*, de 1642, e finalmente no

Leviatã, de 1651. A essência de seu pensamento político permaneceu bastante consistente ao longo dessas três obras, mas as implicações de cada uma variaram com a mudança das circunstâncias políticas. *Os elementos* era extremamente pró-realeza, *Do cidadão* e *Leviatã*, um tanto menos. Após a restauração da monarquia, Hobbes escreveu uma história do conflito civil bastante crítica ao Parlamento, intitulada *Behemoth*. O livro só foi publicado após sua morte. Também escreveu extensamente sobre matemática, óptica, física e direito, e traduziu para o inglês, em verso, a *Odisseia* e a *Ilíada* de Homero. Permaneceu prolífico até a velhice, apesar de sofrer de "paralisia dos tremores" (provavelmente mal de Parkinson). Morreu uma semana depois de ter um derrame, e houve alguma controvérsia, dada sua reputação como ateu, sobre se ele tomou a sagrada comunhão antes do fim. Hobbes nunca se casou.

Por que começar com Thomas Hobbes e o *Leviatã*? Por que começar em 1651? Afinal, a história das ideias é muito mais longeva do que isso. Muitos dos conceitos que ainda usamos para organizar nossa vida política têm suas origens no mundo antigo, com filósofos como Platão e Aristóteles e as ideias gregas sobre democracia, justiça e direito. É um possível ponto de partida. Mas quero começar de bem mais adiante e a partir de Hobbes por dois motivos.

Primeiro, porque o *Leviatã* é simplesmente incrível como texto. Não existe, de fato, outro livro como esse. Seu impacto foi o de um sacolejo na história das ideias. Há quem diga ser o livro mais racional já escrito sobre política, mas também é ligeiramente maluco, e é possível que Hobbes estivesse mesmo um tanto louco quando o escreveu. Já era um homem relativamente velho para os padrões da época (tinha 63 anos quando o

Leviatã foi publicado). Vinha de uma doença grave que quase o matara. E, durante a escrita do livro, talvez ainda estivesse sofrendo os efeitos colaterais do que costumava ser chamado de "febre cerebral". O *Leviatã* certamente parece obra de alguém que estava um pouco febril. Hobbes foi, entre muitas outras coisas, matemático, e o livro sugere uma compreensão matemática ou geométrica da política. Mas é, ao mesmo tempo, uma obra de arte. Sua linguagem é extraordinária. É metafórica, alegórica e rica em analogias. O título se refere a um monstro marinho bíblico. É um livro inspirado na geometria euclidiana tanto quanto na imagética da Bíblia. Como eu disse, não há outro que a ele se compare.

Mas uma segunda razão para começar com o *Leviatã* e com Hobbes é que ali temos o início de uma história em particular dentro da história das ideias políticas. Dá para dizer que é a nossa história. Não como seres humanos: essa é a história mais antiga e mais longa, que remonta aos gregos e além. A que começa com Hobbes é nossa história como modernos — cidadãos, ou súditos, modernos de Estados modernos. E o Estado moderno — a ideia do Estado moderno — segue sendo o princípio e a instituição em torno dos quais se organizam nossa política e nosso mundo. É a ideia que usarei para estruturar os temas que permeiam este livro.

No momento mesmo em que escrevo isto — em tempos de coronavírus e mudança climática, na era do Facebook e do *machine learning* [aprendizado de máquina] —, questiona-se se, de fato, o período dominado pelo Estado moderno estaria chegando ao fim. Talvez este seja o começo do fim do domínio dessa ideia. Por enquanto, não sabemos. Retomarei essa questão adiante. De imediato, quero voltar ao início. Não ao início da história humana, propriamente, que tem mais de 100 mil anos, a difícil era do *Homo sapiens*. Nem ao início da história da política, que talvez remonte a cerca de 10 mil anos, quando nômades se estabeleceram pela primeira vez em lugares específicos; nem a quando os humanos construíram as primeiras cidades, faz uns 5 mil anos, mais ou menos; nem ainda ao momento em que os gregos, há dois milênios e meio, começaram a escrever sobre política a partir de ideias sofisticadas. Neste livro, situo o ponto de partida há apenas algumas centenas de anos, com o surgimento de uma forma muito distinta de organização.

Os Estados modernos são um desenvolvimento relativamente recente na longa trajetória humana. E parte significativa dessa história muito mais curta tem origem no *Leviatã* de Hobbes.

Antes de passar a Hobbes, propriamente — quem ele era, o que pensava, de onde veio —, quero explicar um pouco melhor o que quero dizer quando falo de Estado moderno. O significado do conceito não é nada óbvio, mesmo depois de eu ter dito que é a ideia em torno da qual se organiza nossa política. Tentarei caracterizá-lo da forma mais simples possível. A verdadeira história é mais complicada do que isso, mas não importa por enquanto. Pretendo contrastar, em termos bem abrangentes, o que podemos pensar como uma concepção moderna da política, estruturada sobre a ideia de Estado, com o que havia antes, período a que chamarei de pré-moderno, cuja política era típica da Antiguidade.

Todas as comunidades políticas, onde quer que se localizem e qualquer que seja a forma que assumam, são constituídas por dois tipos básicos de pessoas. Há muitos outros tipos além desses dois — os integrantes de comunidades políticas podem ser classificados de várias maneiras diferentes —, mas uma divisão fundamental estará sempre presente. Podemos dividir as comunidades políticas entre aqueles que reconheceríamos como detentores de poderes de decisão, o que inclui a prerrogativa de definir certos tipos de regras e impô-las, e um grupo maior, que vive sob essas mesmas regras e sofre as consequências do que é decidido. Esse grupo mais numeroso constitui o que podemos chamar de corpo do Estado, em oposição ao grupo menor que detém poderes especiais dentro do Estado. São muitos os termos que poderíamos usar para descrever esses dois tipos de pessoas: a maioria e os privilegiados, as massas e a elite, os governados e seus governantes. No contexto contemporâneo, costumamos chamá-los de "o povo" e "o governo". Nem todas essas palavras diferentes se aplicaram sempre à história das ideias. Mas é possível identificar, em quase todas as comunidades políticas, aqueles indivíduos que reconheceríamos como detentores de alguma forma de poder para governar e os demais, que perceberíamos como o grupo que é governado.

Em vários sentidos, a questão fundamental da política nasce dessa distinção. Qual é a relação entre esses dois grupos de pessoas: governantes e governados, governo e povo? Em termos pré-modernos, a questão tendia a se apresentar como uma escolha. As pessoas eram instadas a escolher um dos lados ou pelo menos a dizer se, para elas, o lugar do Estado a que pertenciam, sua comunidade política, era no alto ou embaixo, com a maioria ou com os privilegiados. Às vezes, a questão era se o Estado se identificava com os ricos ou os pobres, porque, presumia-se, os ricos são sempre poucos, enquanto os pobres são sempre muitos. Essa divisão podia se apresentar de diversas maneiras, mas, ao fim e ao cabo, sempre seria preciso fazer uma escolha. Era disso que Hobbes queria se livrar. Seu desejo era inventar uma forma de política que eliminasse a necessidade de tomar partido.

Com a ideia do Estado moderno, a política passa a ter o propósito específico de nos impedir de vê-la como uma escolha entre a maioria e os privilegiados. Governo e povo não aparecem mais sob o tipo de oposição que nos obriga a escolher um de dois lados ou, a exemplo do que com frequência acontecia nas concepções de política da Antiguidade, a encontrar um complexo equilíbrio entre eles. No mundo antigo, o conflito político às vezes podia ser evitado buscando-se a anulação mútua das diferentes facções. Podia-se, como numa balança, distribuí-las num prato e noutro de modo que a política nunca pendesse demais para nenhum dos lados. Era possível tentar organizar a comunidade política de forma que nem os ricos nem os pobres tivessem meios de destruir o outro: um pouco de poder deste lado, outro tanto daquele. Ao menos em teoria.

Como acontece com qualquer ponto de equilíbrio, porém, basta um ligeiro distúrbio para a balança pender.

Na concepção hobbesiana — ou moderna — da política, o Estado é constituído de modo que não se tenha de escolher. Governo e povo continuam a existir em separado. Não são a mesma coisa, e de imediato somos capazes de perceber que não são. Os governos são compostos de indivíduos cujos nomes conhecemos — em número relativamente pequeno —, e é possível fazer uma lista de quem são eles. Não é possível fazer uma lista dos membros do povo. Somos muitos. Nós, membros do povo, sabemos que não fazemos parte do governo: não temos aquele tipo de poder de decisão. Governo e povo seguem sendo bastante distintos. No entanto, os dois lados da política se encontram encerrados numa espécie de enlace mecânico. Dependemos uns dos outros para que o sistema funcione. Concedemos autoridade. Outros agem por nós. Apesar de sua existência uma à parte da outra, no Estado moderno, é extremamente difícil separar as duas categorias de indivíduos: são separadas, mas inseparáveis.

O que torna estranha essa ideia é ela ser mais confusa do que a concepção antiga. A ideia antiga de política faz muito sentido. A política com frequência dá a impressão de ser uma escolha entre estar do lado do povo ou do governo. O Estado de que falamos é, afinal, um Estado popular ou um Estado elitista? Pertence apenas aos privilegiados — oligarcas e gente de sorte com as conexões certas? Ou a maioria tem, verdadeiramente, direito a voz? O destino do povo está em suas próprias mãos? Política como uma escolha ainda faz sentido, e evitá-la muitas vezes parece constrangedor e desconfortável. No entanto, a ideia do Estado moderno que tenta se livrar dessa escolha é a mais poderosa, a mais bem-sucedida e, como mostra Hobbes, a mais assustadora em toda a história das ideias políticas. É a noção que acabou por se tornar dominante em nosso mundo, pelo menos até agora, e talvez por muito tempo ainda.

Deixe-me dar alguns exemplos para tentar ilustrar a estranheza e o poder dessa ideia em contraste com o que havia antes. Para exemplificar o que seria uma concepção pré-moderna da política, tomo um livro que poderia ser o ponto de partida de uma história alternativa das ideias políticas modernas — por vezes considerado o primeiro livro moderno sobre política. *O príncipe*, de Maquiavel, foi publicado quase 150 anos antes do *Leviatã*, mas, em muitos aspectos, parece mais contemporâneo. Certamente ainda é lido por muitos políticos de hoje. Conta-se que Alastair Campbell, assessor de comunicação de Tony Blair, fazia questão de que todos os que trabalhavam no gabinete de Blair em Downing Street tivessem um exemplar à mão em sua mesa. O livro parece moderno por soar bastante cínico. Ainda hoje chamamos políticos cínicos de "maquiavélicos" (dificilmente nos ocorreria chamar alguém de "hobbesiano"). Maquiavel escreve sobre os usos e abusos do poder. Ele se propõe, no livro, a compreender a política nos termos da própria política, um tipo particular de atividade, implacável, ao qual as regras normais não se aplicam: acima de tudo, para Maquiavel, as regras do cristianismo. A política não é um empreendimento do sagrado; é *Game of Thrones*. Muitas dessas lições ainda ressoam para os políticos atuais como se tivessem sido escritas ontem. "É melhor ser temido do que ser amado", uma das frases de efeito de Maquiavel, soa como um preceito válido para o início do século XXI tanto quanto o era para o início do século XVI. E, no entanto, não acredito que se possa começar uma história das ideias políticas modernas com *O príncipe*, pois não se trata de uma obra moderna.

A prova de que *O príncipe* não é moderno aparece na primeira frase do livro, ignorada pela maioria porque todo mundo quer chegar logo às partes mais suculentas. A abertura não é o mais interessante do livro. Não é onde se encontra a descrição do que se passa nos círculos íntimos do poder. Mas as primeiras linhas de *O príncipe* dão o tom do que virá. Dizem o seguinte: "Todos os Estados, todos os domínios que tiveram e têm poder sobre os homens foram e são repúblicas ou principados".* A concepção pré-moderna da política pressupõe esse "ou". Enxerga políticas distintas em repúblicas — ou seja, Estados centrados nos cidadãos — e principados — ou seja, Estados centrados na realeza; Estados cuja identificação é com o conjunto do povo, de um lado, e Estados cuja identificação é com o governante, de outro. Na verdade, os Estados centrados nos cidadãos, no mundo pré-moderno, não incluíam a maioria das pessoas: as então "maiorias" não chegavam nem perto de significar "todos". Esses Estados excluíam todos aqueles — de escravos a mulheres e crianças — que não contavam como governados porque não existiam para o governo; existiam simplesmente como propriedade de

---

* *O príncipe*. Trad. de Maurício Santana Dias. São Paulo: Penguin-Companhia das Letras, 2010, p. 47. Para as citações de clássicos da política presentes no livro, serão usadas traduções já existentes, sempre que disponíveis, e recentes na medida do possível, devidamente referenciadas. Paráfrases ou frases de efeito tornadas memória coletiva, como a mencionada no parágrafo anterior, terão tradução mais livre. Citações com tradução própria aparecerão assim indicadas. [Esta e as demais notas são do tradutor.]

outras pessoas. Para a maioria, o mundo antigo não era muito bacana. O mundo de Maquiavel tampouco era muito melhor. Mas não é isso que o torna pré-moderno, e sim o fato de sua política se configurar, fundamentalmente, como uma questão de ou isso, ou aquilo. Maquiavel achava que alguns dos princípios que serviam de guia à política podiam superar essa divisão, mas muitos outros não. Aquela é a primeira frase de seu livro mais famoso porque ele achava importante, de fato, saber se o Estado de que falamos é uma república ou um principado.

De modo que, se a política é uma escolha e precisamos definir se vivemos num principado — o que essencialmente significa um Estado governado por alguém no alto — ou numa república — o que quer dizer um Estado dos de baixo, do povo —, o que acontece se fizermos a mesma pergunta sobre os Estados atuais? Seremos capazes de respondê-la? Na verdade, não. Por que não? Porque somos modernos, assim como nossos Estados são modernos, e aquela divisão não se aplica mais.

Vejamos dois exemplos contemporâneos: os Estados Unidos e o Reino Unido. Será mesmo que não conseguimos, nesses casos, responder à pergunta de Maquiavel? Bem, os Estados Unidos da América são uma república relutante. Mas sem dúvida se autodenominam uma república. Nos termos de Maquiavel — e muitos dos "pais fundadores" da república norte-americana o leram meticulosamente —, os Estados Unidos são, definitivamente, ao menos em teoria, um Estado sem um príncipe. Em contraste, o Reino Unido não é uma república. É uma monarquia. Temos muitos príncipes. Provavelmente príncipes demais. Não apenas o príncipe Charles, nosso próximo rei,* mas todos os outros também — inclusive um que

---

* Como explicitado no prefácio, o livro foi baseado em palestras de 2020, e publicado originalmente em 2021. Charles III tornou-se rei em setembro de 2022, após a morte de Elizabeth II.

outro dia decidiu deixar de fazer parte da família real para viver na república norte-americana com sua esposa norte-americana. Mas esses não são, na verdade, nossos príncipes no sentido maquiavélico. Nem nossa chefe de Estado, a rainha, o é. Nosso príncipe, no momento em que escrevo, é Boris Johnson. E, claro, os Estados Unidos da América também têm seus príncipes: Donald Trump e, agora, Joe Biden. Cada um deles governa uma espécie de corte principesca, autocrática e temível.

O primeiro-ministro britânico e o presidente dos Estados Unidos acumulam um poder que vai além do que Maquiavel consideraria aceitável como algo que se assemelhasse a uma república ou Estado popular. E, no entanto, os dois tampouco são príncipes no sentido maquiavélico, pois o príncipe de Maquiavel trata o Estado como seu patrimônio pessoal, como um tipo de posse ou propriedade privada. Johnson e Trump não possuem seus próprios Estados, por mais que desejem que assim fosse. O poder que detêm é graças a nós, só por nossa causa e à custa de consequências que nós sofreremos. Eles dependem do povo. No entanto, ao mesmo tempo, exercem um tipo de poder que extrapola qualquer coisa que poderia ser tolerada numa verdadeira república maquiavélica, porque nós, o povo, quase não temos direito a voz sobre como somos governados e sobre as decisões tomadas por nossos governantes. Assim que os colocarmos no poder, eles terão real poder sobre nós. Nossos Estados não são *ou* repúblicas, *ou* principados. São ambos, o que quer dizer que, na verdade, não são nem uma coisa, nem outra.

Essa concepção de política, em que o governo deve seu poder e sua autoridade ao povo e, como resultado, o povo está sujeito ao poder e à autoridade do governo, é distintamente moderna. É uma relação de mútua codependência. Ainda que possamos continuar a pensar na política como aquela velha questão de escolher um lado ou outro, é muito difícil separar os dois lados na política moderna. Essa é a ideia cujas origens se encontram, em parte, no *Leviatã* de Thomas Hobbes. Meu objetivo é fazê-la soar familiar, embora seja bastante estranha, e soar estranha, embora devesse ser bastante familiar. Quero uma abordagem de nossa política que familiarize e desfamiliarize ao mesmo tempo. Hobbes serve bem a isso, pois, na mesma medida que é um autor estranho, sua escrita é essencial para dar sentido ao nosso mundo. É verdade que 1651 é muito tempo atrás, e quase tudo na constituição de nossas vidas mudou desde então, mas, ao começar por Hobbes, ainda devemos ser capazes de reconhecer algo de nós mesmos no mundo que ele descreve.

Quem foi Thomas Hobbes? A primeira coisa a dizer sobre o homem em si é que um dado essencial de sua vida se expressa já nas datas de seu nascimento e morte. Ele nasceu em 1588, o ano da Armada Espanhola, sob Elizabeth I. E morreu em 1679, 91 anos depois, no final do reinado de Carlos II. Ainda hoje seria uma vida longa. No contexto do século XVII, Hobbes foi extremamente longevo. Além do mais, viveu durante um dos períodos políticos mais turbulentos de toda a história. Sua longevidade não é prova de circunstâncias pessoais seguras. Muito pelo contrário. No centro de sua longa vida, bem no meio dela, o perigo e a turbulência política foram profundos. A vida de Hobbes foi definida, em sua essência, por uma espécie de colapso da política — o tipo de colapso que representava uma ameaça imediata precisamente à vida de pessoas como ele. Foi esse colapso da política que o inspirou a escrever o *Leviatã*.

As duas grandes calamidades políticas do período foram, de um lado, o verdadeiramente medonho trauma europeu da Guerra dos Trinta Anos, que se estendeu de 1618 a 1648 e coincidiu com o terço intermediário da vida de Hobbes (ele tinha trinta anos quando começou, sessenta quando acabou). Aquela foi uma das piores entre todas as guerras — uma espécie de luta de todos contra todos: um conflito profundamente violento, às vezes beirando o genocídio, abrangendo todo o continente europeu e dividindo as pessoas por motivos de religião, etnia, dinastia, economia, classe e até mesmo família. Foi horrível, brutal, interminável, o que pode haver de pior na política. Hobbes não viu muito da Guerra dos Trinta Anos pessoalmente, mas soube tudo a respeito dela.

E em sua própria vida como súdito da Coroa inglesa, o grande trauma da meia-idade de Hobbes foi a Guerra Civil Inglesa, ou Revolução Inglesa, como era mais frequentemente conhecida, que durou por volta de 1640 a 1660 (Hobbes tinha 52 anos quando começou, 72 quando terminou). Em seu cerne, em 1649, estava a execução do rei, seguida pela tentativa de criar um novo tipo de república. Essa tentativa falhou, e a revolução terminou com a restauração da Coroa. O *Leviatã*, obra-prima de Hobbes, foi publicado em 1651, de modo que, se o marco inicial da Guerra Civil Inglesa for 1642, quando os combates começaram, e seu marco final for 1660, com o retorno do rei, o livro surge precisamente no meio do trauma. E é o coração do trauma que o informa.

Hobbes gostava de brincar, sobre o ano de seu nascimento, que sua mãe entrara em trabalho de parto ao saber que a Armada Espanhola navegava pelo Canal da Mancha, tamanho o trauma. Portanto ele viera ao mundo, em suas próprias palavras, como um "gêmeo do medo", e as circunstâncias desse nascimento o tornaram, ao longo da vida, um homem extremamente ansioso e amedrontado. Hobbes era o que hoje talvez chamássemos de paranoico. Era frequente achar que as pessoas queriam lhe fazer mal. Mas tinha também motivos para isso. Aquela era uma época perigosa para se viver, e erros — erros políticos, erros intelectuais, erros religiosos — podiam lhe custar a vida. Como diz o ditado: só porque a pessoa é paranoica, não quer dizer que não tenha seus perseguidores.

Hobbes tinha medo de um colapso político e procurou evitá-lo. Foi o que fez, literalmente, no caso da Guerra Civil Inglesa, porque outro fato crucial sobre o *Leviatã* é que Hobbes não o escreveu na Inglaterra, e sim em Paris, onde se instalara em parte pelos perigos que o conflito representava para ele, pessoalmente. Era uma espécie de porto seguro, e o livro foi escrito — e talvez só pudesse ter sido escrito dessa forma — a certa distância dos eventos que o inspiraram. No entanto, o paradoxo da vida de Hobbes é que, ainda que ele afirme ter sido um homem temoroso, o leitor do *Leviatã* jamais diria isso, pois se trata de um livro intelectual e politicamente destemido — motivo pelo qual causou tamanho choque. Hobbes escreve como se nada o impedisse. É um texto incrivelmente perigoso para quem o escreveu. Quase lhe custou a vida depois que os Stuart foram reinstalados no trono, em 1660, pois, tendo vindo a público no meio do conflito, soava ele próprio um tanto conflituoso sobre de que lado estava, e isso precisamente por tentar evitar escolher um lado. Com o retorno da realeza, foi lido como desleal, e deslealdade a um rei é sempre perigoso. Mais do que isso, era um livro que dava a impressão, pela forma como tenta minimizar as divisões religiosas em favor de uma concepção mais ampla da política, de que seu autor não apenas se colocava contra a religião, mas possivelmente também contra Deus. Como resultado, Hobbes passou a ter reputação de ateu. No século XVII, o ateísmo também podia justificar a morte de alguém. Portanto, viver como Hobbes era viver com medo, e também ser absolutamente destemido. Foi o destemido Hobbes, o louco Hobbes, o magnífico Hobbes quem escreveu o *Leviatã*.

E o que mais Hobbes fez além de escrever livros? Como ele, conforme diríamos hoje, ganhou a vida? Bem, fazendo um monte de coisas, mas Hobbes foi, numa palavra, uma espécie de criado. Nascido em circunstâncias relativamente humildes, ele venceu por sua inteligência, e por fim se estabeleceu a serviço, e sob a proteção, de uma família aristocrática, os Cavendish (condes, mais tarde duques, de Devonshire). Trabalhou para eles em muitas funções diferentes. Era uma espécie de intelectual da casa, autor famoso e matemático de estimação da família. Foi tutor dos seus filhos e os levava em longas viagens pela Europa, de modo que também era uma espécie de guia turístico. Foi ainda um missivista que trocou cartas com muitos outros intelectuais conhecidos de sua época. Cuidou de alguns dos negócios dos Cavendish. Em troca, eles lhe davam proteção e segurança, até que não conseguiram mais lhe oferecer isso — até que a Guerra Civil tornou perigoso demais ser associado a famílias eminentes. Continuaram a protegê-lo depois, da melhor maneira que puderam. Em parte, a ida de Hobbes para Paris se deu pelo rompimento daquela relação de serviço acompanhado de proteção.

No que Hobbes acreditava? Essa é uma pergunta difícil de responder, como sempre, a respeito de quem quer que seja. Mas há outra palavra para descrever Hobbes: ele era um cético, sendo o ceticismo o lugar filosófico da dúvida. O cético mais famoso desse período foi um amigo de Hobbes na França, René Descartes, o célebre filósofo que criou o slogan do ceticismo. À medida que avançarmos nesta história das ideias, muitos dos personagens de quem vou falar também terão algum tipo de bordão associado a eles. Já chego ao de Hobbes. O de Descartes era "*Cogito ergo sum*": "Penso, logo existo". É a resposta do cético à pergunta: "Há algo que possamos saber com certeza?". Se a pessoa duvida de tudo, se diz que quer ter certeza absoluta, só há uma coisa da qual pode estar absolutamente certa, que é a existência de sua própria dúvida. Se nada mais houver no universo, ainda assim haverá aquele que duvida. Não é possível existir ceticismo sem que exista alguém ou algo capaz de pensar ceticamente. Um slogan alternativo talvez fosse: "Duvido, logo existo".

O ceticismo é um método de pensamento, e não um estado de espírito permanente. O cético busca uma base de certeza a partir da qual construir seu pensamento. Descartes construiu o seu desde essa base até uma prova da existência de Deus. Da dúvida pode resultar conhecimento, sobre o conhecimento deve haver dúvida. Isso, para Descartes, era o suficiente para se reconstruir tanto a religião quanto a ciência. O ceticismo de Hobbes não foi tão profundo nem tão elaborado quanto o que tentou reconstruir. Foi uma tentativa de responder ao que ele via como a questão fundamental da vida social e política, numa época em que a ausência de uma base de certeza dividia as comunidades. As escolhas propostas pela política — seu rei ou meu parlamento, seu papa ou minha Igreja, sua família ou a minha, sua tribo ou a minha — causavam conflito e morte. Haveria, subjacente a todo esse conflito, alguma coisa que estivesse além de qualquer dúvida, mesmo para pessoas que discordavam sobre todo o resto? Seria possível encontrar essa coisa única sobre a qual todos os seres humanos racionais deveriam ser capazes de concordar? Hobbes achava que sim. E a chave era repensar a política persistindo na dúvida até que tivéssemos o alicerce de certeza sobre o qual uma nova ideia de política pudesse ser erguida — uma construção que não desmoronasse sob a pressão da divisão humana porque estava ancorada em algo subjacente a ela.

Quais eram, então, as coisas sobre as quais, segundo Hobbes, todos concordaríamos? Para começar, todos podemos saber que estamos vivos. Assim como Descartes com a dúvida, Hobbes considerou que, para que existissem aquelas divisões infinitas entre nós, teríamos de as estar vivendo. E o que significa estar vivo? Aquela era a época do alvorecer da revolução científica, quando as pessoas começavam a explorar sistematicamente o que move o mundo natural, o que o mantém em movimento. Estar vivo é estar em movimento. A vida se traduz em ânimo, pois o oposto de estar vivo é o inanimado. A coisa inanimada é uma coisa morta. Existe algo que anima o movimento. *Anima*, em latim, significa alma. Mas, para Hobbes, tratava-se mais de uma espécie de motor. "Nenhum homem", ele escreveu, "duvida da verdade da seguinte afirmação: quando uma coisa está em repouso, permanecerá sempre em repouso, a não ser que algo a coloque em movimento."*

Somos motivados a nos manter em movimento. É isso que significa viver. A época de Hobbes foi aquela em que a ciência fez as primeiras descobertas sobre o coração ser uma espécie de motor que bombeia sangue pelo corpo. As pessoas estavam começando a pensar em como a luz vai de um ponto a outro — e Hobbes passou muito tempo pensando nisso. O mundo se faz de movimento e somos criaturas em movimento. Essa é a definição de Hobbes para estar vivo: ser uma criatura em movimento. Não se apoia em filosofia alguma nem em teologia abrangente. É algo que podemos saber simplesmente nos observando. E estar vivo é querer continuar vivo. Criaturas em movimento querem continuar em movimento, porque parar é igual a morrer. Claro, há quem não queira viver — Hobbes entendia de depressão — mas, conforme ele pensava, esse não é um estado de espírito racional. Se um ser é pensante e age pela razão, vai querer continuar em movimento.

Esse movimento nos levará a entrar em conflito uns com os outros. Eis aí outra coisa sobre a qual Hobbes pensava com que deveríamos ser capazes de concordar, pois bastaria olhar ao nosso redor. Ele por vezes descreve a vida como uma espécie de corrida. Estamos todos correndo porque estamos todos em movimento. Sabe-se lá para onde estamos indo, mas certamente estamos fugindo da morte. Não temos como correr

---

* Thomas Hobbes, *Leviatã*. Trad. de João Paulo Monteiro e Maria Beatriz Nizza da Silva. São Paulo: Martins Fontes, 2003, p. 17.

indefinidamente, porém é o que vamos tentar fazer enquanto pudermos. Não se trata de uma corrida de quatrocentos metros ao redor de uma pista limpa, na qual todos obedecemos os limites de nossas respectivas raias e o prêmio vai para a pessoa que primeiro cruzar a linha de chegada. É mais como — e a imagem não é de Hobbes, mas é nela que seu argumento me faz pensar — aquela corrida maluca anual que acontece num vilarejo em Gloucestershire, onde os participantes perseguem um queijo gigante rolando colina abaixo. Depois de um tempo, já não se consegue mais enxergar o queijo, há muito desaparecido de vista, mas as pessoas continuam simplesmente desabaladas, esbarrando umas nas outras, algumas avançando, outras não, porque não existem raias para guiá-las. Todos perseguimos um mesmo objeto, embora sabendo muito pouco do que se trata. Simplesmente é o que fazemos. Não temos noção, na verdade, dos caminhos certo e errado a seguir. Vamos aos trancos. Trombamos uns nos outros. Derrubamos uns aos outros. Se alguém cai e não se levanta, é porque parou, e na corrida da vida, parar é, para Hobbes, morrer.

O que torna as trombadas na corrida da vida tão perigosas — mais perigosas do que perseguir um queijo gigante colina abaixo — é que cada um de nós as interpretará a seu modo. Não vamos perceber o perigo da mesma maneira, porque, se estou em rota de colisão com alguém e esse alguém está em rota de colisão comigo, eu sou a ameaça para essa pessoa, mas, para mim, a ameaça é ela. Ainda assim, devemos ser capazes de concordar que, mesmo que uma solução para trombadas individuais seja impossível, seria melhor evitar trombadas em geral o máximo que pudermos. A vida será melhor se esbarrarmos menos uns nos outros, se pudermos de alguma forma nos mantermos cada um em sua raia, mesmo que elas não existam. Talvez, se houvesse regras nesse jogo, se houvesse princípios norteadores que nos fizessem evitar as colisões mais destrutivas, conseguíssemos escapar de uma situação na qual, já que o outro pode ser uma ameaça, eu sinta que tenho de tirá-lo da corrida antes mesmo que chegue perto de mim.

    Hobbes achava que poderíamos alcançar um entendimento dessas regras. Ele as chamou de leis da natureza, por serem leis que se aplicam a nós como criaturas vivas e racionais. Há um bom número delas — no *Leviatã*, Hobbes acaba listando dezenove no total —, mas é possível resumi-las num princípio simples. Devemos todos tentar "buscar a paz e segui-la". O que buscamos é a paz, não a guerra, trombadas ou conflito. Esses são apenas subprodutos acidentais de se estar vivo. A vida será melhor se todos tentarmos buscar a paz. Essa é a lei básica da natureza, e precisamos viver de acordo com ela. De modo que é isso o que deveria nos guiar. Mas — e é esse o problema que, para ser resolvido, exige um novo tipo de política — a lei da natureza é também um direito, um direito natural de fazer o que acharmos necessário para nossa preservação. A paz pressupõe que continuemos a existir. Nenhuma lei faria sentido se não permitisse isso.

    Eis aí, portanto, a questão fundamental. Nossos instintos naturais — nosso ímpeto de permanecer vivos — resultam tanto na restrição da lei da natureza quanto na permissão do direito natural. Todos temos direito a uma interpretação da lei da natureza numa situação de conflito que nos permita tentar preservar nossa existência natural. E o conflito pode ser em relação a qualquer coisa: religião, amor, dinheiro, impostos, guerra, preferência estética. Meu medo do outro pode ser motivado por eu não gostar de sua aparência. Seria trivial, não fosse pelo fato de poder ser também mortal. Humanos são capazes de guerrear por qualquer coisa. A mesma lei da natureza que diz "busque a paz", quando traduzida em direito natural, se transforma em "faça o que for preciso para se preservar" — o que significa que continuará a haver conflito, pois, dependendo de que lado se está, o conflito parecerá outra coisa. Hobbes foi claro ao escrever que seres humanos racionais, embora saibam que todos devemos buscar a paz, sabem também que todos temos o direito de julgar o que conta como paz. Resulta daí que seres humanos racionais procurarão antecipar-se uns aos outros. Se virem uma ameaça distante, uma ameaça apenas vagamente percebida ou coisa que possa se transformar em ameaça algum dia, tentarão eliminá-la antes que se torne uma ameaça avassaladora. De modo que a fórmula adotada por todos que buscam a paz resultará no que Hobbes batizou com a assustadora expressão "guerra de todos contra todos": o pesadelo que, em muitos aspectos, tinha se tornado a Europa daquela primeira metade do século XVII.

Mas ainda falta dar mais um passo. Há mais uma coisa sobre a qual podemos concordar. Se entendermos a natureza do problema — que buscar a paz é a receita para a guerra, uma vez que não chegamos a um entendimento quanto ao que conta como paz —, então, devemos ser capazes de concordar que uma pessoa decida isso por todos nós. Renunciamos ao nosso direito de tomar essa decisão. Devemos fazê-lo racionalmente. Devemos fazê-lo por vontade própria. E isso muda tudo. Eis a mágica dessa nova configuração: ela é mecânica, mas também é quase alquímica. Ela, de fato, cria algo a partir do nada. Se todo mundo concordar com esse arranjo, a pessoa a quem agora compete o direito de decidir sobre a paz tem o poder de obrigar todos os demais a cumprirem sua decisão. Essa pessoa continuará a existir no estado de natureza. Ele (ou ela, ou essa coisa) não tem poderes naturais especiais. Mas, como em sua decisão se ouve a voz de todos, é a força de todos nós que a sustenta.

Hobbes não era ingênuo. Ele sabia que poderíamos nos arrepender de entregar nosso direito de decidir a outra pessoa. Talvez não gostemos das decisões tomadas em nosso nome.

Talvez até pensemos que são uma ameaça para nós — afinal, e se for decidido que a ameaça à paz somos *nós*? Por que alguém delegaria o julgamento sobre sua segurança pessoal a outro que talvez o fizesse se sentir profundamente inseguro? Hobbes respondeu a isso dizendo que, nessas circunstâncias, pode-se muito bem querer desistir do acordo. Mas, se ele estiver funcionando, não será possível desistir. Se alguém for visto como uma ameaça, todas as outras pessoas terão um bom motivo para fazer o que o escolhido para tomar as decisões lhes disser para fazer. Essa é a característica mais assustadora do Estado de Hobbes. A gente pode correr — ele menciona explicitamente o direito de fugir —, mas não pode se esconder.

Os dois termos-chave que Hobbes usou para descrever o arranjo continuam a permear nossa política. A pessoa que detém o poder é chamada de "soberano", e o processo pelo qual adquire o poder se chama "representação". O soberano nos representa decidindo por nós quanto à paz. Conforme Hobbes, era a única maneira de alcançá-la. Mas, na verdade, essas duas palavras não significam, para ele, o mesmo que para nós. Seu significado é mais delimitado, mais técnico, mais minimalista, além de um pouco mais assustador do que gostaríamos. "Soberano" é um termo neutro para Hobbes. Significa apenas aquele que decide, que toma as decisões. Hobbes insiste que o mais importante é haver um soberano, importando menos quem ou o que deveria ter esse papel. Por preferência pessoal, achava que a política era melhor quando as decisões cabiam a um único ser humano: isto é, um rei ou uma rainha. Vale a pena lembrar que o soberano sob o qual Hobbes nasceu e viveu seus primeiros anos era uma rainha, Elizabeth I, em muitos aspectos a melhor dentre aqueles que ele conheceu. A preferência de Hobbes era pela monarquia. Mas em 1651 não havia um monarca. Dois anos antes, o rei tinha sido decapitado. Portanto, era importante para Hobbes afirmar que quem era o soberano não importava. Isso o colocou em apuros depois, quando Carlos II, filho do monarca executado, voltou ao trono. Em 1651, no entanto, a lógica do argumento de Hobbes no *Leviatã* exigia que ele admitisse ceder o papel a um Parlamento. Na verdade, na Inglaterra de 1651, o soberano *era* o Parlamento. E poderia ser qualquer um ou qualquer coisa. Poderia ser um grupo grande ou pequeno de pessoas, ou um indivíduo. No caso de um Parlamento, decide-se por maioria de votos. O que importa é que haja uma decisão que seja considerada a decisão de todos. Se o Parlamento é quem toma as decisões, mesmo os monarquistas — mesmo monarquistas como Hobbes — têm de aceitá-las. Isso foi acrescentado num apêndice especial ao manuscrito final do *Leviatã*. Um gesto de honestidade intelectual destemida que custou a Hobbes sua paz de espírito, além de quase ter lhe custado a vida.

Uma vez que se consiga aceitar a lógica desse argumento, será possível chegar à paz. Se a lógica não puder ser aceita, pensava Hobbes, não haverá caminho que leve até ela. A política entrará em colapso. O direito tão zelosamente defendido de fazer as próprias escolhas políticas causará a destruição de quem o faça. O que Hobbes queria enfatizar, acima de tudo, era que aquilo que as pessoas pensam ser a verdadeira escolha política — república ou principado, protestantismo ou catolicismo, eu ou você, nós ou eles — não é o que verdadeiramente está em jogo. Quando a política se resume a isso, algo está errado. A única escolha política verdadeira é entre ordem ou caos. É a escolha entre ter ou não um Estado — sob essa relação de representação circunscrita, mecânica e interdependente, de modo a não se poder ter um soberano sem a autorização do povo, mas sob a condição de que o povo não tenha direitos contra o soberano, que é quem decide. Ou se tem esse acordo, ou não se tem nada. A alternativa a essa forma de política não é uma política melhor ou pior. É política nenhuma. Eis a verdadeira escolha para Hobbes.

Quais são as implicações desse argumento radical, ligeiramente maluco e muitíssimo poderoso, desse solavanco na história das ideias? É fácil interpretá-lo de forma errada. São vários os mal-entendidos sobre Hobbes. Um deles é que se trataria de um pensador político profundamente pessimista, pois aquilo pelo qual ele é mais conhecido não é sua descrição do mundo depois da criação do Estado, mas do que havia antes, conforme ele apresenta na primeira parte do *Leviatã*. Hobbes chama esse mundo — como fizeram muitos outros autores nesse mesmo gênero de reflexão — de "estado de natureza". É o estado dos seres humanos que vivem em sua condição natural, antes de terem criado a máquina artificial de tomar decisões, geradora de paz, que os salvará: antes de terem constituído o Leviatã.

Essa descrição da condição natural da humanidade é, na versão de Hobbes, notoriamente sombria e deprimente. Na expressão que ficou célebre, "sórdida, brutal e curta". Assim ele descreve a vida humana na ausência de um Estado, sob a guerra de todos contra todos e no estado de natureza. O que leva as pessoas a imaginarem que Hobbes devia, portanto, ter uma visão sombria do que são os humanos, na verdade uma visão negativa ou mesmo cínica, e que não se permitia pensar o melhor de nós. Supõe-se que pensava o pior de nós: que, na ausência de um Estado, o risco é que as pessoas saiam por aí matando umas às outras, porque isso é o que somos, simplesmente. Nessa versão do estado de natureza, aparecemos como uma espécie de máquina de matar. Mas essa imagem não capta o pensamento de Hobbes de forma alguma. Até porque ser cético não é o mesmo que ser cínico. Um cínico pensa o pior das pessoas. Sempre procura a motivação sórdida por trás da ação humana. Um cético não pensa o pior das pessoas — tampouco o melhor, aliás. Céticos só querem saber se há algo de que possamos ter certeza. Hobbes foi um deles.

É verdade que parte do que escreve, particularmente no *Leviatã*, com seus vestígios remanescentes de "febre cerebral", soa um pouco cínico. Não passa uma imagem particularmente otimista do que somos, os seres humanos, e daquilo de que somos capazes. É também uma imagem muito engraçada. Hobbes escreve bastante sobre a qualidade da existência humana a que chama de vanglória: não vaidade, simplesmente, mas vanglória — aquela busca altiva e delirante pelos olhares aprovadores dos outros na corrida colina abaixo atrás do queijo. "Os homens vangloriosos", ele afirma, "[...] avaliam a sua capacidade pelas lisonjas de outros homens ou pelo sucesso de alguma ação anterior, sem terem tido sólidas razões de esperança baseadas num autêntico conhecimento de si mesmos."* No meio da corrida, não deixamos de nos preocupar com nossa aparência. Queremos que nossa queda seja graciosa. Lançamos mão de um construto presunçoso e elaborado para nos persuadirmos de que estamos melhor na foto do que a pessoa desabalada ladeira abaixo ao nosso lado. Para Hobbes, isso nos torna um pouco ridículos, porque é o que somos — um pouco ridículos. De modo que o tom talvez seja algo cínico. Mas Hobbes não achava que as pessoas eram sórdidas. Sórdido, brutal e curto não descreve o que nos motiva como humanos. Descreve nossa vida no estado de natureza: desagradável, cruel, nem um pouco melhor do que talvez seja a expectativa de qualquer animal; e curta, pois deixamos de estar em movimento muito mais cedo do que poderíamos. Em que pese nossa imagem ridícula, nada disso é porque somos sórdidos. É porque, por mais que tentemos, não conseguimos confiar uns nos outros.

Uma das palavras que Hobbes usa para descrever o problema do estado de natureza é o que ele chama de nossa "difidência",

---

* Ibid., p. 88.

ou desconfiança, uns dos outros. É uma espécie de timidez. Mas também falta de confiança. É essa cautela em relação ao que outras pessoas possam vir a fazer que nos leva a tomar medidas preventivas: "E por causa desta desconfiança de uns em relação aos outros nenhuma maneira de se garantir é tão razoável como a antecipação, isto é, pela força ou pela astúcia subjugar as pessoas de todos os homens que puder".* Não somos monstros ou brutos por natureza. Somos simples e naturalmente esses seres inocentes, ansiosos, vulneráveis. Nunca sabemos ao certo contra o que estamos lutando. Somos tímidos. Somos desconfiados. Nossa vida é solitária, não porque Hobbes pensasse que os seres humanos eram criaturas naturalmente solitárias. Estamos sempre tentando forjar alianças. Estamos sempre tentando formar pequenas comunidades que talvez se tornem comunidades maiores. Buscamos a paz. Nós a desejamos. Nós a desejamos desesperadamente. Sabemos o custo de não a ter. Mas não conseguimos chegar a ela, não porque não gostamos uns dos outros, mas porque não confiamos uns nos outros. O estado de natureza do *Leviatã* de Hobbes não descreve um mundo de indivíduos solitários e carrancudos vagando em busca de oportunidades de fazer mal uns aos outros; descreve, antes, um mundo de esforços trágicos e fúteis de construir comunidades em torno de famílias ou religiões, de prosperidade ou comércio; de tentativas de criar estabilidade, passando as coisas de geração em geração — tentativas que seguimos vendo desmoronar e falhar. Entre outras lições, o que o mundo antigo nos ensinou foi a fragilidade das comunidades políticas. Ensinou que, quando se faz política nessas bases — ou isso/ ou aquilo —, pode-se construir as estruturas políticas mais admiráveis, mas elas não vão durar. Tudo o que é natural é frágil. O equilíbrio é frágil. A escolha

---

* Ibid., p. 107.

na política pré-moderna é sempre precária. Fugir dela pode, de início, parecer feio. Com certeza será enormemente artificial. Mas o artifício — a artificialidade da máquina bem construída — é o que perdura. E essa é a história da política contada por um cético, não por um cínico.

Outro equívoco a respeito de Hobbes é pensar que, pela maneira como ele erige o Estado por meio de um acordo para que esse Estado passe a existir, sua teoria faria parte do que muitas vezes é chamado de tradição "contratualista". Trata-se de uma tradição que precede significativamente Hobbes e teve sobrevida para muito além dele. Certamente Hobbes não é um dos pioneiros dessa teoria. Mas, de qualquer modo, não é essa sua linha de pensamento. Seu argumento é diferente — de forma crucial e única — e é essa diferença que faz do *Leviatã* um livro tão distinto. A tradição que define o contrato social convencional diz que, para construir um Estado fora do estado de natureza, o processo deve acontecer em duas etapas. Não dá para fazer tudo de uma vez. Antes de mais nada, aqueles indivíduos que vivem uma existência natural precisam se tornar uma sociedade. São obrigados a isso, pois o contrato social terá de ser firmado entre uma sociedade e a entidade política à qual caberá o poder nela. Pensava-se que isso não poderia ser feito entre governo e indivíduos porque, assim, não seria um contrato "social"; seriam apenas milhares de contratos individuais. De modo que, primeiro, tem-se um contrato entre um grupo de indivíduos para se constituir um povo — uma comunidade, uma sociedade, algum tipo de unidade coletiva — e só então se pode ter um contrato entre esse povo e seu governo. Dois contratos, e não um. A tradição contratualista, certamente na forma preexistente a Hobbes, tendia a trazer consigo ecos da concepção pré-moderna de escolha na política. Tais contratos tentavam escapar à escolha transformando-a em arranjos contratuais. Mas os dois contratos constituem os dois lados da política, povo e governo. Segue pairando a possibilidade de que se seja solicitado a escolher um contrato de preferência.

Hobbes, para seus próprios propósitos intelectuais, tinha de evitar isso. Tinha de remover a possibilidade, a mancha persistente, dessa escolha: precisou fundir o contrato duplo num único arranjo. A palavra que usou para isso foi "convenção". Significa um acordo quanto ao futuro. Faço se você disser que fará também. E, se você vai fazer, também digo que farei. Mas o acordo tinha de ser firmado num lance apenas. Não poderia haver primeiro uma sociedade para depois haver um governo ou um soberano. Seria preciso, a partir do estado de natureza dos seres humanos — consistindo no que Hobbes chamou de "uma multidão", simplesmente uma massa de indivíduos —, criar governo e sociedade de um só golpe. Eis o argumento apresentado no *Leviatã*. Numa das passagens mais importantes do livro, Hobbes escreve:

> Uma multidão de homens se torna *uma* pessoa quando é representada por um só homem ou pessoa, de maneira que tal seja feito com o consentimento de cada um dos que constituem essa multidão. Porque é a *unidade* do representante, e não a *unidade* do representado, que faz a pessoa ser *una*. E é o representante o portador da pessoa, e só de uma pessoa. E não é possível entender de nenhuma outra maneira a *unidade* numa multidão.*

Significa que não é possível criar uma sociedade até que todos tenham um único representante: ou seja, até que exista um soberano. Não há unidade na multidão, exceto por meio da representação, de modo que jamais possa haver escolha entre sociedade e governo. Ou se tem os dois, ou nenhum. O risco

---

* Ibid., p. 141.

do duplo contrato é reemergir a possibilidade de se tomar partido. Se a sociedade tem um contrato com o governo, sempre é possível achar que o governo violou seus termos, e aí talvez os indivíduos dessa sociedade fiquem do lado dela e contra ele. No raciocínio de Hobbes, essa é a rota que leva à guerra civil.

O que é crucial, para Hobbes, é que, sob esse arranjo, não exista um contrato com o soberano. O único contrato, a única convenção, se dá entre os membros individuais da multidão. Concordamos entre nós que deixaremos alguém tomar por nós as decisões. Não chegamos a um acordo pelo qual dizemos: "Concedemos nosso direito de decidir, mas somente sob a condição de que isso ou aquilo seja feito" (seria muito mais provável algo como: "Vamos obedecer sob a condição, e somente sob essa condição, de receber proteção em troca"). Dizemos uns aos outros: "Se você concordar, concordo também. Se eu concordar, você concorda?". O soberano não tem quaisquer obrigações segundo a convenção. Segue vivendo no estado de natureza: é a única pessoa ainda em estado de natureza. O soberano mantém aqueles direitos naturais que todos nós tivemos um dia para decidir o que conta como paz. Portanto, haverá apenas uma definição de paz: a do soberano. Não porque lhe imponhamos os termos para chegar lá, mas porque demos ao soberano esse direito — um direito que então se torna poder, pois todos concordamos em seguir a convenção que acordamos uns com os outros. É assim que deve funcionar. É uma ideia estranha e intrigante que tudo precise acontecer num único momento, numa espécie de big bang. Uma hora não se tem nada e, de repente, tem-se uma sociedade e um Estado pela criação de um soberano. Tudo anda junto, o que significa que não é possível ter qualquer das partes desse pacote sem levar o pacote completo. Não há escolha. Não existe sociedade sem governo. Se você não gosta do seu governo, não poderá ter sociedade. Não poderá ter política alguma, de nenhum tipo.

Outra coisa que às vezes se diz sobre Hobbes é que ele seria o precursor de uma espécie de totalitarismo porque, se de fato o soberano não tem obrigação nenhuma para conosco, não há nada que possamos fazer para contê-lo. Em casos de abuso extremo de poder, não temos direitos nem motivos para reclamar. Hobbes é muito claro a respeito disso. O soberano tem poder absoluto. Nosso "representante" não responde a nós. O soberano decide e somos obrigados a viver com as consequências, pois nós o autorizamos a decidir. E porque o autorizamos a decidir, se alguns abandonarem o barco por não estarem felizes com o acordo, o resto de nós trará de volta os desertores. Soa, de fato, como uma forma cruel de política, e, ainda à época de Hobbes, muitos de seus críticos observaram isso: não seria algo como pular da frigideira para cair no fogo? Quem iria querer sacrificar seus direitos naturais em troca disso? Continua a ser uma questão bastante real. Mas não se trata de totalitarismo. Não chega nem perto.

Absolutismo não é totalitarismo. Uma forma de caracterizar a diferença entre os dois é lembrando que, sob um sistema totalitário — o stalinismo, por exemplo —, o poder soberano tenta decidir sobre tudo. A política permeia a vida em sua totalidade. As decisões tomadas no topo pelo chefe de Estado e pelo pequeno e privilegiado grupo em torno dessa pessoa cobrem todas as áreas. Não há como escapar. As pessoas não podem se afastar da vida política porque a totalidade da vida é política. Num sistema absolutista, ao contrário, o soberano não decide sobre tudo. Simplesmente não é possível. Mas ainda assim o soberano pode decidir sobre qualquer coisa. Esta é a diferença: no totalitarismo, tudo é política; no absolutismo, qualquer coisa é política.

No *Leviatã*, Hobbes é bastante claro sobre o absurdo de se pensar que algum soberano — seja um rei ou um Parlamento — possa aprovar leis, emitir éditos ou dar ordens que compreendam todos os aspectos da vida dos membros de um Estado. Estamos em meados do século XVII. Quem quer que esteja no poder, como rei ou no Parlamento, em Whitehall ou em Westminster, mal tem ideia do que está acontecendo a oito quilômetros dali. A comunicação é terrível. Transportes, uma porcaria. Muito frequentemente o que passa por informação é só suposição. Depende-se por completo de notícias que estão sempre desatualizadas quando chegam. Pessoas a menos de dez quilômetros de distância não podem ser controladas. Pessoas a menos de cem quilômetros de distância mal existem para quem está no poder. Pessoas a quinhentos quilômetros de distância são apenas boato. O totalitarismo, nessas condições, é uma ideia risível. É ainda, diz Hobbes, uma péssima ideia. Por que um soberano, uma pessoa a quem se permitiu manter o direito de natureza, pensaria que sua função é aprovar leis sobre tudo? Até porque é muito improvável que isso leve à paz. A definição de paz se torna incompreensível quando há leis de mais e clareza de menos. O trabalho do soberano — ainda que ele não possa ser cobrado exceto por Deus, e não fica claro se Hobbes achava que Deus existia — segue sendo tornar melhor a vida de seus súditos. Seria absurdo tentar projetar isso para cada caso individual. Tampouco seria viável. Conforme escreveu Hobbes: "[...] não existe nenhuma república do mundo em que foram suficientemente estabelecidas regras para regular todas as ações e palavras dos homens (o que é uma coisa impossível)".[*]

Onde não houver lei — e muitos aspectos da vida não terão leis a regê-los —, Hobbes insistia que as pessoas deveriam ser livres para buscar, "conforme sugerirem suas próprias razões, o que lhes for mais lucrativo". Essa palavra, "lucrativo", levou muitos críticos — inclusive alguns dos críticos de Hobbes sobre os quais falarei nos próximos capítulos — a pensar que se

---

[*] Ibid., p. 181.

tratasse de uma visão protocapitalista de defender o direito ao lucro. O que Hobbes quis dizer com "lucrativo" foi, na verdade, que simplesmente façamos aquilo que pareça o melhor, na nossa condição de criaturas em movimento, para perseguir objetivos que nos atraem e tomar distância daqueles que nos repelem. É a vida, nada mais. É o que todos fazemos. Todos nós buscamos lucro de uma forma ou de outra — não no sentido estrito de lucro econômico, mas buscamos estar hoje em melhor situação do que estávamos ontem. E devemos ser livres para fazer isso. É a consequência inevitável desse arranjo político, pois a maior parte de nossa vida não estará coberta por leis. Ainda assim, o que é crucial sob o arranjo hobbesiano, o soberano pode decidir quais partes estarão.

E aí é que está o problema: a gente nunca pode ter certeza de que o soberano não vá decidir que algo que parecia ser preocupação pessoal se tornou, de repente, uma ameaça ao Estado. Uma pessoa pode viver num Estado hobbesiano no qual as leis são mínimas. Algumas coisas quase certamente exigirão decisões do soberano, incluindo questões de guerra e paz, literalmente. O soberano é quem decide quando o Estado vai à guerra. O soberano é quem decide como pagar por isso. O soberano decidirá sobre os impostos. Em todos os Estados, argumentou Hobbes, o soberano precisará administrar a entrada de dinheiro. Ele argumentou ainda que o soberano é quem precisará cuidar do bem-estar básico das pessoas mais pobres em seu Estado. Seria um perigo para a paz em qualquer Estado permitir que algumas pessoas se virem sozinhas quando não têm condições para isso. Mas, na questão da religião, maior fonte de conflito no século XVII, Hobbes é relativamente agnóstico quanto a se o soberano deve impor regulação pesada ou parcial, ou na verdade ser bastante tolerante com a manifestação pública de crenças pessoais. Se isso não ameaça a paz, que as pessoas acreditem no que quiserem. E até, quem sabe, que adorem seus deuses como quiserem. De qualquer modo, impor algum tipo de regulação à crença alheia é outra tarefa impossível, porque ninguém sabe verdadeiramente no que o outro, de coração, acredita.

Portanto, o *Leviatã* — apesar de sua reputação — é um livro que não apenas permite, mas parece inclusive favorecer a ideia de um soberano tolerante num Estado amplamente liberal. Hobbes não quer, nunca, que o soberano busque formas fúteis de controle. Ainda assim, nos termos em que argumenta, nunca dá para ter certeza. Um dia o soberano pode decidir que você, pessoalmente, as suas práticas, a sua religião, a sua vida sexual, aqueles aspectos da sua existência que você acha que nada têm a ver com política — o que se passa entre as quatro paredes onde você mora, na sua cama, até mesmo dentro da sua cabeça —, qualquer desses aspectos deva ser considerado uma ameaça à segurança do Estado por desestabilizar, de algum modo, a ordem pública. É sempre uma possibilidade. E aí você não tem recurso. É o que torna o Leviatã de Hobbes aterrorizante. Não que todos os aspectos da vida da gente serão controlados, mas que jamais se saiba com certeza absoluta quais, de um dia para o outro, passarão a ser.

Essa arbitrariedade é o que dá à política hobbesiana seu sabor característico. Arbitrariedade não era o que Hobbes queria. Ele era um homem temeroso que não gostava de incertezas. Era um cético em busca de terreno sólido. Mas achava que o preço definitivo da segurança é saber que, em última instância, o soberano deve ter permissão para decidir o que conta como uma ameaça — ou seja, sempre haverá o risco da arbitrariedade. É um risco que se corre em todos os Estados modernos, mesmo naqueles, como o nosso, com salvaguardas múltiplas e variadas contra o arbítrio. Num Estado moderno, existe sempre o risco de que o poder soberano do Estado decida que a ameaça é você.

São duas as implicações realmente profundas dessa concepção de política. E se conectam, pois, tanto num caso como no outro, embora tenha sido neutralizada, a escolha que caracterizava a política pré-moderna não desapareceu. Tal escolha — aquela que antes era fundamental — foi internalizada pelo corpo político, na vida das pessoas vivendo sob esse Estado, tanto no topo quanto na base, de modo que todos, para não ter de fazer a escolha, levam uma espécie de vida dupla. Há uma duplicidade que atravessa toda essa concepção da política, duplicidade também presente em toda a nossa concepção da política. É por isso que, apesar da distância no tempo, continuamos a habitar o mundo político de Hobbes.

O soberano terá uma existência dupla. Ocupar esse lugar no Estado hobbesiano é ter poderes extraordinários e, ao mesmo tempo, poderes comuns. Vamos recordar como o arranjo original é estabelecido: a convenção que constitui o Estado não dá ao soberano nenhum poder que já não existisse no estado de natureza. Isso faz do soberano a única pessoa ainda com esse poder — aquele que um dia todos tivemos de decidir por nós mesmos. Antes todos podíamos decidir o que contava como paz. Agora essa decisão cabe a uma pessoa apenas. Mas, se é só ela quem decide, isso a torna completamente diferente de todas as outras. É quase como se o soberano fosse o único que ainda leva uma vida natural. E, no entanto, é uma vida completamente antinatural porque, como diz Hobbes, o papel que o soberano desempenha é totalmente artificial. Foi criado de forma mecânica. Usando a máquina do Estado, ele tem de governar pelo medo, pelo terror, a fim de encurralar os membros do Estado, prevendo que possam estar pensando em descumprir sua parte do acordo. Escreve Hobbes: "[...] é-lhe conferido [ao soberano] o uso de tamanho poder e força que o terror assim inspirado o torna capaz de conformar as vontades de todos eles".* Ao mesmo tempo, o soberano deve proporcionar paz. E, mais do que isso, conforto também — "[...] por segurança não entendemos aqui uma simples preservação, como também todos os outros confortos da vida".** Eis o trabalho a ser feito. Um papel tanto de fiador da estabilidade quanto de artífice do terror. Fonte de conforto e medo.

Continua sendo essa a tarefa dos poderes soberanos nos Estados modernos. A soberania comporta sempre esses dois elementos. Os políticos com poder soberano seguem sendo um tanto assustadores, mas seu papel é dar a todos nós mais segurança e proteção. Hobbes queria eliminar o medo da política deslocando-o todo para um só lugar, e dali ele não sairia, mas poderíamos, pelo menos, ter certeza de onde estava. Numa versão ideal desse sistema, sabendo qual é a fonte de todo medo, talvez com o tempo possamos cada vez mais esquecê-lo. O terror será apaziguado. A sensação de segurança será duradoura. Era essa a esperança de Hobbes. Uma esperança nada fútil.

Mas se a gente parar para pensar sobre o que significaria ser tal soberano, a dificuldade não é pequena. A coisa se torna, por vezes, profundamente confusa. É alguém que se espera que seja como as pessoas que lhe delegaram poder ou diferente delas? Há no cerne da concepção de política de Hobbes, voltando ao início, a seu ceticismo original, um sentimento de que somos todos iguais porque somos todos igualmente vulneráveis. Isso é o que torna a segurança natural uma falsa promessa. Sim, somos todos diferentes em certos aspectos. Alguns são mais inteligentes do que outros. Alguns são por natureza mais poderosos. Alguns são mais fortes. Alguns são mais hábeis. Talvez você seja mais astuto; talvez eu seja mais ardiloso. Algumas pessoas vão ter melhor aparência. Alguns correm colina

---

* Ibid., pp. 147-8. ** Ibid., p. 283.

abaixo de forma mais elegante do que outros. Mas somos todos igualmente vulneráveis uns aos outros, porque mesmo a pessoa mais fraca, até a menos astuta tem o poder de fazer cessar a vida do mais forte no estado de natureza. Nenhum de nós está seguro. Para escapar a essa condição, criamos um soberano que não foi escolhido por nós, não é necessariamente mais inteligente ou mais forte do que nós, que é apenas mais um ser humano, ou grupo de seres humanos, igualmente vulnerável. Caso formem um Parlamento, não deixaram de ser as mesmas pessoas que somos, ou éramos, quando juntos na mesma vulnerabilidade. Mas agora têm esse poder extraordinário e artificial, que muda tudo. Não se sabe bem quanto de humano há em ser essas pessoas e ter esse poder.

 A outra profunda divisão que nos reserva Hobbes serve para todos os demais, aqueles de nós que não somos o soberano, que não somos governo — a vasta maioria vivendo nesse Estado peculiar, pois entendemos que é a única maneira de nos resguardar do conflito político. Há também, no cerne da história que Hobbes nos conta da política, uma espécie de paradoxo — o de que essa versão extrema da política, essa forma extrema de poder, é a única coisa capaz de nos salvar da própria política. Se o Estado funcionar bem, cada vez teremos de pensar menos em política. As leis existirão em segundo plano. Contanto que não as desobedeçamos, podemos seguir com nossa vida, fazendo aquilo que for mais lucrativo para nós. Podemos continuar descendo a colina, correndo atrás daquele queijo, e alguns de nós talvez o alcancem. Alguns de nós talvez até compartilhem o queijo. Muitos talvez façamos coisa melhor com nosso tempo do que ficar perseguindo o queijo. Todos nós faremos ainda outras coisas com nosso tempo, porque teremos a paz necessária para optar pelo que fazer. Nosso Estado nos protege. Ele nos mantém seguros, de modo que não precisamos nos preocupar tanto com isso. É um projeto amedrontador para nos resgatar do medo. Sob essa forma de política, porém, levamos uma vida dividida, pois nunca sabemos quando o medo vai voltar, ao passo que sabemos, sim, que o poder para trazer o medo de volta, para tomar as decisões de vida ou morte, não está conosco. Autorizamos outra pessoa a fazê-lo, o que significa que, na alma de cada sujeito que se vê como cidadão de um Estado moderno, existe essa espécie de divisão da qual ele nunca estará livre e que, se remoída, pode lhe tirar o sono. Eis o quebra-cabeça do Estado moderno: a única coisa que pode nos resgatar da política é essa forma ainda de política, o que significa que não somos jamais resgatados dela.

Tal quebra-cabeça, tal dilema, segue conosco hoje. Nossos Estados se distanciam cada vez mais da concepção original de Hobbes — as ideias por trás desse distanciamento crescente serão assunto dos capítulos seguintes. Mas escrevo estas linhas enquanto, no século XXI, vivemos uma pandemia durante a qual Estados ao redor do mundo tomaram decisões de vida ou morte em nome de seus cidadãos. Fomos confinados a nossa casa para nossa própria segurança. Estamos à mercê de avaliações feitas por pessoas — por políticos — que não são tão diferentes de nós, mas que exercem sobre nós um poder que às vezes mal compreendemos. Que essas pessoas não sejam assim tão diferentes — isso é reconfortante ou assustador?

2.
Wollstonecraft sobre a política e os sexos

Reivindicação dos direitos da mulher (1792)

Uma entre sete filhos, Mary Wollstonecraft (1759-97) nasceu em Spitalfields, no East End de Londres. O pai desperdiçou a herança da família e era violento com a mãe dela. Mary saiu de casa com dezenove anos para trabalhar como acompanhante de uma senhora, depois governanta e, por fim, numa escola que abriu com as irmãs. Quando esse empreendimento fracassou, passou a atuar como tradutora e revisora, vindo a conhecer muitos dos pensadores radicais da época em Londres. Após a publicação de *Reivindicação dos direitos da mulher*, em 1792, ela seguiu para Paris, onde chegou em dezembro, apenas algumas semanas antes da execução de Luís XVI. No período que lá permaneceu, manteve um caso de amor apaixonado com o americano Gilbert Imlay, com quem teve uma filha, embora os dois não fossem casados. Tornou-se suspeita para os revolucionários durante o Terror, mas sobreviveu e voltou a Londres em 1795. Quando Imlay rejeitou suas tentativas de retomar o relacionamento, ela tentou o suicídio. Uma vez recuperada, viajou para a Escandinávia e, posteriormente, publicou as cartas enviadas a Imlay da Suécia, da Noruega e da Dinamarca. Mary Wollstonecraft acabou se apaixonando e se casando com o jornalista e filósofo político radical William Godwin. Ela morreu cinco meses depois do casamento por complicações após o nascimento da filha do casal, Mary.

Este capítulo é sobre outro livro publicado numa época de turbulência política, como muitos dos melhores escritos do gênero. O evento que ajudou a trazer à tona *Reivindicação dos direitos da mulher* foi a Revolução Francesa. Mas não é francesa a autoria da obra. Mary Wollstonecraft era inglesa. Viveu a maior parte da vida na Inglaterra, embora também viajasse muito. Tinha ido à França e lá estava durante a Revolução: não por todo o período, mas em seu momento mais perigoso, o Terror. A Revolução Francesa é o que liga Mary Wollstonecraft ao legado de Hobbes.

Pode parecer estranho pensar que há uma conexão entre uma revolução e a filosofia política de Hobbes, já que revoluções são o que ele mais queria evitar. Hobbes é conhecido como o filósofo da ordem política. Nos termos estritos de seu argumento, não se deve derrubar o soberano, mesmo que ele não esteja fazendo um bom trabalho — mesmo que pareça corrupto e louco. Quando se tem um sistema político funcional, deve-se insistir nele. A gente não corta a cabeça do rei!

Portanto, de que modo uma visão hobbesiana da política poderia ajudar — como ajudou, perifericamente à turbulência, mas de forma real — a inspirar uma revolução e um regicídio?

Os pensadores influenciados por Hobbes durante e após a Revolução Francesa usaram suas ideias como base para a construção de um novo tipo de política porque ele é um racionalista que tentou pensar politicamente a partir de princípios fundantes, como muitos daqueles mesmos pensadores. Também porque Hobbes representa, à sua própria maneira, uma espécie de recomeço. Sabia que não estava propondo somente uma defesa do status quo — naquele momento, o legado do caos da política pré-moderna que persistia no caos do século XVII. Hobbes queria criar uma nova política e um novo mundo político que fizesse sentido. A aceitação ou não de seu argumento vai depender, de fato, de se o leitor pensa estar vivendo na ordem ou no caos. Se acreditar que aquilo que toma por seu Estado é, na verdade, um estado de caos, incapaz de ordenação racional, poderá muito bem achar, como alguns pensadores revolucionários franceses, que há, numa concepção hobbesiana da política, uma âncora para a nova política que se deseja. Hobbes estendeu sua influência aos lugares mais surpreendentes.

Mary Wollstonecraft não estava nem um pouco interessada em Hobbes, no entanto. Sua reação se deu contra uma defesa muito diferente da ordem política — a de um de seus contemporâneos, o político e pensador anglo-irlandês Edmund Burke, que respondeu de forma rápida e contundente à Revolução Francesa com suas *Reflexões sobre a Revolução na França*, livro de 1790. Nele, atacou o entusiasmo inicial pela Revolução e identificou seu potencial desastroso. A base da crítica de Burke era a afirmação de que caos e violência são o que se consegue ao tentar fundar uma nova política sobre um tipo de racionalidade — geométrica, desumana, artificial, fria, mecânica — cujos princípios são abstraídos da vida como deveria ser vivida, como é de fato vivida, para se tornar algo remoto e indiferente. Burke pensava que a racionalidade na política era, em última análise, impiedosa e abriria caminho para o que há de pior no coração humano — a crueldade, a violência irrestrita, aquilo que todos sabemos estar à espreita em qualquer transformação política. Ele argumentava em favor do sentimento, dos costumes, das normas não escritas, em oposição àquelas deliberadamente articuladas, artificialmente consistentes e sob as quais seria impossível viver. A vida, para Burke, era tradição, não movimento contínuo. A continuidade na vida de uma comunidade é que liga as pessoas que partiram, os mortos, aos vivos, e conecta os vivos às pessoas que ainda estão por vir, àquelas que ainda vão nascer. É um argumento conservador com "c" minúsculo a favor da continuidade orgânica herdada, contra a razão e a revolução. Wollstonecraft absolutamente o detestou.

Em seu embate com Burke, Wollstonecraft estava do lado da razão. Ela queria que a política fizesse sentido. Não queria que esse aspecto da vida fosse vivido por suposições tácitas e tradições e valores ocultos que ninguém pudesse controlar nem reformar. Queria que a política fizesse sentido para pessoas capazes de pensar racionalmente, e achava que todos éramos capazes disso. Essa ideia deriva do projeto de Hobbes. Wollstonecraft foi outra pensadora intelectualmente destemida. *Reivindicação dos direitos da mulher* também sacudiu a história das ideias, assim como o *Leviatã* havia feito, porque soa completamente novo. É como se Wollstonecraft seguisse sua linha de pensamento para onde quer que a levasse. Não se sente inibida pelo medo de ofender as pessoas. Não se sente inibida pelo medo de ir longe demais. Quer ir tão longe quanto for necessário. Mas Wollstonecraft não era uma pessoa temerosa que por acaso não se amedrontava intelectualmente. Foi destemida ao longo da vida. Não porque nunca sentisse medo. Muitas vezes sentiu, e teve uma vida bastante assustadora, inclusive em Paris durante a época do Terror. Havia muito o que temer. Mas ela seguiu para a Revolução em Paris apesar do medo. Hobbes fugiu da revolução de seu tempo. Seguiu para Paris porque queria fugir dela. Mary Wollstonecraft foi lá para ver e viver a sua. Era genuinamente corajosa.

A vida de Wollstonecraft foi corajosa e pouco convencional. Ela desafiou as convenções não só na escrita, mas também com seu comportamento. Teve relacionamentos extraconjugais, incluindo um filho fora do casamento, e explorou, no modo como viveu, a natureza não apenas da razão humana, mas também do amor. Com frequência sofria, e por vezes ficava profundamente deprimida. Tentou o suicídio. Enfrentou pobreza e insegurança extremas. Não teve uma vida como a que Hobbes levou, cujo objetivo principal era se proteger do perigo. A vida de Wollstonecraft foi, em muitos aspectos, o oposto disso.

Acima de tudo, foi uma vida na qual razão e paixão andaram juntas. Wollstonecraft se casou perto do fim. Em *Reivindicação dos direitos da mulher*, ela se refere a um velho argumento que às vezes se usa — e ainda atualmente reaparece de vez em quando — segundo o qual pensadores que mergulham fundo, de verdade, em suas análises tendem a não se casar, pois o casamento os atrapalharia. Ser um pensador profundo, um verdadeiro filósofo, prossegue o argumento, significa idealmente levar uma vida de solteiro e solitária. Wollstonecraft associa essa linha de pensamento a Francis Bacon, filósofo e cientista do início do século XVII a quem o jovem Hobbes serviu por um breve período como secretário e amanuense. Bacon se casou, mas apenas aos 45 anos; sua noiva tinha catorze. Os boatos persistiram, na época como até hoje, de que se tratou de um casamento de conveniência. Bacon provavelmente era gay.

O mesmo argumento ressurge hoje, aqui e ali, para afirmar que, numa lista dos grandes filósofos da tradição ocidental moderna — todos homens, ou seja, não se trata de uma lista definitiva, de forma alguma —, a única coisa em comum é o fato de terem sido solteiros. A chamada dessa turma seria mais ou menos assim: Descartes, Hobbes, Locke, Leibniz, Espinosa, Hume, Adam Smith, Kant, Bentham e por aí vai, até muito depois da época de Wollstonecraft e chegando a pensadores como Nietzsche, no final do século XIX, e Wittgenstein, no século XX. Homens solteiros demais para ser só uma coincidência? Não. O argumento é péssimo. E Wollstonecraft acha que é péssimo por não acreditar que seja possível levar uma vida totalmente racional, mas também totalmente humana, sem que se tente garantir relacionamentos profundos e duradouros. Porém, o argumento é igualmente idiota, na verdade, pois esses filósofos não se casaram pelas razões mais diversas. Wittgenstein era gay, de modo que o casamento não estava entre as opções disponíveis para ele na primeira metade do século XX. Nietzsche entendia que, por razões de saúde e temperamento (dizia-se que tinha sífilis), o casamento talvez não funcionasse para ele. É quase certo que Bentham se situasse no espectro autista e tivesse um temor profundo de envolvimentos emocionais. Kant era um solteirão meticuloso, cujas caminhadas diárias serviam de referência para os vizinhos acertarem os relógios. Hume, um solteirão alegre, gostava de fazer filosofia durante o dia e da companhia de mulheres recatadas para jogar gamão à noite. Hobbes, como vimos, foi um criado. Tinha a própria família. Buscava proteção, e não estava claro para ele que ter outra família, o que significaria compartilhar sua lealdade, fosse a melhor maneira de estar protegido. Era, nesse sentido, profundamente avesso ao risco. Priorizava sua segurança em lugar da vida amorosa. Wollstonecraft não buscava segurança. Seus escritos, e a paixão somada ao profundo apego à racionalidade neles contidos, são um reflexo de como ela viveu.

Sua defesa da razão e da racionalidade na política não se assemelha em nada com a de Hobbes. Não funciona sob os mesmos princípios. Não tem as mesmas limitações. Uma maneira de caracterizar a abordagem de Hobbes é como uma tentativa de usar a razão para identificar os limites dela na política. Se pensarmos direito, teremos de perceber que a razão não pode nos induzir a fazer nada que não seja entregar nosso julgamento político a outra pessoa. Esse outro pode ser razoável ou tolo; não importa. Tudo o que importa é que o soberano seja capaz de decidir. A razão, para Hobbes, nos diz apenas que precisamos da política. Nada diz sobre como deveria ser essa política.

Wollstonecraft não impôs esse tipo de limitação à razão. Ela não via o projeto político moderno como uma forma de criar um espaço para que a razão admitisse, entre outras coisas, a possibilidade do irracional, tudo em nome da segurança e da paz. Para Wollstonecraft, razão e racionalidade funcionavam mais como uma jornada. Não eram um dispositivo de ancoragem. Não eram um exercício matemático. Razão, pensamento, bom senso são experiências vividas que coabitam, o tempo todo, ao lado de formas de paixão, de formas de emoção. Coexistem ao lado de experiências vividas que não obedecem, elas próprias, à razão. O desafio, portanto, na política e na vida, é encontrar um jeito de organizar nossa sociedade de modo a permitir que razão e paixão coexistam, mutuamente se apoiem e se alimentem, trazendo-nos desenvolvimento e crescimento. Para Wollstonecraft, faz parte da jornada da vida — que, para ela, é uma jornada, não uma corrida — essas coisas sempre coexistirem. O movimento não pode ser isolado da emoção.

Sua primeira resposta a Burke foi intitulada *A Vindication of the Rights of Men* [Reivindicação dos direitos dos homens] e foi publicada de imediato, ainda em 1790. Era uma defesa da Revolução Francesa e de seu espírito racional contra a crítica de Burke, mas também um ataque ao que essa crítica implicava sobre o Estado britânico, aquele sob o qual ambos, Wollstonecraft e Burke, viviam. Wollstonecraft queria dizer a Burke e aos leitores dela que o que seu conterrâneo escrevera era indefensável. A defesa de Burke do sentimento contra a razão era para ser nobre, e os sentimentos que ele tinha em mente, os sentimentos que verdadeiramente valorizava, eram aqueles supostamente mais elevados. Burke achava que a política funcionava melhor se preservássemos esses sentimentos da mira dos racionalistas frios, violentos e sem coração. Ele queria resgatar as ideias — e os ideais — de misericórdia, solidariedade, tradição, nobreza e cavalheirismo. Mas o que Wollstonecraft reparava nos Estados em tese nobres e cavalheirescos — não apenas no Antigo Regime da França, que foi varrido pela Revolução, mas também no Estado controlado pela Coroa na Grã-Bretanha — era que havia ali pouca evidência dos tais sentimentos mais elevados. Todas as pistas apontavam para sentimentos humanos muito mais básicos como os dominantes. Sentimento nobre — especialmente se derivado da nobreza propriamente dita — não era cavalheirismo; acabava sendo preconceito. Não era misericórdia ou caridade; acabava sendo nepotismo e corrupção. Se os seres humanos privilegiados forem deixados livres para seguir seu coração, o que se descobre é que têm um coração preconceituoso. Eles favorecem aos mais próximos e queridos. E fazem isso não só porque os amam — muitas vezes nem é o caso —, mas porque seres humanos são criaturas profundamente parciais, que dão preferência a promover aquilo que têm mais perto de si. Não há segurança nesse tipo de Estado porque será, no fundo, um Estado não apenas grosseiramente sentimental, mas também irracional e corrupto.

O que Wollstonecraft sentia quanto ao Estado britânico que Burke desejava preservar da mira revolucionária é que não existe possibilidade de recomeço nesse tipo de Estado. Não há como identificar o fundamento racional que o justifica e o legitima, pois cada Estado contém, lá no fundo, um resíduo de passado, daquilo que se está tentando deixar para trás. Daí a necessidade de uma revolução. O Estado que Burke defendia não fazia sentido nos termos de Wollstonecraft, uma vez que, nele, eram muito poucas as pessoas a quem se concedia a capacidade de controlar o próprio destino. Ficava-se à mercê de decisões arbitrárias de uma elite privilegiada que não se importava com os demais, considerados não em termos de misericórdia e cavalheirismo, mas somente de indiferença e desprezo. Esse Estado, com seu legado de séculos de falsidade e hipocrisia, e por ser corrupto, não tinha como ser resgatado pelos princípios racionais hobbesianos. Era um Estado apodrecido, em certa medida. Se fosse uma coisa viva, seria uma coisa podre. Não era uma máquina que pudesse ser ajustada e consertada. Não era algo que tivesse se quebrado. Era algo doente.

Wollstonecraft não acreditava ser possível criar um espaço à parte para a política no qual, por assustador e perigoso que fosse, viver com medo tivesse sentido porque nos liberaria para fazer outras coisas. Hobbes achava que, ancorando a política no medo racional, a existência social seria então ancorada na segurança que essa lógica oferece. Se o arranjo funcionar, essa segurança permitirá confiar que, bem ancorada a política, a gente deixe de pensar nela para encontrar o próprio caminho para uma vida mais lucrativa, talvez para uma vida mais livre, talvez para uma vida na qual não seja preciso ter tanto medo. Hobbes lança essa promessa. Wollstonecraft a derruba. Ela não acredita nisso porque não acredita que se possa deixar a arbitrariedade para trás, esquecer o medo e seguir em frente. Essas coisas não deixam de pesar sobre a gente. A política está em toda parte na concepção de vida social de Wollstonecraft. Está presente em como vivemos cada dia. Não há um espaço à parte do poder, à parte da tomada de decisão arbitrária, à parte da possibilidade de um governo corrupto. Pode-se sofrer arbitrariedade como o criado que trabalha para um senhor, como a criança que vive sob as regras dos pais, como a mulher casada com um homem ou a mulher que não se casou e, portanto, fica num tipo de vulnerabilidade completamente diferente. A maioria de nós é vulnerável na maior parte do tempo, não apenas na política, mas em todos aqueles outros aspectos de nossas vidas nos quais, supostamente, a política não interfere.

A versão mais aprofundada desse argumento, e a mais influente até hoje, é também, em muitos aspectos, a mais surpreendente. É aquela que Wollstonecraft desenvolve não em sua primeira resposta a Burke, mas na segunda, em que fala das relações entre homens e mulheres. *Reivindicação dos direitos da mulher* trata das relações entre os sexos — e, nos termos de Wollstonecraft, são sexos mesmo, e não gêneros — como emblemáticas do desafio fundamental da política. O que aconteceu com homens e mulheres, pensava Wollstonecraft, foi que acabaram divididos entre a razão e o sentimento. Razão era coisa de homem. Sentimento, de mulher. Essa era a divisão que Wollstonecraft queria superar. Ela queria eliminar essa distância para evitar que se tornasse uma escolha — você está do lado dos homens ou das mulheres, com a razão ou o sentimento? — e, em vez disso, fosse necessariamente uma combinação. Razão e sentimento, assim como governo e povo, seguiam sendo diferentes e não deveriam ser confundidos, mas, para Wollstonecraft, precisavam andar juntos. O mundo se organizava pela política, mas também fora dela, pela moralidade, pela religião, pela convivência familiar, pela educação, de modo a reforçar essa divisão — para que se identificasse a razão com os homens e o sentimento com as mulheres. Por que isso? Não era que os homens não tivessem sentimentos — claro que deviam ter, pois ter sentimentos é normal do ser humano —, mas precisavam, sim, sublimá-los em favor da razão. Mais radicalmente, insistia Wollstonecraft, não haveria de ser porque as mulheres não fossem capazes de usar a razão. Em fins do século XVIII, muitos argumentariam que elas eram incapazes, mas Wollstonecraft achava que tão absurdo quanto dizer que os homens não tinham sentimentos era afirmar que as mulheres não podiam usar a razão. O problema estava na expectativa de que as mulheres se expressassem sentimentalmente, enquanto aos homens era permitido se expressar racionalmente. Ela insistia que isso não era o bastante: "[...] a razão é absolutamente necessária para que a mulher seja capaz de cumprir qualquer dever de modo apropriado, e devo repetir mais uma vez que sensibilidade não é razão".*

O resultado era que os homens tinham de disfarçar seus sentimentos como se derivados da razão e, por outro lado, as mulheres se viam compelidas a disfarçar sua racionalidade como se fosse apenas sentimento. Ou seja, os homens exerceriam o poder pelos meios que lhes eram oferecidos, a racionalidade e a argumentação. Eles reivindicavam esse poder, incluindo o poder político, como seu. Isso não acontecia apenas sob os sistemas patriarcais tradicionais como aquele que Burke tentava defender. Também se verificava — talvez especialmente — nos sistemas políticos que se afirmavam racionais. A Revolução Francesa se afirmava racional. Ao mesmo tempo, relegou as mulheres e empoderou os homens. Eles reivindicavam seu poder em nome da razão, enquanto fingiam que aquilo que, na verdade, era apenas luxúria, emoção ou descontrole sentimental seguia sendo manifestação do poder derivado de sua racionalidade. As mulheres tinham de expressar sua busca por poder, por controle, por autonomia, pela capacidade de regular a própria vida, em linguagem sentimental. Para ter qualquer poder num mundo onde os homens fantasiavam seus sentimentos de razão, elas tinham de fantasiar sentimentalmente sua racionalidade.

* Mary Wollstonecraft, *Reivindicação dos direitos da mulher*. Trad. de Ivana Pocinho Motta. São Paulo: Boitempo, 2016, p. 91.

Wollstonecraft pensava que isso era um completo desastre como forma de organizar a sociedade humana. Era mutuamente corruptor, ou seja, corrompia tanto os homens quanto as mulheres. No entanto, ela não achava que homens e mulheres fossem igualmente culpados. Os homens são mais, pois detêm o poder e também porque seus sentimentos costumam ser mais violentos. Em *Reivindicação dos direitos da mulher*, Wollstonecraft sugere que, se precisarmos nomear o problema na origem de toda a calamidade das relações entre os sexos, será a luxúria masculina, que, fazendo-se passar por algo muito mais próximo da razão do que de fato é, força as mulheres, em reação, a se defenderem em linguagem sentimental e a recorrerem a sua honra. São os homens que lançam mão desse arremedo de amor em sua busca por satisfação carnal. Mas é uma situação mutuamente corruptora porque ninguém consegue ser sincero consigo mesmo. Para os homens, é muito difícil se emancipar do instinto de insistir que são algo que não são — de insistir que estão agindo pela razão. Como consequência, são poucos os que conseguem fazer justiça a seus sentimentos. E tampouco muitas mulheres, nessas circunstâncias, uma vez tendo sido negado a elas o direito de se expressarem como seres dotados de razão, pensantes e racionais, conseguem ser sinceras consigo mesmas.

No entanto, homens e mulheres precisam viver juntos. É parte da ordem natural das coisas. Devem construir relacionamentos — de casal, principalmente, mas não só — e com frequência também nisso serão um desastre. Homens e mulheres não se entenderão nessas condições. E como todos os relacionamentos implicam relações de poder, homens e mulheres abusam uns dos outros. Na maior parte das vezes, serão os homens a abusar das mulheres, mas não sempre. As mulheres também abusarão de seu poder, especialmente as atraentes — aquelas dotadas do que Wollstonecraft chamou de "o poder arbitrário da beleza". Ela também deixa claro que tanto homens quanto mulheres, assim unidos, são capazes de causar danos às crianças, inclusive às suas próprias: os homens, ao tratar sentimentos como se fossem razão, o que os torna pais frios e distantes; as mulheres, ao exercer poder da única maneira que lhes é possível — por meio da linguagem da ligação sentimental, transformando-as em mães apegadas e excessivas.

Resulta daí uma falsa moralidade, adulterada por essa falsa relação entre homens e mulheres. A falsa moralidade da castidade, a ideia de que a perdição, para as mulheres, é não serem capazes de conservar seu recato e sua virtude numa sociedade em que os homens são obrigados a disfarçar a luxúria como se fosse outra coisa, o que por sua vez torna a posição delas insustentável. Uma sociedade na qual as mulheres que perderam a honra têm apenas um meio de subsistência, a prostituição. Wollstonecraft diz isso com todas as letras, por mais chocante que fosse para seus leitores (chocante não porque eles não soubessem, mas porque não gostavam de ver aquilo exposto, especialmente por uma mulher). Uma sociedade podre apodrece inteira. Não dá para viver à parte da política, relegar a ela o que existe de ruim e esperar que o restante prospere. A podridão sempre acaba vazando.

Mas uma das coisas notáveis de *Reivindicação dos direitos da mulher* é que, embora seja uma dissecação surpreendente de uma sociedade em que as relações entre os sexos se tornaram uma espécie de zona de desastre moral, também trata das relações entre homens e mulheres como emblemáticas de um problema político mais amplo. Não é um livro simplesmente sobre homens e mulheres. É sobre todas as formas de relação social nas quais um lado reivindica a razão e o poder, ao passo que o outro é obrigado a tentar exercer qualquer poder ou controle a ele disponível usando a linguagem do sentimento e da sensibilidade. Wollstonecraft afirma existir um padrão nas relações homem/mulher que pode ser encontrado em muitas outras formas de relação política. Por exemplo, na de um tirano com a corte dele, ou dela — a tirania não precisa ser exercida, obrigatoriamente, por um homem, embora em geral seja. Em qualquer configuração na qual uma pessoa detenha o poder arbitrário e os demais seres humanos que vivem ao redor dela precisem dar seu jeito para defender e controlar o que resta de seu espaço pessoal, ambos os lados da relação serão corrompidos. Wollstonecraft diz explicitamente que os tiranos são corrompidos por sua tirania, assim como homens e mulheres são corrompidos por seu poder sexual. É como o argumento, recorrente ao longo da história do pensamento político moderno, segundo o qual, embora os proprietários de escravizados estejam muito melhor do que os próprios escravizados, a instituição da escravidão, da servidão ou da dominação é ruim para todos. O poder corrompe. O poder absoluto corrompe absolutamente todo mundo no final.

> As mulheres, como os déspotas, talvez tenham agora mais poder do que teriam se o mundo, dividido e subdividido em reinos e famílias, fosse governado por leis deduzidas do exercício da razão; mas, para continuarmos a comparação, a obtenção de tal poder degrada seu caráter e dissemina a licenciosidade em todo o conjunto da sociedade.*

Wollstonecraft oferece outro argumento surpreendente ao dizer que é possível perceber esse padrão se repetindo na relação entre um Estado e seus soldados, não apenas em regimes tirânicos, mas em todos os regimes, inclusive o britânico. Talvez a afirmação mais chocante de *Reivindicação dos direitos da mulher* é a de que soldados são inerentemente afeminados. Soldados

---

* Ibid., p. 63.

— aqueles que portam as armas, os mosquetes, aqueles que matam — são as mulheres nessa relação de poder. São apenas instrumentos do Estado. Não lhes é permitido fazer uso da razão. Eles não têm voz na decisão final sobre como agem. São relativamente impotentes. No entanto, todos os seres humanos desejam se expressar de maneiras que lhes permitam uma forma de controle. Daí Wollstonecraft perguntar: olhando para os soldados, o que os distingue, para além de atos de violência intermitentes e descontrolados que, espera-se, praticarão de quando em quando? Como são os soldados em tempos de paz? Coquetes, é como eles são, ela diz. Eles se fantasiam. Reparem em seus sobretudos chiques, escarlates, e em seus sapatos lustrosos; reparem neles a caminho dos bailes, desfilando, preocupados com seus cabelos, com sua aparência, tentando projetar uma imagem chamativa. Eles são mulheres, observa Wollstonecraft. Não literalmente, claro. Mas são emblemáticos, nos termos em que ela argumenta, de como se corrompem as relações de poder por causa de sua relativa incapacidade de pensar por si próprios. "Assim como o sexo *frágil*", ela afirma, "o negócio de sua vida é a galantaria; eles foram ensinados a agradar e vivem apenas para isso."* Portanto, o que se vê nos soldados é uma vida dividida entre coquetismo e crueldade. É o que acontece nesse tipo de relacionamento. Há, na dissecação de Wollstonecraft da relação entre homens e mulheres, uma crítica total da sociedade que ela conhecia. É, à sua maneira, tão radical quanto podiam ser os textos produzidos durante a Revolução Francesa.

Qual é então, para Wollstonecraft, a solução para essa corrupção mútua? É uma solução óbvia, de certa forma, porém mais radical do que parece. Wollstonecraft passou grande parte da vida pensando sobre educação, inquieta com o assunto. Ser professora era uma das poucas ocupações disponíveis para as

---

* Ibid., p. 45.

mulheres daquela época. *Reivindicação dos direitos da mulher* contém uma extensa discussão sobre o que havia de errado com a educação, particularmente a das mulheres, limitada a tentar instruí-las nos caminhos da sensibilidade. A mente das mulheres vinha sendo fechada pela educação que elas recebiam, em vez de aberta para a gama de opções de vida à sua disposição. Wollstonecraft queria para as mulheres uma educação que as levasse a sério como seres capazes de pensamento racional, que fosse completa e lhes desse a oportunidade de aprender história, ciência e filosofia, além de arte, sensibilidade e sentimento. Ela achava que uma educação completa não poderia se limitar à educação racional. Não dá para ficar só na matemática e na geometria. Mas tampouco poderia ser apenas uma educação sentimental. Uma educação sentimental é uma armadilha.

Wollstonecraft não afirmava simplesmente que uma educação completa é o que as mulheres precisam e merecem. Dizia que é o que *todo mundo* precisa e merece — porque tampouco os homens recebiam uma boa educação. Alguns dos trechos mais zombeteiros e chocantes do livro são suas descrições do que acontece nas escolas particulares para meninos — as escolas de elite da Inglaterra, as Etons e Harrows da vida — onde homens são ensinados por homens, e onde meninos são ensinados a serem homens. Wollstonecraft descreve essas escolas como antros de corrupção. Transformar meninos em homens significava ensiná-los a esconder seus sentimentos, inclusive os sexuais, o que termina por obrigá-los a expressar sua luxúria — e Wollstonecraft, aqui, desce a detalhes bastante gráficos — de maneiras descontroladas, embora clandestinas: círculos secretos de masturbação grupal ocultos pelo verniz de integridade pública e moralidade cristã. É uma vida bestial, nos termos de Wollstonecraft, não uma verdadeira educação. É ser educado nos caminhos da corrupção e só. Pode servir a meninos em formação para um Estado corrupto, mas não é algo a que o responsável que se importasse com uma criança, fosse menino ou menina, escolheria submetê-la. "A modéstia deve ser cultivada igualmente por ambos os sexos, caso contrário, continuará sempre uma frágil planta de estufa [...]."*

Portanto, se trata de um projeto para reformar a educação das mulheres como um meio de reformar a educação como um todo. Não faria sentido melhorar apenas a educação dos meninos, pois isso deixaria as meninas ainda à mercê deles. Se a educação delas fosse melhorada, por outro lado, é quase certo que melhoraria para todos. Se for possível proporcionar melhor sorte às mulheres, pode-se melhorar a vida da sociedade em geral. Wollstonecraft desenvolve argumento semelhante quando trata do tema da participação política. Ventila a ideia de que as mulheres devem ser participantes plenas na vida do Estado, de que elas devem ser cidadãs. Não chega a dizer isso com todas as letras. "Posso provocar risadas", escreve ela, "ao lançar uma insinuação que pretendo desenvolver no futuro, mas eu realmente acredito que as mulheres devem ter representantes, em vez de serem governadas arbitrariamente, sem qualquer participação direta nas deliberações do governo."** Eis aí, talvez, o limite de seu destemor intelectual. Mas que ela fique apenas na insinuação não é covardia, pois chega muito perto de romper com o que pareceria a seus leitores um argumento razoável. E o argumento é claro. Se cidadania pressupõe tomar parte na política, talvez até votar, participar no nível mais fundamental das decisões coletivas que moldam a vida da comunidade, deveria soar totalmente razoável que as mulheres também participassem.

E aqui não se trata de um simples argumento pelo direito ao voto das mulheres. O Estado britânico, à época em que Wollstonecraft escreveu, no tempo da Revolução Francesa, não era

---

* Ibid., p. 165. Aqui, modéstia é usada no sentido de recato.
** Ibid., p. 190.

uma democracia. Nem perto disso. O voto era restrito a um grupo muito limitado de pessoas. Era um direito advindo de uma definição estrita de propriedade. E profundamente corrompido também. Muitos distritos eleitorais não passavam de bairros decadentes. O Parlamento era uma instituição representativa, e a Constituição britânica evoluíra desde o tempo da Guerra Civil de modo a criar algo mais parecido com um Estado moderno — um amálgama de governo e povo —, mas não se tratava, em nenhum sentido, de um Estado democrático. A grande maioria das pessoas — todas as mulheres, a maior parte dos homens — não tinha voz. A grande maioria das pessoas — todas as mulheres, a maior parte dos homens — vivia sob um poder arbitrário. Uma das razões para que os homens se tornassem soldados e portanto, nos termos de Wollstonecraft, passassem a desempenhar o papel de mulheres nas estruturas de poder do Estado era por ser essa uma das poucas alternativas de ação política para quem, de outra forma, se veria privado de qualquer oportunidade de se expressar.

Ao ventilar a ideia de que as mulheres talvez pudessem votar, Wollstonecraft fazia, na verdade, algo mais radical. Se elas podiam votar, certamente os pobres também podiam. Aliás, por que não permitir que *todo mundo* votasse — quer dizer, todo mundo capaz de pensar por si? Em outras palavras, se as mulheres podem votar, não há por que negar o voto a todos os homens igualmente sujeitos ao arbítrio do governo. Eis aí um argumento verdadeiramente inflexível pela igualdade política genuína, e mais inflexível do que os argumentos que muitos dos revolucionários franceses mais radicais — quase todos eles homens, inevitavelmente — defendiam. Ia ao limite do que parecia possível no final do século XVIII. E no entanto, para nós, soa absolutamente razoável, claro.

Reivindicação dos direitos da mulher segue proporcionando uma leitura apaixonada. Não é um livro apenas corajoso: é também verdadeiramente estimulante. É bastante explícito sobre sexo e funções corporais, e parte da corrupção que Wollstonecraft descreve, de forma pouco velada, é aquilo que ela considera como práticas sexuais corruptas (entre as quais inclui, em mal disfarçada referência, o sexo anal). O livro soa muito contemporâneo em certos momentos, embora não tanto em outros. Wollstonecraft não era nem um pouco libertina, e provavelmente ficaria horrorizada com um mundo como o nosso, atolado em pornografia. Sua perspectiva é bastante altiva, especialmente quando descreve o que considera um casamento ideal. Ela afirma e reafirma — em parte, sem dúvida, por conta de suas próprias experiências — que qualquer relacionamento apaixonado precisa de muito mais do que paixão para sobreviver. A paixão, sexual inclusive, se esgotará em um ou dois anos, e aí será preciso complementá-la com razão e respeito mútuo. Quem tentar manter um relacionamento só à base de paixão terminará com uma relação mutuamente corruptora. O casamento ideal, para Wollstonecraft, é um casamento bastante exigente entre duas mentes que se comuniquem com base na razão, entre criaturas racionais que retenham sua capacidade de sentir, mas saibam que, no fim das contas, sentimentos são transitórios e o que precisa prevalecer é um certo tipo de temperamento esclarecido e igualitário. Soa, de fato, um pouco frio às vezes. Uma possibilidade é que tal frieza seja apenas reflexo do fato de que Wollstonecraft não quis avançar seu argumento muito além dos limites do convencionalmente respeitável. Mas também é possível que ela acreditasse, e de forma apaixonada, que o casamento da razão com a paixão era a única maneira de se manter um relacionamento.

A escrita de Wollstonecraft faz o final do século XVIII parecer tudo menos um tempo remoto. É terapêutica ainda hoje. *Reivindicação dos direitos da mulher* trata, em última análise, do casamento entre razão e sensibilidade, entre o bom senso e a força do sentir. A sensibilidade por si mesma é um desastre, pensava Wollstonecraft, mas a razão sozinha é uma mentira, pois todos nós temos sentimentos. É preciso encontrar um caminho na política, nas relações familiares, na vida pública, na vida doméstica, para que razão e sensibilidade se combinem, para evitar ver os dois lados da vida como uma escolha, como uma divisão inevitável. É preciso encontrar um jeito de homens e mulheres viverem juntos.

Wollstonecraft morreu em 1797. No mesmo ano, Jane Austen terminava o primeiro rascunho do que viria a ser seu romance *Orgulho e preconceito*. Mais tarde, Austen escreveu um livro chamado *Razão e sensibilidade*. Soa provável que Jane Austen tenha lido Mary Wollstonecraft, embora Wollstonecraft nunca tenha tido a chance de ler Austen. Se tivesse lido, talvez amenizasse um pouco seu desprezo por mulheres que gastavam seu tempo com ficção ("O melhor método, creio, que pode corrigir a afeição por romances é ridicularizá-los [...]"*). Os romances de Austen são, sob certos aspectos, bastante distantes do nosso mundo, com suas elaboradas coreografias de boas maneiras em torno da dureza objetiva das questões de propriedade, casamento e herança. E, no entanto, não há quem leia Jane Austen sem sentir, aqui e ali, que seus livros poderiam ter sido escritos ontem. O mesmo vale para Mary Wollstonecraft, que é frequentemente descrita como uma pensadora política, mas seus escritos são muito mais do que políticos. Austen às vezes é descrita como uma romancista que ignorou a política. Cadê a escravidão? Onde estão as Guerras Napoleônicas? Por que seus personagens não discutem apaixonadamente as consequências da Revolução Francesa? Mas Austen é, como Wollstonecraft, política de alto a baixo. Entende a política, pois é algo que pode

---

* Ibid., p. 238.

estar presente em todo e qualquer lugar. A questão da relação entre razão e sensibilidade é, na verdade, uma questão de poder. Diz respeito aos riscos de corrupção mútua. São de Austen algumas das descrições mais memoráveis, na história da literatura, do coquetismo dos soldados. Ao vê-los chegar à cidade, repare como se vestem — e tema, não só por suas filhas, mas pelos próprios soldados também. Jane Austen é uma romancista do mundo de Mary Wollstonecraft.

Wollstonecraft se casou, por fim, no último ano de vida. Seu marido, William Godwin, era um político radical que compartilhava de muitas das paixões políticas dela. Wollstonecraft teve com ele uma filha, que veio se juntar à criança (também menina) que ela dera à luz anteriormente, fruto de um relacionamento extraconjugal. A autora morreu pouco depois, no final do verão de 1797, de complicações do parto, uma das muitas desigualdades naturais do mundo em que vivia. Ser mulher era levar uma vida muito perigosa e insegura porque, entre outras coisas, dar à luz era muito perigoso e inseguro, e foi o que matou Wollstonecraft com a idade relativamente jovem de 38 anos. Sua filha se chamou Mary Wollstonecraft Godwin e veio a se tornar mais tarde, depois do casamento com o poeta Percy Bysshe Shelley, a Mary Shelley que escreveu *Frankenstein*.

Há duas imagens imponentes, na moderna literatura inglesa, do robô pioneiro, da criação humanoide que dotamos de um poder que não compreendemos completamente. Uma delas é o *Leviatã* de Hobbes. O Leviatã não é, na verdade, um monstro marinho bíblico. Hobbes afirma de forma bastante explícita, no início do livro, que o que está sendo construído é um "autômato". Tal robô é um homem artificial com poderes sobre-humanos: os poderes do Estado. A outra imagem entre as mais memoráveis de um ser artificial é a do monstro do dr. Frankenstein, concebido pela filha de Mary Wollstonecraft. E assim gira a roda das ideias modernas.

3.
Constant sobre a liberdade

"A liberdade dos antigos comparada
à dos modernos" (1819)

Benjamin Constant (1767-1830) nasceu em Lausanne, na Suíça, numa família calvinista relativamente próspera. Sua mãe morreu oito dias após o parto. Constant foi educado por uma série de tutores até que seu pai, não tendo conseguido colocá-lo em Oxford, mandou-o estudar na Universidade de Edimburgo. De 1788 a 1794, coincidindo com o momento mais violento da Revolução Francesa, Constant viveu na corte de Brunswick, na Alemanha, onde se casou e se divorciou num curto intervalo de tempo. Em 1794, conheceu Madame de Staël, a mais proeminente de suas muitas amantes, e voltou com ela para Paris, onde se envolveu na política e obteve a cidadania francesa. Depois de alguns reveses para a causa moderada que representava, seguiu em 1802 para um semiexílio, viajando muito e se casando novamente em 1808. Foi durante esse período que produziu a maior parte de seus principais escritos, entre eles o romance *Adolpho*. Apesar de ter sido um crítico fervoroso de Napoleão, durante o governo de cem dias deste, em 1815, foi brevemente seu conselheiro para assuntos constitucionais. Com a restauração dos Bourbon, seguiu para o exílio novamente, mas logo retomou a carreira política, tornando-se um dos líderes da oposição liberal no Parlamento. Constant morreu pouco depois de seu maior triunfo político: ter sido nomeado membro do Conselho de Estado, em 1830.

Os dois autores de que falei até agora talvez se surpreendessem ao descobrir que, hoje, são lembrados principalmente como pensadores políticos, dada a amplitude de seus interesses. Isso também aconteceria com o pensador que é tema deste capítulo: Benjamin Constant. Provavelmente mais conhecido por seu pensamento político, enquanto viveu, ele fez muito mais do que apenas pensar sobre política. Escreveu sobre arte, escreveu sobre religião, escreveu sobre cultura, escreveu sobre direito e escreveu romances. Vou falar de um desses romances no fim do capítulo. É, ainda hoje, a melhor coisa que Constant escreveu.

O texto que é meu foco aqui não foi publicado num de seus muitos livros. Foi escrito para ser lido como uma palestra, proferida por Constant em 1819 no Ateneu Real de Paris com o título — talvez não dos mais cativantes — de "A liberdade dos antigos comparada à dos modernos". Ainda assim, segue sendo um texto definidor para se pensar a natureza da liberdade. É este o tema deste capítulo: a noção moderna de liberdade.

Há alguns rótulos que ajudam a caracterizar Constant e dão uma ideia do tipo de pessoa que ele era e de seus interesses. Uma maneira de descrevê-lo é dizer que era um romântico: mais precisamente, tanto um "romântico" quanto um "Romântico". Romântico com R maiúsculo porque ligado ao grande movimento na história das ideias batizado de Romantismo, que floresceu na virada para o século XIX. O Romantismo foi em parte uma reação à revolução científica — à revolução científica de Hobbes — e à Revolução Industrial que veio junto. Os Românticos com maiúscula celebravam o sentimento, a emoção, o contato direto com a natureza, a ideia do sublime, de se maravilhar com o natural, não com o mecânico. O movimento abrangeu música, pintura, literatura, ficção. Constant era esse tipo de Romântico. Mas era também o que podemos chamar de romântico num sentido mais coloquial, com minúscula. Alguém que amava a ideia de estar apaixonado e vivia em busca do amor romântico.

Casou-se duas vezes, ou seja, duas vezes mais do que Hobbes. O grande amor de sua vida, no entanto, não foi nenhuma de suas esposas. Foi uma mulher chamada Madame de Staël, que na época era casada com outra pessoa. De Staël era uma das intelectuais públicas mais famosas, e certamente também uma das mulheres mais célebres, da época. Mary Wollstonecraft dedica um bom pedaço de *Reivindicação dos direitos da mulher* a ela, principal alvo do ataque de Wollstonecraft a pessoas que tinham uma falsa ideia do que é a educação, pois De Staël insistia que as mulheres deveriam ser educadas de forma diferente dos homens. Constant se apaixonou perdidamente por ela, mas aquele era um relacionamento incomum. De Staël dominava a relação, e ali pode ter havido ainda algo de sadomasoquismo. Constant era o tipo de romântico que parecia encontrar certa satisfação em ser dominado. Mas era, igualmente, um amante mais convencional. Ou seja, viveu uma vida na qual buscava os casos amorosos e parecia saborear tudo o que vinha com eles: escrever cartas de amor e poesia, chorar, ficar de mau humor, entrar e sair por janelas de quartos, ocasionalmente ameaçar se suicidar. Era esse tipo de romântico.

Hobbes não era romântico em nenhum sentido. Nem com R maiúsculo, porque isso seria anacrônico. Tampouco com r minúsculo, porque de maneira nenhuma fazia seu tipo. Sua vida não foi romântica. A de Wollstonecraft, em alguma medida, foi. É possível contar sua história de modo que se encaixe no padrão de certos ideais de romance, incluindo a disposição para seguir o coração. Mas tampouco a ela o rótulo agradava. Odiava particularmente quando os homens, falando das opiniões das mulheres, as definiam como românticas. Em *Reivindicação dos direitos da mulher*, diz explicitamente que não quer que ninguém descreva suas ideias como românticas, pois, para ela, romântico significava sonhador, uma espécie de mentalidade nefelibata, aquele tipo de ideia que acaba levada pelos ventos gélidos da realidade. Wollstonecraft afirma que o amor romântico não dura. Depois de um ou dois anos, a gente precisa de algo mais sólido em que se apoiar. Constant seguia em frente assim mesmo. Se precisava de algo mais sólido do que paixão em que se apoiar, passados aqueles um ou dois anos, ele escolhia buscar em outro lugar. Era esse o tipo de vida que levava.

Mas Constant não era apenas um romântico. Era também um teórico constitucionalista. Escreveu sobre direito tanto quanto sobre amor. Outro tipo de rótulo bem diferente para descrevê-lo é que se tratava de um liberal — um liberal com minúscula. Não significa que fosse um liberal no sentido norte-americano contemporâneo de progressista. Constant não era liberal porque acreditasse em noções como Estado de bem-estar ou intervenção estatal — isso só foi aparecer mais tarde, no século XX. Liberalismo era algo mais próximo do clássico sentido dado pelos europeus modernos, o tipo que surgiu na virada para o século XIX. Constant foi um de seus primeiros entusiastas. O foco central, aqui, são noções como as de liberdade e proteção ao indivíduo contra o poder arbitrário do Estado soberano. É tentador, para um romântico, ser essa espécie de liberal, porque, para ele, esse tipo de proteção é necessário. Embora o liberalismo seja muito diferente do Romantismo — e de forma alguma os românticos foram todos liberais —, quem quiser seguir o coração precisa se certificar de que tem espaço e liberdade para isso. Fica muito mais difícil com o Estado o tempo todo interferindo.

Tem havido tentativas de retratar Hobbes como um dos pioneiros do liberalismo, ou um protoliberal, uma vez que a ideia hobbesiana de Estado deixa de fora da política uma grande parte das nossas vidas, que trataríamos de tocar do nosso jeito. Mas Constant era muito claro quanto a Hobbes não ser, de fato, um liberal. Afirma que seu antecessor só foi até a metade do caminho: que, na melhor das hipóteses, tinha meia razão. A parte na qual Constant achava que Hobbes acertara era ao propor construir o Estado em torno da ideia de representação. Assim deve funcionar a política no mundo moderno: as pessoas delegam poder político a seus representantes para que tomem decisões por elas. Constant tinha uma frase de efeito, não tão famosa quanto a de Hobbes, mas ainda assim bastante assertiva: "Homens ricos contratam mordomos". Os homens ricos somos nós, os modernos, que levamos vidas relativamente confortáveis. Nossos mordomos são os políticos. Contratamos pessoas para tomar decisões por nós, para o trabalho duro de administrar o Estado, nosso "patrimônio", porque não temos tempo, nem interesse, nem disposição para tal. Mas Constant era igualmente claro ao acrescentar que homens ricos que contratam mordomos e os deixam à vontade em seus afazeres, sem ficar de olho neles, muito em breve serão homens pobres.

O problema com a concepção hobbesiana é que ela confere poder absoluto aos mordomos. É essa palavrinha que faz toda a diferença: "[...] com a palavra 'absoluto', nem liberdade, tampouco a [...] paz ou a felicidade são possíveis sob quaisquer arranjos institucionais. O governo popular é tão somente uma tirania convulsiva; o governo monárquico é apenas um despotismo mais sombrio e taciturno".* Precisamos de uma forma de política, pensava Constant, na qual estejamos protegidos contra o abuso de poder por parte das pessoas a quem confiamos esse poder. E isso queria dizer uma Constituição liberal, que estabelecesse limites ao poder da autoridade soberana do Estado. Constant passou muito tempo, durante a Revolução Francesa e depois dela, tentando elaborar uma Constituição nesses moldes para a França, embora no final tenha fracassado.

Ele pensava, sim, haver modelos nos quais se basear. Havia lugares onde buscar inspiração, algo que Hobbes — que não teve um modelo a partir do qual pensar seu Estado, exceto aquele que ele próprio tinha na cabeça — não teria podido fazer. Constant mirava o outro lado do canal, a Grã-Bretanha, em busca de seu modelo de certo tipo de Estado liberal. Não se tratava de um Estado democrático, mas era liberal no sentido de que o Estado de direito e uma série de convenções constitucionais limitavam o poder do soberano. A essa altura da história britânica, a soberania cabia àquele estranho híbrido — nem só ao rei, nem só ao Parlamento, mas à "fusão de poderes". Era difícil que alguém exercesse poder arbitrário nesse sistema, pois havia restrições e, para os liberais, são as restrições ao poder que permitem aos cidadãos serem livres. Claro, aquele era o mesmo Estado que Mary Wollstonecraft via como apodrecido. Ela buscou inspiração no Estado revolucionário

---

* Benjamin Constant, *Princípios de política aplicáveis a todos os governos*. Trad. de Jouvert de Oliveira Brízida. Rio de Janeiro: Topbooks, 2007, p. 68.

francês. Constant almejava o Estado britânico. Aquela história da grama mais verde...

Constant tinha em mente outro exemplo de como um Estado liberal pode ser organizado. Os Estados Unidos da América surgiram mais ou menos na mesma época da Revolução Francesa. Na altura em que Constant deu sua palestra, em 1819, a coisa já funcionava bem do outro lado do Atlântico, havia sobrevivido a uma geração de políticos e parecia ser um experimento vivo e viável. Uma nova ideia do modelo americano era profundamente atraente para Constant: a separação de poderes. Uma das maneiras de se preservar as liberdades caras aos liberais é garantir que os mordomos fiquem de olho uns nos outros, que os diversos setores do governo se imponham limites. Se vamos, de fato, estar ocupados ou indiferentes demais para fazer isso nós mesmos, podemos pelo menos pedir aos nossos representantes que vigiem uns aos outros para garantir que, caso algum limite seja ultrapassado, alguém dentro do governo, dentro do Estado, se encarregue de colocar as coisas de volta no lugar. Tratava-se de uma noção distintamente moderna, que não deve ser confundida com o antigo modelo, por demais precário, de uma constituição "mista" ou "equilibrada". Se seria suficiente para proteger o Estado norte-americano da guerra civil, era outra questão. Mas a separação de poderes surgia como um conceito novo que, para Constant, certamente valia a pena considerar para a França.

O evento central na vida de Constant foi a Revolução Francesa e suas consequências. E ele viveu para vê-las se manifestarem plenamente: do Terror à ascensão de Napoleão, passando pela expansão do império napoleônico por toda a Europa, até o colapso desse império após a invasão da Rússia; e daí até o breve retorno do imperador em 1815, a derrota em Waterloo e a restauração da monarquia dos Bourbon. A experiência de uma revolução ocupou o cerne da vida de Constant, assim como acontecera com Wollstonecraft e Hobbes. Mas isso se deu num ponto diferente da trajetória de cada um. Um jeito de pensar em revolução — quase literalmente o que a palavra significa — é ver nela uma roda que gira: a sociedade sendo revolvida. Quem estava por baixo acaba por cima. Quem estava no topo se vê lá embaixo. Os reis são levados ao cadafalso. Os plebeus assumem o governo, pelo menos por um tempo. Só que, em muitas revoluções — não em todas, mas em muitas —, a roda continua girando e faz uma volta completa. Quando Hobbes escreveu o *Leviatã*, a roda tinha girado pela metade: o rei estava morto, o Parlamento, no comando. Mas ela continuou a girar e, no intervalo de uma década, a monarquia havia sido restaurada. Àquela altura, as coisas pareciam muito diferentes, inclusive para Hobbes. Já Wollstonecraft viveu a Revolução Francesa no fim de uma vida relativamente curta. Ela sobreviveu a tudo, mesmo aos momentos mais sangrentos, mas não chegou a ver o que veio a seguir. No caso de Constant, a roda havia girado completamente no momento de sua palestra: da execução do rei, seguida por duas décadas de revolta, ao retorno da monarquia. Constant teve, portanto, o que Wollstonecraft e Hobbes não tiveram: a vantagem do olhar retrospectivo. Em 1819, ele refletia sobre as lições do evento político central de sua vida sabendo como a história tinha terminado.

 Alguns dos escritos anteriores de Constant haviam sofrido com o tipo de contingência política que Hobbes experimentara enquanto escrevia o *Leviatã*. Segundo pensava o próprio Hobbes, seu grande azar era ter publicado o livro no ponto de incerteza máxima, com a roda girando a toda velocidade. Ele tinha sido forçado pela lógica de seu argumento a fazer compromissos convenientes — em relação ao governo parlamentar — que mais tarde lamentaria amargamente. Constant sofreu arrependimento semelhante quando também se viu à mercê de acontecimentos que se sucediam rápido. Como liberal, não aprovava o governo napoleônico, tampouco a própria figura de Napoleão. Mas quando do retorno deste, em 1815, Constant pensou, ou talvez temeu, que Napoleão ainda pudesse representar o futuro da França e tentou colaborar para a criação de uma constituição que limitasse o poder do imperador. Foi um erro fatal, pois cem dias depois Napoleão estava deposto e Constant, com a reputação comprometida. Na política, as coisas só acabam quando terminam. Foi uma lição que Constant aprendeu da forma mais dura.

Na altura de 1819, refletindo sobre a história completa das três décadas anteriores, ele quis tirar dali uma lição muito mais abrangente. Não sobre suas próprias experiências. Não sobre comparações possíveis entre França e Inglaterra ou entre França e Estados Unidos. Não se tratava de revolução versus império, ou revolução versus reacionarismo, ou revolução versus reforma. Tratava-se do contraste fundamental com o qual comecei este livro: entre a política moderna e a política pré-moderna, ou o que Constant chamou de políticas moderna e antiga. Para ele, a lição central da Revolução Francesa e suas consequências era aquela que ensinara aos modernos — pessoas como ele, pessoas como nós — sobre a natureza da liberdade. A lição de que não se deve confundir o que é moderno com sua versão antiga.

Constant argumentou que é possível estabelecer um nítido contraste entre os ideais de liberdade antigo e moderno. Na verdade, eles não poderiam ser mais diferentes entre si. No mundo antigo — o mundo de Atenas ou Esparta, o mundo da Roma republicana —, ser livre significava fazer parte de um Estado livre; portanto, a liberdade era essencialmente coletiva. A pessoa compartilhava sua liberdade com outras pessoas; ela a defendia ao lado de outros. A liberdade não se perdia se alguém fosse pessoalmente privado dela, mas se seu Estado, o Estado do qual era membro, deixasse de ser livre — fosse capturado, conquistado, colonizado. A ameaça fundamental à liberdade, nesse sentido, era a derrota militar, de modo que a liberdade dos antigos era também marcial, porque expressa por meio da guerra e da autodefesa — da autodefesa coletiva, não individual. Se a liberdade era compartilhada, os valores que se estava tentando defender também o eram, de modo que, em Estados livres, os cidadãos costumavam ter uma compreensão comum de quem eram e como deveriam viver. E, o que era crucial, no mundo antigo a liberdade se manifestava principalmente de forma pública: era expressa na esfera pública, como diríamos nós, modernos. Tendemos a separar a vida pública da vida privada. Essa distinção não existia verdadeiramente em muitos Estados antigos, nos quais havia pouca distinção significativa entre público e privado. Ser cidadão, naquela época, era habitar plenamente o mundo da política, o mundo da *res publica*, e participar da vida pública era manifestação de liberdade. Privacidade não era algo que estivesse, de fato, em jogo.

Embora essa fosse uma noção antiga de liberdade, Constant não a via como primitiva ou retrógrada. Não tinha sido abandonada por ser idiota ou equivocada. Pelo contrário. Constant achava que era uma noção heroica, uma ideia nobre e profundamente atraente de liberdade, mesmo para cidadãos modernos. No bordão da Revolução Francesa — *Liberté, Égalité, Fraternité* —, a fraternidade, a irmandade, hoje soa um tanto sexista: Wollstonecraft já não tinha muito tempo para isso. Mas era uma expressão de antigos ideais de liberdade. Ansiamos por esse senso de solidariedade. Ou assim nos parece. No entanto, como diz Constant, não é de fato como as pessoas modernas podem ou querem viver. Eis o insight fundamental desse pensador. Achamos que queremos ser como os antigos, mas não queremos. Ser moderno, viver no mundo moderno, naquilo em que o mundo se transformou desde que Hobbes escreveu o *Leviatã*, significa viver uma vida em que a liberdade não é coletiva: é individual. Não é que ela nos pertença porque pertencemos a um Estado livre; ela nos pertence porque somos cidadãos livres de pleno direito. Ser livre quer dizer ter a liberdade de escolher, como indivíduos, a maneira como queremos viver. A liberdade não deriva daquilo que compartilhamos com todas as outras pessoas no Estado sob o qual vivemos. Ela delimita aquilo que nos torna diferentes das outras pessoas sob o mesmo Estado.

A manifestação básica da nossa liberdade como modernos é essa capacidade de levar uma vida diferente da vida alheia. O que pode significar adorar um deus diferente, ou ter outro tipo de negócio, ou simplesmente fazer coisas que outras pessoas desaprovam. As liberdades modernas são a liberdade de religião, a liberdade de expressão e a liberdade de associação. Liberdade de associação implica que quem desejar fazer algo coletivo é livre para escolher onde e como, e não é obrigado a fazer uma reunião na praça pública do Estado para tanto. Pode até realizar esse encontro em privado, uma distinção que faz todo sentido para os cidadãos modernos. Além de ser individual, a liberdade dos modernos é comercial, pois as sociedades modernas não são sociedades marciais. Não somos primordialmente povos guerreiros, embora travemos guerras quando necessário. Somos povos comerciantes. A liberdade dos modernos é adequada a um mundo de comércio onde trocamos mercadorias e fixamos preços de acordo com o que os indivíduos estão dispostos a pagar, e no qual podemos negociar porque temos liberdade de movimento. Essa é outra liberdade moderna crucial. Por fim, e mais importante, a liberdade dos modernos é privada, e não pública, e isso vale não só para reuniões entre pessoas. Os indivíduos também precisam de privacidade. Liberdade, no mundo moderno, significa ser livre para existir na esfera privada, talvez até para se restringir a ela, à domesticidade, retirar-se para dentro de casa, para dentro do coração, para dentro da cabeça, para dentro da consciência individual, e ali fazer o que quiser, em parte porque temos razoável confiança de que, ainda que algumas pessoas talvez nos vigiem, o Estado não faz isso e, mesmo que faça, é relativamente indiferente a nosso comportamento em particular.

A liberdade dos modernos é, portanto, individual, comercial e privada. A liberdade dos antigos é coletiva, marcial e pública. É uma divisão bastante clara. Mas isso não quer dizer que Constant pensasse que a liberdade dos antigos era uma ideia sem serventia no mundo moderno. Longe disso. Parte do problema com esse tipo de liberdade é parecer uma ideia muito atraente para os cidadãos modernos. Ela nos interpela e nos compele ao passado, porque sentimos que somos um pouco inadequados na comparação com os antigos, que nossa versão da liberdade é um pouco frágil e superficial, um tanto egoísta. Às vezes, percebemos nitidamente o que estamos perdendo. Queremos mesmo ser povos comerciantes quando poderíamos ser povos marciais, simplesmente ser cidadãos quando poderíamos ser uma verdadeira irmandade, ou mesmo sororidade?

Essa era uma das grandes lições da Revolução Francesa para Constant. Ele pensava que a Revolução se inspirava, em grande medida, em antigas ideias de liberdade, as quais, para muitos dos revolucionários, eram irresistíveis. Eles se inspiravam em Esparta, Atenas ou Roma. Queriam *ser* espartanos, atenienses ou romanos. No entanto, o que estavam tentando fazer era algo, em termos modernos, simplesmente impossível. Pode ser irresistível tentar viver como os antigos, mas é inatingível. Não há mais como viver daquela forma. Por que não? Porque somos muitos. A liberdade dos antigos só funciona para Estados pequenos e íntimos. A liberdade pública só funciona quando os concidadãos podem se olhar nos olhos.

A França do início do século XIX tinha cerca de 25 milhões de habitantes. Viver sob a liberdade dos antigos não era possível naquele tipo de Estado.

Num Estado comercial desse porte, a maioria dos relacionamentos humanos é mediada não por contato pessoal, mas por dinheiro. Os antigos muitas vezes o desprezavam, além de desconfiarem naturalmente do que o dinheiro poderia causar à política. Alguns Estados antigos tentaram prescindir totalmente dele. Nenhum Estado moderno é funcional, nem sequer por um momento, sem dinheiro ou crédito. Nossas relações uns com os outros se pautam pela dívida; somos credores de nosso Estado. Vivemos pedindo dinheiro emprestado uns aos outros; o Estado também vive tomando emprestado de nós. Ao mesmo tempo, somos muito apegados à nossa vida privada e não queremos que nos digam como viver. Mesmo que, no fundo, talvez admiremos os antigos que conseguiam viver sem privacidade, não estamos dispostos a abrir mão da nossa. Portanto, a tentativa de encaixar um Estado moderno nos padrões da liberdade dos antigos resultará, em vez disso, no fim da liberdade, porque as duas coisas não combinam. Sociedades modernas são grandes demais, diversificadas demais e muito difíceis de delimitar. No lugar de liberdade, haverá simplesmente coerção. A autoridade do Estado terá de ser exercida de forma arbitrária, de modo a forçar as pessoas a se comportarem de determinadas maneiras e a se conformarem a certos ideais no intuito de torná-las uma irmandade, o que se mostrará impossível. A coerção se tornará conflito; o conflito, violência; a violência, terror; e o terror levará à morte em larga escala, em escala moderna.

A Revolução Francesa foi um estudo de caso para Constant sobre o que acontece quando tentamos delimitar a diversidade de um Estado moderno pelos singelos ideais da liberdade dos antigos. A fôrma será pequena, e tentar fazer caber levará à perda de vidas. Mas a mensagem de Constant é mais complicada do que isso. Na verdade, é muito mais interessante. Se o argumento daquela palestra parasse por aí, não tenho certeza de que sua influência teria perdurado. Seria quase óbvio e tosco demais como história política. A Revolução Francesa não foi apenas uma tentativa de transformar a França em Esparta, fracassada pelo tamanho da França, grande demais. Constant estava bem ciente de que o problema não era apenas o apelo da liberdade dos antigos. Era também o que faltava à liberdade dos modernos. Para muitos dos próprios modernos, ela não era suficientemente atraente. Em outras palavras, queriam persistir nela, tinham se tornado bastante apegados a ela, mas não sabiam, na verdade, como defendê-la. Muitos de nós, talvez todos, relutamos demais em abrir mão de nossas liberdades privadas, mas não temos certeza de por que agimos assim e somos convencidos com facilidade de que há algo de errado conosco por levarmos vidas a tal ponto privadas. A liberdade dos antigos mantém seu apelo porque a dos modernos não oferece exatamente o mesmo tipo de endosso grandioso derivado de princípios filosóficos. Eis a questão quando se fala de política pré-moderna no mundo moderno: muitas vezes ela parece oferecer uma escolha mais clara. *Fraternité* sempre vai nos atrair — alguns de nós, pelo menos —, porque parece muito especial.

Portanto, um dos problemas com a liberdade dos modernos é que não parece muito que nós, os próprios modernos, saibamos como justificá-la. Na tentativa de preencher a lacuna, somos absorvidos por compromissos políticos que não conseguimos sustentar. Outro problema — o mais profundo deles — é que a liberdade dos modernos pode nos afastar demais da vida pública. Como um cidadão moderno, é possível que se acabe atraído para a esfera privada, para a esfera individualista, quase que à própria revelia, e se chegue a acreditar que dá para viver sem política. É o pressuposto de que, içando-se a ponte levadiça de sua casa, ou de sua religião, ou de seus valores, ou de sua diferença, a pessoa estará livre para viver daquela forma, pois vive sob um Estado que não se importa e não interfere. São duas, portanto, as tentações da liberdade dos modernos: ou uma recaída na liberdade dos antigos por ser politicamente mais atraente; ou, alternativamente, subsistir no mundo da liberdade dos modernos por ser mais confortável. Constant resumiu:

> O perigo da liberdade antiga é que, atentos unicamente a assegurar-se de sua parte no poder social, os homens não fizessem bom negócio dos direitos e dos gozos individuais. O perigo da liberdade moderna é que, absorvidos nos gozos de nossa independência privada, e na busca de nossos interesses particulares, renunciemos demasiado facilmente ao nosso direito de participar do poder político.*

O problema com a liberdade dos modernos é que ela é simples e superficial. Não temos de pensar a respeito dela. É muito mais fácil viver uma vida na qual as pessoas não ficam nos dizendo o que fazer do que uma na qual é preciso agir como todos os demais. No entanto, e o que é crucial para Constant, viver assim, achar que a liberdade está garantida só porque ninguém fica nos dizendo o que fazer, é cometer um erro básico. A ilusão do mundo moderno e dos cidadãos modernos é achar que basta não prestar atenção na política para ela desaparecer; que, como cidadãos modernos, basta cuidar da própria vida que os outros cuidarão das suas e nos deixarão em paz. Mas não deixarão. Se a gente não se meter em política, sempre vai ter quem se meta.

---

* Benjamin Constant, *A liberdade dos antigos comparada à dos modernos*. Trad. de Leandro Cardoso Marques da Silva. São Paulo: Edipro, 2019, p. 75.

É assim que funciona o Estado moderno. O poder desse Estado depende de você, e não é porque você não se interessa que ele simplesmente vai deixá-lo em paz. Vai é se tornar arbitrário e coercitivo, e se revelar, um dia, aquilo que você deveria saber que era desde o começo, antes de perder o interesse: um estado hobbesiano arbitrário. A essa altura, você terá se tornado incapaz de se proteger, caso ele se volte contra você.

Esse, para Constant, é o risco real da liberdade dos modernos. Vai além do terror da Revolução Francesa. O terror é o que acontece quando pedimos demais da política, algo cuja probabilidade de ocorrer é rara, mas horripilante. O outro perigo, porém, é pedirmos de menos. A verdadeira lição da Revolução foi que nunca se pode estar seguro em sua liberdade moderna quando apenas se vive a vida de um cidadão moderno livre, pois a política terá sido deixada a cargo de outras pessoas, que podem não estar nem aí para a gente. De modo que Constant faz, ao final de sua palestra, uma afirmação que, para muitos que a leem, passa despercebida. Eles presumem que o autor está do lado dos modernos contra os antigos, a favor da liberdade moderna em detrimento da liberdade antiga. Mas não está. Constant afirma que a única maneira de viver no mundo moderno é deixar de vê-lo como essa escolha. Devemos ter os dois tipos de liberdade ao mesmo tempo. "Longe, pois", conclui ele, "de renunciar a nenhuma das duas espécies de liberdade das quais vos falei, é necessário, demonstrei-o, aprender a combiná-las uma com a outra."* Não uma ou a outra. Ambas.

Ser livre, no sentido moderno, ser deixado em paz, requer participação política. Eis o paradoxo da vida moderna. Quem verdadeiramente não quiser tomar parte na política precisa tomar parte na política para proteger seu direito de não tomar parte na política. Ao se afastar, vai descobrir que a política vem

---

* Ibid., p. 77.

atrás e alcança. Quem desejar proteção contra interferências deve prestar atenção no que as outras pessoas estão fazendo. Por isso, observa Constant, é que, para ser um cidadão moderno, não é suficiente se ater aos próprios interesses, à própria religião, à própria vida: é necessário se interessar pela política também. Constant diz que isso pode significar simplesmente manter-se informado. É preciso ler jornais; saber o que está acontecendo; filiar-se a clubes ou partidos políticos que fazem campanha pelas coisas em que a gente acredita; escrever aos representantes, caso se queira chamar a atenção deles. Deixando-os em paz, permitindo que os mordomos tomem conta do patrimônio, um dia a gente percebe que o perdeu e que perdeu o controle sobre os mordomos.

É uma lição que pode facilmente passar despercebida. Há uma outra palestra muito famosa sobre as duas formas de se entender a liberdade na qual talvez isso tenha acontecido. Em 1958, o filósofo Isaiah Berlin pronunciou uma conferência intitulada "Dois conceitos de liberdade". Berlin faz ali o que hoje é uma distinção célebre, não entre antigos e modernos, mas entre o que chamou de liberdades positiva e negativa. Um dos conceitos é chamado de positivo porque requer que algo esteja presente para que a gente seja livre; o outro é chamado de negativo porque requer apenas a ausência de alguma coisa. Liberdade negativa, para Berlin, significa estar livre de coerção ou constrangimento. É a ausência de alguém nos dizendo o que fazer, de modo que ficamos livres desde que algo não esteja acontecendo. A liberdade positiva requer capacidade de ação. A gente só é livre em termos positivos se for capaz de fazer o que deseja. Por outro lado, em termos negativos, é livre contanto que não seja impedido disso, independentemente de ter ou não condições para, de fato, fazer o que quer.

Deixe-me dar alguns exemplos de como essa distinção pode funcionar na prática. Tomemos a cidade onde moro:

Cambridge, na Inglaterra. Quem vive aqui é livre para comprar um imóvel próprio? Durante alguns meses em 2020, no pior momento da pandemia, essa liberdade foi restringida porque estávamos trancados em casa e impossibilitados de nos locomover: o mercado imobiliário ficou fechado. Aquela era uma restrição à liberdade negativa. Mas, sob condições normais, se eu quisesse comprar uma casa nova, quem me impediria? Em certas épocas e lugares, houve e há leis feitas para impedir que determinados tipos de pessoas comprem imóveis. A etnia ou a religião de uma pessoa podem desqualificá-la: poderia haver uma lei segundo a qual nenhuma casa nesta cidade devesse ser vendida para católicos ou judeus (muitas leis assim existiram em diferentes períodos). Na época de Wollstonecraft, uma mulher casada não podia comprar uma casa porque tudo que fosse propriedade dela pertencia ao marido. Ser uma mulher casada nessas circunstâncias, ou um católico ou judeu em circunstâncias equivalentes, era sofrer uma restrição da liberdade em termos negativos. Mas, felizmente, Cambridge não é esse tipo de lugar, pelo menos não mais. Você é livre para comprar uma casa sendo praticamente qualquer pessoa, desde que não tenha infringido a lei para conseguir o dinheiro do negócio.

No entanto, Cambridge hoje também é uma cidade onde os imóveis são muito caros. Se alguém chegar para um corretor e disser que deseja comprar uma casa, não será questionado, antes de mais nada e como primeira qualificação, sobre sua religião. Em vez disso, ouvirá a pergunta sobre quanto dinheiro pretende gastar. Mas e se não tiver dinheiro nenhum? Na versão negativa do conceito de liberdade, continuará livre para comprar uma casa; ninguém o impede. O corretor está louco para vender a casa; não há barreiras coercitivas no caminho; o Estado não vai impor sua vontade contra o comprador. Mas, do ponto de vista da liberdade positiva, é absurdo dizer que aquela pessoa é livre para comprar uma casa. Como pode ser, se não tem dinheiro para comprá-la? A razão pela qual não pode é que lhe falta capacidade para isso — faltam-lhe os meios, literalmente. Embora ninguém a esteja impedindo, a pessoa não tem o que é preciso.

Aqui vai uma versão diferente da mesma distinção. Pensemos num viciado em heroína ou alguma outra droga. Essa pessoa é realmente livre? Segundo a noção de liberdade negativa, o viciado é livre desde que ninguém o impeça de fazer o que deseja. A liberdade negativa se define em termos da ausência de restrições, portanto, se ninguém impede a pessoa de tomar seu veneno, ela é livre. Pela liberdade positiva, ser um viciado é, em certo sentido, ter a liberdade profundamente cerceada pela enorme restrição às próprias capacidades que isso significa. Quanto mais dominado pelo vício, mais o viciado estará limitado em sua capacidade de fazer escolhas significativas. Seu mundo encolherá e, com isso, sua liberdade. Se a família e os amigos intervêm — o que pode ser uma atitude altamente coercitiva —, podem dizer que o fazem em nome da liberdade positiva. O viciado pode insistir no contrário. Na música "Rehab", Amy Winehouse canta: "Tentaram me internar numa clínica/ Mas eu disse não, não, não". Esse "não, não, não" é o grito da liberdade negativa: você não pode me obrigar e, se tentar, estará limitando minha liberdade ("não vou, não vou, não vou"). Mas se alguém, aos gritos e esperneios, for arrastado para a reabilitação e 28 dias depois sair limpo, pode-se argumentar que foi libertado daquilo que o escravizava.

Essa disputa entre os dois conceitos de liberdade permeia a política, além de perpassar toda a nossa vida. Berlin afirma que a história do pensamento político se divide entre os entusiastas da liberdade negativa e aqueles que defendem a liberdade positiva. Um dos entusiastas da liberdade negativa, segundo Berlin, é Hobbes, uma vez que define a liberdade em termos da ausência de obstáculos a se manter em movimento — para Hobbes, estar acorrentado é a própria definição da falta de liberdade. Um dos defensores da liberdade positiva, ainda conforme Berlin, foi outro filósofo franco-suíço, Jean-Jacques Rousseau, que Constant identificava como o principal pensador a sustentar, no pensamento político da Revolução Francesa, a adoção de ideais antigos de liberdade. O bordão de Rousseau pregava que os cidadãos podem ser "forçados a ser livres": a essência da liberdade positiva. Berlin acrescenta que talvez o maior entusiasta da liberdade negativa tenha sido o próprio Constant, a quem ele chama de "o mais eloquente de todos os defensores da liberdade e da privacidade". Conforme observa Berlin, a compreensão de Constant acerca da liberdade incluía nossa liberdade para fazer mal a nós mesmos. Contanto que ninguém se coloque em nosso caminho, somos livres para destruir nossa saúde, nossa inteligência, nosso bem-estar, se assim quisermos. Seria lamentável, mas não evitável, a não ser com a restrição de nossa liberdade. Para Berlin, era o que Constant representava.

Mas Berlin se engana. Constant não defendia isso. O que ele defendia, explicitamente, era o casamento dos dois tipos de liberdade, pois pensava que, se nos limitarmos a levar uma vida de liberdade negativa, os entusiastas da liberdade positiva virão atrás de nós e nos alcançarão no final. De modo que, diz Constant, se você quiser continuar livre, não desista da vida pública, não abandone o mundo da fraternidade, da coletividade e da política, porque vai precisar um pouco dela para protegê-lo das pessoas que querem sua internação política forçada. Ao confrontar o poder do Estado moderno, não adianta só dizer "não, não, não".

Outra versão dessa mensagem aparece na obra-prima de Constant, seu romance *Adolpho*,[*] publicado pela primeira vez

---

[*] Adotamos aqui o nome do personagem-título e de sua amante conforme vertidos na tradução brasileira citada adiante.

em 1816. O título não colabora para a reputação do livro hoje. *Adolpho* é um título infeliz para um romance tributário do Romantismo. Talvez tenha sido um nome romântico algum dia, mas não mais — são as ironias da história. Vamos supor, simplesmente, que em algum momento se chamar Adolpho fazia do sujeito um amante arquetípico. O romance, em parte autobiográfico, conta a história de um jovem que, no final do século XVIII, vive uma espécie de longo ano sabático, como o próprio Constant nos piores anos da Revolução Francesa, viajando pelos pequenos principados da Alemanha, que ainda não era um Estado único, em busca de amor e diversão. Em suas viagens, o descompromissado Adolpho encontra uma mulher mais velha a quem amar, embarcando numa missão apaixonada para persuadi-la a correspondê-lo. Ela se chama Elleonora e leva uma vida quase respeitável num daqueles pequenos principados alemães. Tem dois filhos e é amante de um homem importante, numa relação não de todo respeitável nem oficial. Quando Adolpho (ou Constant) lhe bate à porta com suas cartas de amor, seus olhos cheios de lágrimas e seus protestos de que vai morrer se ela não se entregar a ele, Elleonora se mostra resistente e bastante cética, como seria de esperar. Mas ele a vence pelo cansaço e, no fim, ela cede talvez à insistência, talvez a ele. Os dois se tornam amantes — e se apaixonam de verdade a ponto de fugirem juntos. São obrigados a abandonar tudo, pois aquele não era o tipo de relacionamento que coubesse nos limites de uma sociedade respeitável, e mesmo ela, que tinha uma vida semirrespeitável antes, também tem de deixá-la para trás. Não dá para fugir com um jovem, para isso abandonando os próprios filhos, e esperar receber cumprimentos de uma sociedade pautada nas boas maneiras como se não tivesse feito nada de errado. Ambos compreendem isso — sabem que estão seguindo seu coração. É o que significa ser moderno; é o que significa ser romântico; é o que significa, ao menos nesses termos, ser livre. Tendo escapado, eles não podem ser parados. Não há fronteiras, nem barreiras, nem leis que os tragam de volta, de modo que partem juntos para uma espécie de exílio particular da vida pública. Amor é o que terão para sustentá-los, e assim é.

Mas depois de um tempo — e Wollstonecraft poderia ter dito isso a eles —, a paixão começa a arrefecer. Ambos passam a procurar outra coisa que os sustente. Isso é mais difícil de administrar quando se está proibido de levar uma vida pública; é mais difícil encontrar o que mantenha a gente em movimento se tudo o que se tem é um ao outro. De modo que aquilo se torna meio que um pesadelo para os dois, mas eles continuam apaixonados e assumiram um compromisso entre si. São modernos e livres. Nem todo mundo pensa assim, no entanto. O pai de Adolpho vai em busca de trazê-lo de volta ao mundo respeitável, ao mundo no qual as pessoas se casam não necessariamente por amor, mas pelo que pode ser sustentável e, de fato, talvez lhes permita maior liberdade no final. O pai encena uma espécie de intervenção familiar: quer mostrar a Adolpho a liberdade que aceitar algumas restrições lhe proporcionará. Envia cartas ao filho por intermédio de um amigo, tentando persuadi-lo a desistir daquela mulher e daquela loucura, a encerrar o longo ano sabático e voltar ao mundo da vida comercial respeitável, onde sua existência seria muito mais rica, muito mais plena, bastando para isso abandonar seu apego a um amor tolo. Adolpho fica extremamente tentado, e Constant descreve a tentação na dupla linguagem da liberdade.

> a possibilidade de uma aliança doce e pacífica [serviu-me] para criar o ideal de uma companheira. Refleti sobre a tranquilidade, a consideração e até a independência proporcionadas por uma tal situação; pois os laços que mantinha há

tanto tempo tornavam-me mil vezes mais dependente do que o teria feito uma união legítima.*

Adolpho passa a ver que há caminhos pelos quais um casamento oficial ou sancionado — e uma sanção é uma espécie de restrição — pode torná-lo mais independente do que aquele amor totalmente romântico, totalmente livre, mas, por outro lado, totalmente restrito que ele e Elleonora compartilham. Fica tentado, mas, no fim, não abandona seu amor. Ele tomou sua decisão e terá de sofrer as consequências. Só que é grande a mágoa de Elleonora quando descobre que Adolpho se sentiu tentado — ela encontra uma das cartas — e ela morre de tristeza, de modo que Adolpho se torna, de novo, um homem livre, mas também um sujeito fraturado.

É um romance extraordinário, em parte por soar tão psicologicamente moderno. Em outros aspectos, é bem de sua época. Não se trata de uma história do século XXI em termos de política sexual. Mas é uma história sobre liberdade, na qual a lição política da palestra de Constant surge na forma ficcional. A busca cega da liberdade moderna, ou negativa, da liberdade romântica, da liberdade do coração, da liberdade de cometer erros, da liberdade de fazer o que quiser e que se danem as consequências é maravilhosa e estimulante, e nos torna quem somos como modernos. Mas, se seguirmos todos esse mesmo caminho, isso nos levará à ruína, pois, uma vez refugiados no mundo privado, o mundo público não desaparece. Ele virá atrás de nós, ainda que apenas com a promessa de um tipo diferente de liberdade. E, presos ao mundo privado, perderemos nossa liberdade no final. Será preciso que voltemos

---

* Benjamin Constant, *Adolpho*. Trad. de Carlito Azevedo. Rio de Janeiro: Imago, 1992, p. 92.

à vida pública se quisermos defender nosso espaço privado. Será preciso combinar a liberdade dos antigos à dos modernos.

Eis o paradoxo da política moderna, da política hobbesiana. Hobbes criou o moderno Estado representativo para que ficássemos livres da política. Ele não era liberal, mas abriu caminho à ideia que torna o liberalismo possível, a ideia de um escape da política. No entanto, essa tentação de escapar é uma armadilha fatal. Como compreendeu Constant, todos precisamos de mecanismos de restrição sobre as pessoas que têm o poder de restringir nossas ações, mesmo quando achamos que não é o caso. É precisamente quando a política parece menos interessante — quando se está apaixonado, digamos — que mais se precisa pensar sobre ela, pois você pode acordar um dia e descobrir que está proibido de ficar com a pessoa que ama. Pode acordar e descobrir que o Estado decidiu, de uma hora para outra, que você tem de ficar em casa e a pessoa que você ama, na casa dela, e que vocês não têm permissão de se encontrar porque um encontro seria uma ameaça à segurança pública.

Até muito recentemente, eu teria dito que esse era apenas um exemplo hipotético, que pessoas apaixonadas num Estado liberal moderno podem confiar sem muito medo que o Estado não vai decidir de repente que o amor delas, que o desejo de ficarem juntas, é uma ameaça à segurança do próprio Estado. Mas, em 2020, vários Estados liberais modernos trancafiaram suas populações, e muitos indivíduos tiveram de tomar uma decisão rápida sobre se viveriam juntos ou separados, porque se locomover entre a própria casa e a da pessoa amada era perigoso demais para todos os envolvidos. Mesmo levando uma vida moderna — a vida segura e privada que criamos para nós com base na segurança que o Estado moderno nos oferece —, nunca se sabe quando a política pode voltar para nos assombrar. Eis a lição que Constant tirou do mundo político criado por Hobbes.

4.
Tocqueville sobre a democracia
Da democracia na América (1835/1840)

Alexis de Tocqueville (1805-59) nasceu numa antiga família aristocrática normanda; um de seus ancestrais lutou ao lado de Guilherme, o Conquistador, na Batalha de Hastings. Muitos dos parentes de sua mãe foram executados durante o Terror, e seu pai, Hervé, sobreviveu por pouco — foi libertado em 1794, tendo ficado de cabelos brancos aos 22 anos. Tocqueville viajou muito quando jovem, notoriamente para a América com seu amigo Gustave Beaumont, em 1831, mas também para a Irlanda, em 1835, e mais tarde, em 1841, para a Argélia, onde se posicionou criticamente ao modelo assimilacionista da colonização francesa. Em 1839, no período entre a publicação dos dois volumes de *Da democracia na América*, foi eleito para a câmara baixa do Parlamento francês, a Câmara dos Deputados. Foi reeleito em 1842 e em 1846, tornando-se um político de centro-esquerda, proeminente mas um tanto improdutivo. Em 1848, após a queda da monarquia, ocupou brevemente o Ministério das Relações Exteriores. Escreveu sobre sua frustrante carreira política num livro de memórias, *Souvenirs*, publicado somente após sua morte. Em 1856, lançou *O Antigo Regime e a Revolução*, seu magistral relato de como e por que a Revolução Francesa teve o destino que teve. Durante sua última década, cada vez mais pessimista em relação à política, Tocqueville viveu entre crises de tuberculose.

Até agora, não falei muito de democracia. Não deveríamos ter começado por aí? Não é a democracia a base da política moderna? Passo agora a falar dela, mas é importante deixar claro que não é a ideia fundamental da política moderna. Democracia é uma noção distintamente antiga. Para os antigos, significava algo bastante específico. Era o governo dos pobres, uma vez que a democracia entrega o poder à maioria em qualquer sociedade política e, seja qual for a sociedade, entendia-se que a maioria sempre seria de pobres. Mas democracia também significava o envolvimento direto dos cidadãos comuns na vida política — não de todos, longe disso, mas de todos aqueles que se qualificassem como cidadãos: todos os homens, exceto os mendigos, os estrangeiros e os escravos. O sistema permitia que a massa de cidadãos do sexo masculino participasse da rotina de tomada de decisões do Estado.

No mundo antigo, especialmente na antiga Atenas, um dos princípios fundamentais da democracia era o que se chamava seleção por sorteio. Era a escolha deliberadamente aleatória dos ocupantes de cargos públicos, literalmente uma loteria. A ideia era que qualquer um podia fazer o trabalho de tomar decisões de Estado. As pessoas se revezariam e seriam escolhidas ao acaso. Podia ser você, podia ser eu, podia ser qualquer um de nós, por não se tratar de um trabalho que exigisse qualidades políticas especiais. Uma noção essencial de igualdade sustenta essa forma de fazer política. A democracia antiga colocava a igualdade antes da aptidão para o exercício do poder, pois os testes de habilidade deixam muita gente de fora: melhor revezar do que nunca ter uma chance. Essa sempre foi uma ideia atraente para muitos, embora bem assustadora para pessoas com influência. Elas poderiam acabar governadas por qualquer um, caso não houvesse obstáculos à entrada na política.

A aleatoriedade não parecerá aleatória em qualquer sociedade na qual haja mais pobres do que ricos, mais ignorantes do que gente instruída e mais jovens do que velhos. Pobres, ignorantes e jovens terão sua oportunidade. Os ricos, os instruídos e os mais velhos nunca gostaram do governo da maioria e da seleção por sorteio. Até relativamente pouco tempo atrás, quem botava no papel suas ideias sobre política eram, invariavelmente, pessoas de grupos para os quais a democracia representa uma ameaça. Era assim no mundo antigo, onde quase tudo o que se escrevia sobre política vinha de uma seleta elite educada e rica, portanto, crítica à democracia. Continuou sendo assim no mundo moderno do qual venho falando até agora. O normal para quase qualquer pessoa que expressasse uma opinião sobre política até o século XIX era ver a democracia como uma ideia perigosa.

A noção fundamental da política moderna é a de representação, não a de democracia. Eis a ideia defendida por Hobbes. Num Estado moderno, o poder é delegado. É entregue a um grupo menor de pessoas que o exercem em nome do grupo maior, que dá seu aval a isto: autoriza, legitima, mas também vive sob o poder do grupo menor e com as consequências disso. Hobbes não era um democrata. Alguns historiadores tentaram argumentar que, no fundo, Hobbes tinha simpatia pela democracia, uma vez que, em sua versão da política, é o povo que dá origem ao poder do Estado, mas democracia não é a palavra certa para isso. Hobbes desprezava a ideia antiga de democracia, pois no geral desprezava ideias antigas sobre política. Achava que os proponentes da democracia se iludiam, com sua crença de que quanto maior o número de pessoas ativas politicamente, melhores os resultados. Mas, mais do que isso, Hobbes era, em essência, indiferente à democracia. Este é justamente o ponto central de seu pensamento político: não importa muito quem governa. A antiga e abrangente divisão entre os muitos, os poucos e o único — a democracia, a aristocracia e a monarquia — não é o argumento mais importante em política; produz mais calor do que luz. Essa indiferença é o que torna a ideia de representação de Hobbes tão diferente das opções anteriores. O que importa é que *tenhamos* representantes, não *quem* são ou *como* nos representarão.

E, no entanto, aí se descobria que a ideia de representação pode fornecer a base para uma nova forma de democracia: o que hoje chamamos de democracia representativa. É possível permitir às pessoas representadas mais voz do que Hobbes gostaria que tivessem acerca de quem serão seus representantes e quanto a se estão ou não sendo bem representadas. Reduzir a política à representação permite que ela retome um rumo democrático, mas isso já está muito mais para democracia *moderna* do que *antiga*. A democracia moderna tem início com a representação. Portanto, é impreciso, na verdade, chamá-la de "democracia representativa", uma vez que a expressão implica ser a representação apenas o qualificativo da ideia fundamental de democracia. Não é. O que temos são formas democráticas de representação: a democracia é o qualificativo da ideia fundamental de representação. Esse processo de abertura da política à representação democrática começou no final do século XVIII, mas só ganhou impulso de fato na segunda metade do século XIX, principalmente na Europa. E foi apenas muito mais tarde, no século XX, que a democracia representativa — ou representação democrática — se tornou a norma.

No início do século XIX, o Estado inglês mudara muito em relação ao que era na época de Hobbes — até por ter se tornado, desde então, o Estado britânico —, mas sem se mover na direção da democracia. Tornara-se o tipo de Estado liberal que talvez Constant admirasse, e que Wollstonecraft desprezava. Isso se deveu, em grande medida, à Revolução Gloriosa de 1688, quando a roda da política girou um pouco e logo parou. A Revolução Gloriosa não foi uma revolução democrática, e o Estado liberal britânico ainda não era uma democracia. Isso teria de esperar. A Revolução Francesa, ao contrário, foi um experimento genuíno com algumas formas de democracia. No entanto, nem todos os revolucionários franceses eram democratas, longe disso. Muitos deles compartilhavam da profunda desconfiança moderna dessa perigosa ideia antiga. Sua expectativa era reconstruir o Estado francês com base na representação, de preferência com representantes à imagem deles mesmos. Na medida em que se possa considerá-la um experimento democrático — uma tentativa de dar voz às pessoas comuns na política —, a Revolução Francesa falhou. Não resultou numa França democrática. Isso também teria de esperar.

Havia, porém, naquele início de século XIX, um experimento com a democracia moderna que parecia estar funcionando ou pelo menos tinha chance de funcionar. Era o experimento em curso nos Estados Unidos da América após a Revolução Americana, que emancipou as colônias norte-americanas do domínio britânico e lançou as bases para um novo Estado, com uma nova Constituição e uma nova forma de fazer política. A Constituição do novo Estado não era, em si, democrática. Guiava-se por aquele medo familiar da perigosa democracia antiga, tão comum entre o tipo de gente que escrevia constituições no final do século XVIII. Com sua independência recém-conquistada, o novo Estado norte-americano, em seus próprios termos — nos termos estabelecidos pelas pessoas que o fundaram —, era uma "república", o que queria dizer um moderno Estado representativo. Seus fundadores pretendiam criar um Estado organizado em torno de um conjunto de ideias e instituições que limitariam o poder das maiorias. Não queriam empoderar os pobres, os ignorantes e os jovens. Os fundadores da República norte-americana tinham tanto medo dessa forma de democracia quanto se podia ter, até porque também estavam fundando um Estado no interior do qual continuava a existir escravidão. No fundo de seu medo da democracia, havia o medo mais profundo do que poderia acontecer se todos os seres humanos fossem, literalmente, tratados como iguais.

Mas os Estados Unidos eram mais do que apenas sua Constituição. O resultado da luta pela independência não tinha sido apenas uma revolução constitucional, mas igualmente uma revolução social, e não demorou para que a sociedade americana se tornasse muito mais democrática do que sua Constituição poderia sugerir. Como consequência, para muitos observadores, o verdadeiro experimento democrático se dava não na política dos Estados Unidos da América, mas em seu modo de vida. A sociedade local parecia ter passado a adotar alguns daqueles antigos princípios democráticos de igualdade: acima de todos, a ideia de que uma pessoa era mais ou menos tão boa e tão capaz quanto qualquer outra na tomada de decisões importantes. A política representativa americana, particularmente no nível federal, era hierárquica e ainda um tanto aristocrática, considerando-se o poder que reservava às elites ricas, instruídas e relativamente mais velhas (como eram os próprios "pais fundadores" da República). Já a sociedade americana dava a impressão de não ser hierárquica nem fundamentalmente aristocrática e de ser capaz de tratar as pessoas — grande parte delas, ainda que de forma alguma todas — igualmente.

Quem viu a América nesses termos foi o jovem aristocrata francês Alexis de Tocqueville. Ele vinha de uma família que sobrevivera por pouco à Revolução Francesa. A roda tinha girado, mas não chegara a levar os De Tocqueville para baixo. Vivendo na França pós-revolucionária, Tocqueville queria ver por si mesmo a América porque entendia que era o grande experimento político e social da época — e o tipo de experimento que não era possível na Europa. Um país como a França se achava restrito nas formas pelas quais podia experimentar com a democracia, uma vez que era tolhido por duas coisas que não havia nos Estados Unidos. A França tinha história. Tinha séculos e séculos de história, de hierarquia, de uma estrutura social, o que significava que mesmo uma revolução a tal ponto radical e selvagem como havia sido a Revolução Francesa, uma tentativa de construir um novo mundo, encontrava enormes limitações quanto aos rumos que podia tomar. Tocqueville escreveu sobre essa restrição em seu livro posterior sobre a França, *O Antigo Regime e a Revolução* (1856). A Revolução Francesa sofreu profundamente, como talvez digam os cientistas sociais modernos, da dependência de trajetória imposta pela corrente subterrânea da longa história francesa sobre toda a política do país.

A Europa tinha outro problema. Era populosa demais. Fica muito mais difícil experimentar um novo tipo de política, um novo tipo de ordem social, com o Estado em disputa contra rivais e vizinhos. Para levar a cabo um experimento político, é desejável estar razoavelmente confiante de que, se algo começar a dar errado, a gente tem permissão para seguir adiante. Mas Tocqueville sabia, por experiência própria e pelo que se passara antes de ele nascer, que os erros cometidos por

Estados europeus não eram testemunhados por vizinhos que, passivamente, só desejavam que tudo desse certo no final. Isso tornava aqueles Estados vulneráveis à anexação, à conquista, ao colapso. Na Europa, os Estados ficavam de olho no que seus vizinhos estavam fazendo e sabiam enxergar uma oportunidade para se expandir. "Entre os povos da Europa", escreveu Tocqueville, "há bem poucos que não temeriam um golpe ou a anarquia todas as vezes que escolhessem um novo chefe."*

De modo que a América tinha duas grandes vantagens. Não estava sujeita à correnteza profunda da história e contava com a extensão de sua geografia. Os Estados Unidos não eram, claro, um lugar sem passado. Eram o Novo Mundo para os europeus, mas um novo que só fazia sentido ignorando-se as pessoas que já viviam ali antes. Para os nativos americanos, o grande experimento democrático na América foi uma calamidade, a pior coisa que poderia ter acontecido. Para aqueles que sofreram o expansionismo americano, o experimento não ocorreu sem custos, longe disso, tampouco foi benigno. Foi terrivelmente violento e, para suas vítimas nativas, acabou se tornando um genocídio. Do ponto de vista europeu, porém, a América era o lugar onde um novo mundo poderia ser experimentado. A história política norte-americana começa como parte da história britânica, e a Revolução Americana só tem sentido como parte dessa história, mas o rompimento com a Grã-Bretanha permitiu aos revolucionários americanos agir como se estivessem fazendo a própria história. Não tinham atrás de si séculos de feudalismo, hierarquia e aristocracia a que prestar contas enquanto construíam seu mundo pós-revolucionário. Talvez conseguissem dizer adeus a tudo aquilo.

---

* Alexis de Tocqueville, *Da democracia na América*. Trad. de Pablo Costa e Hugo Medeiros. Campinas: Vide, 2019, p. 154.

Tocqueville, como produto de séculos de feudalismo, hierarquia e aristocracia, queria saber se seria, de fato, possível.

Os americanos também tinham a vantagem de estar a um oceano de distância da Europa. Se algo desse errado, embora talvez acabassem indo para o front, como foram — lutaram uma guerra contra os britânicos, que incendiaram Washington em 1812 —, os americanos podiam, enfim, cometer seus erros e se safar. Isso, para Tocqueville, era a sorte grande: poder experimentar, errar e mesmo assim sobreviver. Os europeus não podiam fazer o mesmo. Os franceses definitivamente não podiam fazer o mesmo. Os americanos, sim. De modo que Tocqueville pensou em ir conferir por si mesmo e em 1831, ainda jovem (tinha apenas 26 anos), partiu com um amigo para dar uma olhada, com o objetivo de escrever um livro sobre a América. O plano original era escrever sobre o sistema penal americano, pois Tocqueville achou que seria interessante comparar as atitudes europeia e americana em relação ao crime e à sua punição. Mas logo viu que havia uma história muito maior a ser contada — a história da democracia na América. Ele a contou em dois livros: um publicado em 1835 e outro, em 1840 — os dois volumes de *Da democracia na América*, talvez os livros mais importantes já escritos tanto sobre a democracia quanto sobre os Estados Unidos.

E o que Tocqueville encontrou ao chegar lá? A primeira coisa em que reparou foi que a vida americana era bastante caótica, e suas primeiras impressões foram do barulho, da agitação, das pessoas contando vantagem e histórias, exagerando, da ausência de hierarquia, da aparente falta de ordem. Pareceu a Tocqueville uma sociedade que tinha, de fato, se livrado da deferência e da aristocracia, mas sem substituí-las por outra coisa, de modo que dava a sensação de estar saindo de controle. Isso era Nova York em 1831. Mas conforme Tocqueville viajava pelo país e conhecia mais dos Estados Unidos, ia chegando a uma conclusão diferente. Sua impressão, de início, tinha sido a de uma volatilidade superficial. A sociedade e a política americanas pareciam fora de controle, mas, quanto mais ele via da América, mais achava que, na verdade, sob aquela superfície, por trás de toda aquela agitação, as coisas eram bastante estáveis. Eram até bastante dignas, na verdade. Em muitos lugares, a América era uma sociedade conformista, muito séria, muito estabelecida. A noção de igualdade, em certos aspectos geradora de volatilidade, por outro lado proporcionava, em boa parte das relações sociais, um arranjo muito mais estável — igualitário, mas também comunitário. Se você não é melhor do que eu, não pode me dizer o que devo fazer. Se eu não sou melhor do que você, porém, tampouco posso lhe dizer o que deve fazer. Estamos juntos nessa. As pessoas acreditavam na sociedade que estavam criando; acreditavam nos valores daquela sociedade e compartilhavam de muitos deles. Como resultado, a volatilidade superficial ocultava uma durabilidade subjacente.

A viagem de Tocqueville foi incomum, assim como foram incomuns as conclusões a que ele chegou. A maioria dos viajantes europeus na América, naquele período, teve uma experiência oposta. Para citar um exemplo de poucos anos depois da passagem do francês pelo país, outro escritor europeu jovem e ambicioso, Charles Dickens, fez em 1842 a viagem na qual quis ver por si mesmo os Estados Unidos. A primeira impressão de Dickens foi, como a de Tocqueville, de exuberância, vivacidade, barulho. Mas, ao contrário de Tocqueville, ele gostou de tudo imediatamente. Pensou que aquela exuberância era a expressão do que esperava encontrar na América, do instinto democrático do país. Dickens estava do lado dos pobres, dos oprimidos, e julgou que os americanos tinham dado às pessoas oprimidas na Europa uma chance de, ali, encontrar sua voz. No entanto, quanto mais viajava, mais desconfiado ficava. Começou a achar que, sob a reluzente superfície da vida americana, por baixo e por trás de toda aquela agitação irresistível, havia algo mais enganoso, mais corrupto, mais hipócrita. Ficava cada vez mais chocado e horrorizado com o pecado original da vida americana, a escravidão, mas igualmente com o jeito dos americanos de recobrir sua corrupção básica com a linguagem da democracia. Dickens concluiu que a América parecia ótima na superfície, mas por baixo provavelmente estava apodrecida.

Tocqueville enxergou o contrário. Achava que os Estados Unidos, embora com aquela aparência superficial terrível, provavelmente eram estáveis e seguros sob a superfície. Essa estabilidade e segurança subjacentes manifestavam-se na forma de uma espécie de fé na democracia. Os americanos, por acreditarem na igualdade e levarem uma vida na qual a igualdade, para eles, era real, depositavam sua confiança na democracia como a estrada rumo ao futuro: era a Providência. Havia uma espécie de religião da democracia na América. Tocqueville observou que as cerimônias da vida democrática — por exemplo, as comemorações que marcavam o aniversário da Declaração da Independência, em 4 de julho — eram, além de muito exuberantes, também solenes, ocasiões quase religiosas. Os americanos eram religiosos e acreditavam na Providência porque sua religião — a fé protestante em geral — lhes ensinava que eram os eleitos e deviam ter fé no futuro. Poucos eram católicos — isso antes das grandes levas migratórias católicas da Irlanda, da Itália e da Europa Oriental, na segunda metade do século XIX —, o que significava que não vinham de um mundo de padres, superstição e hierarquia. A religião lhes ensinava sobre igualitarismo e sobre terem sido salvos.

Mas isso, por sua vez, resultava num enigma. Uma das coisas que tornam Tocqueville um escritor tão interessante é o fato de ele ser capaz de ver um enigma em quase todas as soluções para alguma questão política, ao mesmo tempo que é capaz de encontrar uma solução para quase todos os enigmas políticos. Se a solução para o enigma da vida americana era que a Providência sustentava a volatilidade, que a fé no futuro sustentava os experimentos do presente, o paradoxo era não se tratar, ali, de nenhum experimento de fato. Como seria, quando ninguém acredita que possa dar errado? Como assim um experimento, se os erros não importam porque o futuro cuidará de si mesmo? Confiar na Providência não é um experimento em termos científicos. É só uma manifestação cega de fé.

Tocqueville contou uma história que, do seu ponto de vista, capturava esse lado paradoxal da vida americana. A pior coisa que lhe aconteceu em sua jornada de nove meses pelo país foi quando no Sul, viajando num vapor, o barco bateu numa rocha ou banco de areia do rio, começou a afundar e, enquanto isso acontecia, Tocqueville notou que aquela enorme e impressionante embarcação era, na verdade, bastante frágil, mal construída e estava ali, prestes a se desmontar. Ele achou que ia se afogar e, mais tarde, soube que muitas pessoas de fato se afogavam em barcos a vapor nas hidrovias americanas. O jovem francês sobreviveu, contra seus piores temores, mas saiu da experiência muito abalado. Ao fim da provação, quis saber dos fabricantes daqueles vapores por que seus barcos eram tão mal construídos. Por que não os melhoravam? Por que não os tornavam mais aptos a navegar? Responderam-lhe que os Estados Unidos eram um país onde as coisas estavam mudando tão rápido, e no qual tudo melhorava tão velozmente, que não valia a pena aperfeiçoar seus próprios barcos, uma vez que logo outros melhores apareceriam. A gente pode continuar com esses, disseram, e ter fé de que no futuro um vapor melhor vai surgir de qualquer jeito. A fé no futuro pode ser muito perigosa.

Para usar um termo muito mais contemporâneo, havia ali, pressuposto, um tipo de risco moral: o risco de as pessoas não se sentirem necessariamente responsáveis por seus erros, pois viviam numa sociedade tão cheia de energia, tão dinâmica, na qual as coisas mudavam tão rápido, que nem mesmo seus erros demorariam a ser apagados pelo progresso. Mas, se a pessoa tivesse o azar de ser vítima de um daqueles erros, podia acabar literalmente apagada. E o que era verdade para os fabricantes de barcos a vapor talvez fosse também para toda a sociedade.

Por sua situação privilegiada, os Estados Unidos foram levados a pensar que eram imunes a riscos ordinários: estavam isolados do resto do mundo, tinham um continente inteiro para explorar e espaço suficiente no qual acomodar Estados escravistas e não escravistas, assim como para empurrar os nativos americanos para oeste e, em última análise, para sua destruição. "Os americanos não têm vizinhos", escreveu Tocqueville, "e, por conseguinte, não têm grandes guerras, crise financeira, devastações, nem conquistas a temer [...]."* A ideia de sair impune de assassinatos se tornava, então, uma possibilidade tentadora. Nada de muito terrível poderia acontecer na América (na América branca) porque era difícil imaginar qualquer coisa que fosse resultar no colapso da sociedade ou do Estado. Aquele era um experimento no qual, por ser improvável que erros tivessem sérias consequências para as pessoas que os cometiam, tornava-se muito fácil cometer sérios erros. Tocqueville afirmou, certa vez, que lá havia mais incêndios e, da mesma forma, mais incêndios eram apagados. Na democracia americana, as coisas seguiam dando errado, mas mudavam tão rápido que parecia não importar. Isso, para Tocqueville, era a glória daquele experimento, e também seu risco — o risco de as pessoas não levarem seus erros suficientemente a sério. É muito difícil olhar para a história da democracia americana desde então e não achar que ele tinha razão.

* Ibid., p. 350.

Uma outra forma pela qual Tocqueville tentou enquadrar o paradoxo central da vida americana foi explorando a relação entre seus dois lados: a volatilidade superficial e a estabilidade subjacente. Zombeteiro, em tom quase cômico, ele escreveu sobre a experiência de ver de perto as eleições americanas. Períodos eleitorais eram a época mais volátil da política do país, quando o ruído se tornava quase insuportável, quando todo mundo tinha uma opinião e todos os jornais se esgoelavam sobre esse ou aquele candidato ser o fim do mundo ou a salvação da nação. Conforme afirmou Tocqueville, em véspera de eleição, parece que o rio da democracia americana está prestes a transbordar de seu curso e levar a todos na enxurrada. Há uma espécie de histeria em torno das eleições americanas. "A nação inteira cai num estado febril, a eleição se torna o texto diário dos papéis [jornais] públicos, o tema das conversas particulares, o objetivo de todas as iniciativas, o objeto de todos os pensamentos, o único interesse do presente."* Aí a eleição acontece, esse ou aquele candidato vence, o nível do rio volta a baixar, ele retorna a seu curso, e a vida continua. A eleição dá a impressão de vir para mudar tudo, e em geral não muda quase nada. Eis uma das forças paradoxais da democracia americana. Quando tudo funciona bem, a volatilidade e a estabilidade se complementam. A volatilidade injeta vida numa sociedade inerentemente estável e um tanto conformista. A estabilidade e o conformismo impedem que uma política volátil saia do controle. Mas o perigo da vida americana é que os dois lados de sua política e de sua sociedade, os dois lados de sua democracia, acabem por se apartar. Que ou a volatilidade, ou a estabilidade prevaleça.

Isso poderia acontecer de várias maneiras.

---

* Ibid., p. 159.

O perigo se expressa na ambiguidade intrínseca ao bordão de Tocqueville, "a tirania da maioria". Essa forma de tirania, ele alertava, é o grande risco da política democrática porque a democracia, além de igualitária, é majoritária. A tirania da maioria toca no temor de sempre das elites instruídas quanto à democracia: e se a maioria das pessoas, numa determinada sociedade, não tiver qualificação para a tomada de decisões? E se for o tipo errado de gente ou se escolher o tipo errado de gente para decidir em seu lugar? É potencialmente perigoso esse grupo, a maioria, ter algum tipo de poder irrestrito. Tocqueville, como um elitista instruído, sem dúvida pensava isso. Qualquer forma de tirania é uma ameaça. Mas o jovem francês achava, igualmente, que a tirania da maioria possuía caráter distinto. Como sempre em se tratando de Tocqueville, o problema tinha dois lados, dois caminhos que podia tomar. Em cada um dos dois volumes de *Da democracia na América*, ele descreve um cenário diferente de como seria viver numa sociedade em que se tivesse perdido o controle sobre a maioria.

No volume I, o que o preocupa é o lado da volatilidade da política democrática. De modo que, quando reflete sobre a tirania da maioria ali — e o volume I, publicado em 1835, é de longe o mais otimista dos dois —, é como o elemento volúvel da democracia americana. Ele imagina como seria se essa volubilidade passasse do ponto. A tirania da maioria, nesses termos, diz Tocqueville, se pareceria com uma revolta — literalmente uma revolta. Os exemplos com os quais ilustra a tirania da maioria no volume I de *Da democracia na América* são de tumultos raciais, linchamentos, tomada de poder pela turba. E se a maioria resolver descontar sua raiva nas minorias raciais, nos forasteiros, nos estrangeiros? E se não puder ser impedida porque, tratando-se de uma democracia, a maioria poderá dizer: nós estamos em número maior do que vocês? Tocqueville achava que a democracia americana sempre corria esse risco.

A palavra que usaríamos hoje para esse aspecto da vida política americana é populismo: multidões, turbas, junto com os políticos que falam por elas, cada um manifestando sua suspeita, sua raiva, sua frustração, seu sentimento de que, como maioria, como maioria racial, elas é quem deveriam estar se saindo melhor, caso aquilo ali fosse mesmo uma democracia. Como é que os Estados Unidos podem se chamar de democracia quando as pessoas que pertencem à maioria se sentem perdedoras? Esse instinto, acredita Tocqueville, é potencialmente tirânico, e sempre é possível que passe a dominar a vida americana. Ele tinha razão.

No volume II, porém, ele expressa um tipo diferente de medo quanto à tirania da maioria. Apresenta ali o outro lado — o lado passivo da política americana. Há um outro risco, que é o de a maioria se tornar ultrapassada e conformista. Viver numa sociedade onde se pensa que a maioria é que sabe das coisas pode significar viver numa sociedade onde a cultura se torna pouco refinada e simplória, porque a maioria não tem discernimento nenhum. Onde o modo de vida das pessoas se torna retraído e sem imaginação, cada um temendo parecer cheio de si ou deslocado caso passe uma imagem muito diferente da de seus vizinhos, e desconfiado destes caso pareçam muito diferentes deles próprios. Em vez de revoltas e tentativas de derrubar todas as barreiras frustrantes que impedem a maioria de conseguir o que quer, há uma espécie de desaprovação recriminatória dos que se destacam, dos excêntricos, dos não conformistas. Tocqueville pensava que a democracia americana seguia correndo risco; que, embora não fosse mais o caso de uma ausência de controle sobre a maioria, a imaginação dessa maioria é que estaria ausente. Temia que o lado experimental da vida americana — para Tocqueville, como europeu, seu grande atrativo — fosse sufocado pela tirania da maioria. O experimento terminaria, lenta e gradativamente, por fracassar, uma vez que deixaria de ser um experimento e, em vez disso, se fixaria numa sociedade tão imutável em seus hábitos quanto qualquer outra sociedade europeia de cujos hábitos tentava escapar.

Esses dois lados da vida americana nunca deixavam de estar presentes, e suspeito que Tocqueville, de forma geral, não tomasse partido quanto a qual deles representava o maior risco. O maior perigo era que essas duas distorções do ideal democrático, o populismo e o conformismo, alimentassem uma à outra. Conforme Tocqueville reparou, há uma característica levemente anômala do populismo, que é o fato de ser bastante conformista. Por ter origem na tirania da maioria, o populismo, mesmo em suas versões mais selvagens, costuma incluir certa desaprovação recriminatória e afetada da excentricidade. É um insight que continua válido: para reconhecer o fenômeno, basta ouvir as horas e mais horas que Rush Limbaugh, com seus sermões afetados, passa incitando as massas. Donald Trump tem seu lado afetado, especialmente quando se trata de sua reserva em relação às funções corporais (suor, menstruação, germes). Trump tem desprezo por pessoas com deficiência ou pouco atraentes, e por diferentes de qualquer tipo. A política do caos democrático nunca fica muito longe da política do nojo.

Com o tempo, Tocqueville se tornou cada vez mais pessimista com o rumo que as coisas tomavam. Quando jovem, ele se entusiasmou com os Estados Unidos, e muito desse entusiasmo transparece em *Da democracia na América*. Estava também simplesmente fascinado pelo lugar. Mas, no final do volume II, faz uma pequena advertência de que aquela forma de fazer política, aquele apego básico à igualdade e à fé providencial no futuro democrático, corre os riscos da passividade e do conformismo. Um povo passivo e conformista cai vítima de verdadeiros tiranos, de políticos eleitos que exploram sua passividade, que lhe oferecem mentiras confortáveis e que canalizam uma desaprovação recriminatória a propósitos que, no fim, minam a democracia. Sempre houve esse risco na vida democrática americana também.

Parte da razão pela qual Tocqueville se tornou mais pessimista foi que suas próprias experiências políticas foram ficando cada vez mais desoladoras. O grande acontecimento político de sua vida ocorreu na França: outra revolução francesa. Foi em 1848, quando uma onda de levantes políticos varreu o continente europeu. Por um momento, pareceu que a roda voltava a girar. Muitas e diversas pessoas depositaram muitos e diversos tipos de esperança nas revoltas de 1848. Para liberais como Tocqueville, havia a esperança de uma reinvenção constitucional da política convencional. Para pensadores mais radicais, incluindo muitos socialistas, a possibilidade de uma transformação total. No entanto, daquela vez, não é que a roda não tivesse dado a volta completa; ela nem chegou a girar, na verdade. As revoluções de 1848 fracassaram. Para Tocqueville, em parte, tal fracasso era um alívio, uma vez que não lhe agradava a ideia da volta completa ou mesmo de um meio giro. Mas ele experimentou, igualmente, a decepção de um liberal que vê até suas modestas esperanças sufocadas pela complexidade da política, pela correnteza profunda da história e pela estupidez das pessoas que assumem a linha de frente. De modo que 1848 parecia exemplificar o que ele sempre temera quanto à política europeia — que ela não seria capaz de se reformar por estar enredada demais nos próprios erros passados.

Como político, Tocqueville viu isso por si mesmo. Ele não se limitou a escrever sobre política. Quando a oportunidade surgiu, foi além e tentou a mão na política de fato. Não era muito bom na coisa. Por um breve período, no regime instável que se seguiu à revolução de 1848, ele foi ministro de Relações Exteriores da França. Procurou introduzir um entendimento tocquevilliano — paradoxal, ambivalente — de como tornar a política melhor, sem sucesso, o que não surpreende. Escreveu a respeito do período, mais tarde, tratando-o como uma experiência profundamente decepcionante. Foi o tipo de experiência da política francesa, em 1848, comparável àquela que Dickens tivera na América no início da década: a empolgação superficial, o entusiasmo de início, a sensação de que talvez fosse um novo começo, de que era daquilo que estava em busca, para logo descobrir a podridão sob a superfície, os velhos métodos ainda funcionando, a hipocrisia das pessoas envolvidas, ninguém dizendo a verdade, os inescrupulosos levando a melhor e os melhores sendo excluídos. Eis a experiência amarga de Tocqueville dos eventos de 1848 e suas consequências. Não houve salvação para a França.

Ao mesmo tempo, a um oceano de distância, ele observava a América num rumo cada vez mais perigoso. Tocqueville morreu em 1859, dois anos antes de ter início a grande calamidade da democracia americana, a calamidade final, aquela que Hobbes insistia que todo sistema político precisava tentar evitar a todo custo: uma guerra civil. Tocqueville não viveu para ver isso acontecer, mas, na altura de sua morte, já ficara claro para ele que o experimento democrático americano estava em sérios apuros. Os dois lados da vida americana se apartavam, e isso se devia ao pecado original daquela democracia, seu consentimento à escravidão. Profundas tensões e divisões raciais percorriam a sociedade americana de alto a baixo. Na questão da escravidão, a política americana se tornava a um só tempo mais volátil e mais complacente. Havia cada vez mais raiva, mais ruído, mais agitação na superfície, ao passo que eram poucas as tentativas reais de mudar o sistema, de resgatá-lo, de experimentar algo novo. Antes de morrer, Tocqueville sentiu que a história que contara em *Da democracia na América*, aquela que começava em tom relativamente positivo no volume I e se tornava um pouco mais sombria no volume

II, ficaria muito mais sombria ainda. A sociedade americana tinha problemas fundamentais, quase inescrutáveis, que precisavam ser resolvidos. No entanto, a democracia americana, com sua estranha mistura de agitação superficial e passividade subjacente, não era capaz de lidar com eles, certamente não por meio da ordem constitucional existente da qual tanto se orgulhava. Alguma coisa teria de mudar.

Tocqueville, porém, não tirou daí a conclusão — acho que, nisso, nunca acreditou — de que a democracia não fosse mais a onda do futuro. Manteve sua percepção da democracia como um sistema providencial de governo, aquele disposto por Deus para uso dos seres humanos, pois o princípio subjacente ali era, para Tocqueville, o que prevaleceria no final, mesmo na Europa. Ou seja, a ideia de que os seres humanos são, em certo sentido, basicamente iguais. O que Tocqueville considerava a marca do mundo moderno era aquilo a que chamou uma crescente "igualdade de condições". A modernidade é diferente do que veio antes porque vai descartando as hierarquias tradicionais de forma gradual e progressiva. E as substitui por novas hierarquias, inclusive por aquela que põe a maioria e seus representantes no topo. Mas todas as velhas hierarquias perdem pouco a pouco o controle. Esse é o rumo que tomam algumas sociedades individualmente, mas também as sociedades humanas em geral. Tornou-se algo inexorável que, a certa altura, correria a Europa. Mesmo que 1848 não fosse esse momento, ele chegaria, e um dia o mesmo fenômeno acabaria por correr o mundo.

Em *Da democracia na América*, Tocqueville tenta imaginar um futuro de mais longo prazo para a democracia, que fosse além dos altos e baixos da vida americana — para não falar dos altos e baixos das eleições no país — e da política volátil dos Estados europeus. Tocqueville retrata um futuro no qual o mundo se divide, em última instância, entre duas formas de política apenas: uma representada pelos Estados Unidos da América, a outra, pela Rússia. Ele falava da Rússia de seu tempo: uma sociedade autocrática, muito mais hierárquica do que a americana, mais até do que a britânica ou a francesa, mas um Estado poderoso, com uma extensão geográfica capaz de mantê-lo livre das mesquinhas rivalidades europeias. A América e a Rússia acabariam por se confrontar como visões rivais de como organizar o mundo na era moderna.

Durante a Guerra Fria, tal visão profética foi uma das razões pelas quais *Da democracia na América* acabou redescoberto. Desde que morreu, Tocqueville entrou e saiu de moda. Alguns leitores o veem como a um só tempo profundo e visionário. Outros veem apenas um aristocrata francês crédulo que, empolgado além da conta por suas viagens, depois se arrependeu de tanta empolgação. Dos anos 1950 até a década de 1980, muitos leitores acharam que Tocqueville tinha enxergado longe ao ver o futuro de um mundo bipolar. Àquela altura, a Rússia era a União Soviética — um experimento mais extremo com a política da igualdade do que qualquer coisa tentada nos Estados Unidos, ao mesmo tempo mais tirânico e mais hipócrita —, mas a lição ainda parecia valer. Aí o rival russo da democracia americana entrou em colapso e o que se descobriu foi o fracasso do experimento soviético. Mais uma vez, no fim do século XX, parecia que a democracia americana era de fato providencial, parte dos planos de Deus para o universo. "Tentar deter a democracia", escreveu Tocqueville na introdução a *Da democracia na América*, "seria então como lutar contra o próprio Deus [...]."* Desde sempre a democracia tinha sido o futuro, e em 1989 o futuro chegara. Talvez tivéssemos mesmo chegado ao fim da história. Talvez.

---

* Ibid., p. 17.

Hoje vivemos num mundo em que a rivalidade das superpotências gêmeas se renovou. Só que não opõe mais Estados Unidos e Rússia: opõe a América e a China. Essa rivalidade ainda cabe em alguns dos padrões que Tocqueville antecipou. Ambos os sistemas afirmam encarnar o futuro. Ambos também afirmam encarnar o princípio fundamental da política moderna — não a democracia, mas a representação em condições de igualdade. O Estado chinês representa o povo chinês; o Estado americano representa o povo americano. Ambos afirmam falar por seus povos e defendê-los em nome da igualdade. E, no entanto, não praticam, em absoluto, a mesma forma de política. Um dos dois Estados é democrático, o outro, não. Os dois sistemas exercem formas muito diferentes de controle político e têm entendimentos diversos sobre o que significa fazer experimentos em política. É uma questão em aberto, neste início do século XXI, se é o Estado chinês ou o americano o mais bem equipado para enfrentar os desafios que ambos enfrentam. Tampouco está claro qual dos dois encara os maiores riscos morais. Um e outro são capazes de pensar que podem ficar impunes por seus erros, até que um deles cometa o erro fatal para todos nós.

Não faço ideia — acho que ninguém faz — de para onde vai essa história. Muitos comentaristas acreditam que estamos vivendo a transição do século americano para o século chinês, de uma concepção de igualdade para outra, de uma concepção do poder do Estado para outra e talvez até mesmo da democracia para alguma outra coisa. É cedo demais para ter certeza. O que parece, sim, evidente é que Tocqueville estava certo quando descreveu a democracia como um grande experimento. E se a democracia é de fato experimental, deixa de ser apenas providencial. Necessariamente haverá sempre o risco de o experimento fracassar.

5.
Marx e Engels sobre a revolução

Manifesto do Partido Comunista (1848)

Karl Marx (1818-83) e Friedrich Engels (1820-95) nasceram em famílias prósperas de classe média alta na Alemanha: o pai de Marx era um advogado bem-sucedido, além de proprietário de vinícolas; o de Engels, um empresário dono de fábricas têxteis em Lancashire. Engels conheceu Marx em Colônia, em 1842, a caminho de Manchester para assumir seu posto nos negócios da família. Marx, àquela altura, trabalhava como editor de periódicos radicais e publicou algumas das primeiras reportagens de Engels. Eles se reencontraram em 1844, durante o exílio de Marx em Paris, e se tornaram amigos e colaboradores pela vida toda, embora ambos continuassem a publicar seus escritos separadamente. O primeiro livro de Engels, *A situação da classe trabalhadora na Inglaterra*, saiu em 1845, para grande admiração de Marx. O *Manifesto do Partido Comunista* (1848) foi a principal obra dos dois em coautoria. Em 1850, Marx se mudou para Londres, onde permaneceu até sua morte. O primeiro volume da obra de sua vida, *Das Kapital*, foi lançado em 1867; os volumes II e III só foram publicados postumamente, pelas mãos de Engels. Ambos eram jornalistas prolíficos, e, de 1852 a 1862, Marx atuou como correspondente europeu do *New-York Daily Tribune*. Engels se destacou como principal propagandista do que ficou conhecido como marxismo, em obras polêmicas como *Anti-Dühring* (1878) e *Do socialismo utópico ao socialismo científico* (1880). Marx viu sua saúde se deteriorar na última década de vida. Engels, que continuou a trabalhar para a empresa da família, ajudou a subsidiar o orçamento doméstico dos Marx. Os dois gostavam de beber, embora Engels pareça ter sido mais alegre na vida — citava essa como sua virtude favorita. Ao morrer, Marx deixou uma herança avaliada em 250 libras; Engels, um patrimônio de 25 mil libras (2,5 milhões em dinheiro de hoje). Marx está enterrado no cemitério de Highgate, em Londres. As cinzas de Engels foram espalhadas em Beachy Head, no litoral sul da Inglaterra.

Onde se encaixa a economia na ideia original do Estado moderno? Todos os autores que discuti até agora estavam cientes de que essa é uma questão importante. As relações políticas nunca são totalmente independentes das relações econômicas, e os filósofos políticos compreendem isso. Hobbes, por exemplo, tinha grande interesse em saber mais sobre o dinheiro e como ele funcionava. Era absolutamente inflexível ao defender que o Estado soberano, além de determinar o que contava como paz, também precisava ser capaz de estabelecer o que contava como dinheiro. Papéis? Ouro? O soberano decidiria. Se Hobbes estivesse vivo hoje e pudesse ver o que acontece em nosso mundo, e se pedíssemos a ele que identificasse a maior ameaça atual ao Estado soberano, ele talvez dissesse que são aqueles inimigos tradicionais da ordem: violência, terrorismo, guerra, doença. Ou talvez respondesse que é o bitcoin. Os Estados modernos sempre foram administradores ciosos da emissão de moeda. As criptomoedas têm o potencial de mudar tudo isso.

Wollstonecraft tinha aguda consciência do problema do emprego, outra categoria da esfera econômica. Estava muitíssimo interessada na questão de como as mulheres podiam ganhar a vida, uma vez que a possibilidade de um trabalho remunerado era absolutamente fundamental para a emancipação delas. No tempo em que Wollstonecraft escreveu seus textos, o leque de oportunidades de emprego era absurdamente limitado. Era impossível imaginar uma ordem social justa na qual as mulheres não pudessem trabalhar. De modo que o trabalho era, para a autora, parte crucial dos direitos das mulheres: trabalho remunerado — e que não fosse prostituição.

Constant teve muito a dizer sobre as relações de dívida e crédito que permeiam as sociedades comerciais modernas. Elas são outra forma de dinheiro. Numa relação devedor/credor, nem sempre fica claro quem detém o poder real. Há quem diga que, se alguém deve ao banco 100 mil libras, o banco tem poder sobre essa pessoa; se deve 100 milhões, é ela quem tem poder sobre o banco. Os Estados modernos, Constant sabia, sempre sustentaram enormes dívidas, inclusive junto a seus próprios cidadãos. São tomadores de dinheiro inveterados. Se o Estado deve dinheiro a seus cidadãos, quem de fato tem o poder? Essa é uma das questões essenciais da política moderna.

Tocqueville era fascinado pelo empreendedorismo e pela iniciativa privada nos Estados Unidos. Esse fascínio foi apenas parcialmente empalidecido pela loucura dos fabricantes de barcos americanos, satisfeitos em colocar suas embarcações para navegar e vê-las afundar porque outras melhores não demorariam a ser fabricadas. Tocqueville seguiu profundamente impressionado com o dinamismo da vida comercial e econômica na América. Parte do dinamismo da democracia, ele sabia muito bem, vinha dessa energia na esfera econômica.

Dinheiro, emprego, dívida, empreendedorismo são temas econômicos. Mas, para os autores abordados até aqui, não eram realmente centrais ao projeto político que buscavam. A política vinha primeiro para todos eles. Acreditavam que a ordem política de uma sociedade moderna cria as condições que possibilitam uma vida econômica vibrante, e que uma reorganização da economia requer, antes, reorganizar a política. Mas esse entendimento da relação entre política e economia — de que a política deve vir primeiro — pode ser contestado.

Entre os que o contestaram estavam Karl Marx e Friedrich Engels. Este capítulo é sobre um texto curto e polêmico que os dois escreveram juntos — não um livro, mas um extenso panfleto: o *Manifesto do Partido Comunista*. Ambos os autores escreveram prolificamente, e o *Manifesto* representa apenas uma pequena fração do que publicaram, em separado e em coautoria. Não é a expressão mais sofisticada, tampouco a mais detalhada, do que mais tarde veio a ser conhecido como marxismo. Mas é, de certa forma, o texto que apresenta o marxismo com maior clareza. E propõe um desafio fundamental para a premissa básica hobbesiana da política moderna, de que a ordem política vem em primeiro lugar. A visão alternativa é de que a ordem política é secundária: a ordem fundamental da sociedade se assenta sobre suas relações econômicas. Nessa versão da história, a política é auxiliar nessas relações; não as determina. Supor que a política tenha prioridade seria não compreender a natureza da mediação humana e da mudança social. Se queremos uma política melhor, precisamos de uma sociedade melhor. Se vamos usar a política para alcançar essa sociedade melhor, precisamos entender que ela é simplesmente o meio para isso, não o fim. Na verdade, o fim talvez seja a gente se livrar completamente da política. Tal argumento jamais foi expresso de forma tão veemente quanto no *Manifesto*.

Uma vez que a economia vem em primeiro lugar, historiadores marxistas das ideias muitas vezes buscam as condições materiais que explicam os conceitos de um filósofo político. Assim, se esses historiadores leram Hobbes como exemplar da superficialidade do pensamento político em relação às categorias econômicas, é porque o interpretaram como um pensador que, em seus escritos políticos, fornece uma justificativa grosseira para o surgimento do capitalismo pioneiro. Um marxista, ao ler Hobbes afirmando que os cidadãos podem fazer o que lhes for mais lucrativo onde não haja intervenção do Estado, compreende isso como justificativa para a busca do lucro, que é a força vital do capitalismo. Mas essa é uma leitura por demais parcial de Hobbes. Ele não foi simplesmente o teórico político da burguesia em ascensão — do que hoje poderíamos chamar de classe média —, porque passou muito mais tempo pensando e escrevendo sobre a vanglória do que sobre a capacidade produtiva das sociedades. Estava mais preocupado com os aristocratas e suas brigas do que com os empresários e seus concorrentes. Na imaginação de Hobbes quanto ao que há de errado com a política e os grandes conflitos, é mais provável que esteja em jogo a honra, em vez da economia.

Mas, deixando de lado as questões da história intelectual, Marx e Engels impõem um desafio óbvio e profundamente enraizado à base da concepção hobbesiana do Estado. Esse desafio pode ser descrito de forma bastante simples. Para Hobbes, o problema que se apresentava à política era o de interromper os intermináveis giros da roda, a constante interpelação sobre de que lado estamos, dependendo de quem fica por cima e de quem fica por baixo a cada giro. A solução para o problema da revolução é o estabelecimento de um Estado soberano moderno, que transcende essas escolhas. A revolução é o problema; a política é a solução. Para Marx e Engels, a política — a política do moderno Estado soberano — é o problema. A revolução é a solução.

O *Manifesto do Partido Comunista* foi publicado no início de 1848, o importante ano dos levantes revolucionários na Europa. É meio que uma coincidência que o grande texto marxista sobre política revolucionária tenha saído ao mesmo tempo que acontecia a explosão revolucionária de 1848, uma vez que já havia sido concebido em 1847, alguns meses antes do início dos levantes. Marx e Engels achavam que escreviam seu manifesto principalmente para resolver disputas internas dos movimentos operários radicais aos quais pertenciam. Seu público-alvo eram os membros da Liga Comunista. Ambos os autores acreditavam convictamente que os Estados europeus modernos estavam à beira de um possível colapso e de uma transformação. Em 1847, porém, eles não sabiam da chegada iminente dos atos de 1848. E, quando chegou 1848, foi para, de certa forma, superar o *Manifesto*. O ano da revolução produziu tantos textos diferentes — tantos manifestos, folhetos, panfletos — que um deles facilmente se perderia na multidão. Marx e Engels ainda eram relativamente jovens àquela altura (Marx tinha trinta anos, Engels, 28). De repente, atuavam num cenário político abarrotado de homens, jovens e velhos, mais uma ou duas mulheres — todo mundo tentando dizer às pessoas que tipo de mudança era possível e como elas deveriam se organizar. O *Manifesto* quase não fez diferença. Em 1848, era apenas mais um texto obscuro, uma tentativa fracassada entre tantas de se apossar do megafone da história antes de desaparecer. Mas a história desses textos desde então mostra que não apenas seus autores têm vida própria. O que escreveram também tem.

A trajetória subsequente do *Manifesto* é cheia de reviravoltas dramáticas, experiências de quase morte e renascimentos. Foi mais lido sempre em anos nos quais a mudança revolucionária parecia possível e talvez até iminente. Na segunda metade do século XIX, várias foram essas ocasiões, e tanto Marx quanto Engels viveram para ver momentos em que suas ideias publicadas em 1848 pareceram perto de se realizar. O mais dramático deles veio em 1871, o ano da Comuna de Paris, quando a possibilidade do comunismo voltou a cair na boca do povo. Mas a Comuna não demorou a fracassar, e o momento passou. Em tempos de crise econômica, ideias revolucionárias, incluindo as de Marx e Engels, ganhavam um novo sopro de vida. Os fracassos do capitalismo sempre sugeriram a possibilidade de mudança revolucionária. Dramáticas crises bancárias atingiram os Estados Unidos, em 1857, e a Europa, em 1866. Sobreveio uma depressão econômica que durou mais de duas décadas, começando em 1873, com outros momentos de pânico financeiro em 1884 e 1890. No entanto, a crise final prevista no *Manifesto* nunca chegou, e Marx e Engels não viveram para vê-la. Pelo contrário: em 1914, suas ideias sofreram uma rejeição quase fatal, com a eclosão da Primeira Guerra Mundial e a descoberta de que, instados a fazer uma escolha, os trabalhadores do mundo não se uniram. Os trabalhadores do mundo optaram por se unir aos capitalistas em seus próprios países e abrir fogo uns contra os outros.

Então, em 1917, o *Manifesto* renasceu. Uma revolução comunista bem-sucedida se realizava, enfim, e logo na Rússia, um dos últimos lugares nos quais Marx e Engels teriam pensado em procurá-la. Foi a revolução leninista — a revolução bolchevique — que ocorreu no final de 1917 (não a revolução liberal da primavera anterior, que quase não durou mais do que a Comuna de Paris). A bem-sucedida revolução bolchevique transformou o texto de Marx e Engels de um manifesto numa espécie de texto sagrado, um dos livros da bíblia do marxismo-leninismo, como veio a ser chamada a filosofia que guiou o movimento. Na União Soviética e em seu império em expansão, o *Manifesto* foi lido, analisado e interpretado como se fosse portador da verdade, toda a verdade e nada mais que a verdade sobre a futura sociedade a ser construída — primeiro na Rússia e, por fim, no mundo todo.

Ao mesmo tempo, em meados do século XX, outra leitura se estabeleceu no Ocidente. Era o que veio a ser conhecido como marxismo ocidental, uma tentativa de entender o *Manifesto* não como uma visão do futuro, e sim nos termos de seu próprio passado, e de recuperar as ideias do pensamento político do início do século XIX que o alimentaram (com Hegel e Fichte assumindo o lugar de Lênin e Stálin). Tinha como objetivo humanizar o marxismo, torná-lo menos mecânico, menos rígido, mais aberto à interpretação. Essa disputa pela leitura do *Manifesto do Partido Comunista* — Ocidente versus Oriente — aconteceu em paralelo a algumas das maiores disputas da Guerra Fria e como reflexo delas.

Em 1989, o *Manifesto* teve outra experiência de quase morte, quando os Estados da Europa Oriental que se autodenominavam comunistas entraram em colapso e a revolução que começara em 1917 se extinguiu. A roda tinha girado mais uma vez, e parecia que o texto de Marx e Engels estava sendo relegado ao passado. Então veio outro renascimento, em 2008, com a crise financeira global e a grande recessão subsequente, pois, a cada vez que o capitalismo se equilibra à beira de um verdadeiro desastre, o *Manifesto* volta a ser o livro que as pessoas procuram na expectativa de uma explicação sobre o que aconteceu e o que pode vir a seguir.

Essa história tortuosa e convoluta, a vida bizarra do tratado revolucionário que Marx e Engels publicaram em 1848, poderia ou não os ter surpreendido. Os dois viveram o suficiente para ver as repetidas esperanças de mudança revolucionária emergirem e acabarem frustradas, para ver suas ideias ganharem vida e depois desaparecerem de novo, e portanto para entender que a jornada seria longa. Ao redigir o *Manifesto*, porém, não pensavam no longo prazo. O texto foi escrito muito rápido, tendo Marx como autor principal, mas com a ajuda de Engels. Algumas das ideias e formulações mais afiadas e ágeis provavelmente foram contribuição de Engels, o autor mais afiado e ágil dos dois. Ambos atuavam como jornalistas, embora não em período integral, mas Engels costumava se sair melhor no ofício, e sem dúvida era mais conciso. Marx era o homem das ideias, e seu texto podia ser bem prolixo. Não daquela vez. Eles o escreveram em menos de oito semanas e tinham pressa, pois achavam que a hora era aquela. A qualquer momento, a mudança transformadora se tornaria possível, e eles queriam estar prontos para isso. Mais importante: queriam ter certeza de que seus companheiros comunistas não deixariam passar a ocasião.

Se há uma palavra que resume o *Manifesto do Partido Comunista*, tanto na forma quanto no conteúdo, é intransigência. Não é preciso ler mais do que algumas páginas para ter noção de seu senso de propósito, de seu tom impaciente e inflexível. É um texto intransigente, que não admite ceder. Tenta dizer a qualquer um que queira uma verdadeira transformação social que não espere chegar a um acordo com as forças da ordem que está tentando derrubar. Não há acordos a serem fechados. Os revolucionários não devem achar que podem escolher as partes do sistema que desejam preservar. Não devem achar que podem negociar para, quem sabe, tirar o melhor das pessoas que governam o mundo que estão tentando subverter. Não devem achar que a mudança, a mudança transformadora, acontecerá gradualmente a partir do presente. Precisam entender que a subversão deve ser total, que a ruptura deve ser clara, que a roda deve fazer o giro completo.

A razão pela qual Marx e Engels achavam que não se podia transigir com a ordem estabelecida da moderna sociedade capitalista, burguesa, era o fato de as instituições políticas dessa sociedade não passarem de uma mentira. Os trabalhadores não deveriam imaginar que tais instituições, ao disfarçarem o que fazem sob a linguagem da liberdade, ou dos direitos, ou das oportunidades de emprego, ou da justiça, ou mesmo da democracia, seriam capazes de cumprir qualquer uma dessas promessas. É isso que torna o *Manifesto* um ataque direto a um dos princípios fundamentais da política moderna — o de que o Estado é uma espécie de dupla instituição de alto a baixo. Essa duplicidade é sua característica distintiva. O Estado — o Estado hobbesiano — é coercitivo e emancipador; governa tanto pelo medo quanto pela esperança; oferece a possibilidade de conforto assim como a de terror. Esse Estado — que pratica violência para salvar as pessoas da violência — é, para Marx e Engels, uma mentira. A mentira está no fato de ele não ser nada mais do que coerção, nada mais do que simples ferramenta ou instrumento para levar as pessoas a fazerem coisas contra sua vontade.

Para Marx e Engels, o Estado moderno é simples e inequivocamente o instrumento coercitivo da burguesia. Mas a burguesia jamais poderá admitir isso — ela precisa disfarçar sua violência como se fosse outra coisa. A política liberal burguesa não seria funcional se desnudada como um instrumento de coerção feito sob medida para garantir a exploração e a expropriação do trabalho e permitir aos capitalistas a busca implacável do lucro. Se contada, a verdadeira história do Estado moderno o faria intolerável. De modo que ele aparece fantasiado de algumas coisas que não é. É possível fazer aqui algumas perguntas: os capitalistas sabem que o Estado moderno é uma mentira? São enganadores cínicos, tentando persuadir os trabalhadores de algo que não é verdade, pois sabem que não é verdade? Ou incorrem eles mesmos em autoengano? Será que eles próprios acreditam na coisa — todos aqueles intelectuais burgueses que escrevem tributos à liberdade e aos direitos, todas aquelas pessoas como Benjamin Constant —, será que sabem, de verdade, o que estão fazendo? Ou iludem a si mesmos? Acho que a autêntica resposta marxista é que isso não importa. De um jeito ou de outro, não dá para negociar com eles. Se são mentirosos, mentirosos conscientes, como negociar? Não são confiáveis; são monstros. E se incorrem em autoengano, se nem mesmo compreendem o que estão fazendo, como negociar com eles? São tolos.

Em parte, o que a natureza intransigente do *Manifesto* revela é o absoluto desprezo de Marx e Engels pelos capitalistas, e particularmente por seus funcionários no Estado moderno. Não apenas por aqueles funcionários da classe intelectual — os idiotas úteis — como também por burocratas, políticos e servidores que controlam os instrumentos de coerção para os capitalistas. Se os dois autores têm desprezo total por essas pessoas, pela face humana do capitalismo, não é verdade, porém, que desprezam o próprio capitalismo: isto é, o capitalismo como sistema econômico produtivo. Longe disso. Uma das coisas de fato surpreendentes no *Manifesto*, para quem o lê conforme foi escrito em 1848, com agilidade e sem ideias preconcebidas, é ver o quanto Marx e Engels são fascinados pelo capitalismo. É perceber sua admiração pela força produtiva, pelas possibilidades de transformação inerentes a essa forma de organização econômica, a esse arranjo dos meios de produção. Eles se mostram francamente embasbacados pelo poder produtivo de exploração e expropriação do trabalho, pelo que o sistema foi capaz de fazer antes da revolução política a que aspiravam para derrubá-lo.

A grande revolução que marcara suas vidas até ali, mesmo sendo ainda relativamente jovens, havia sido a Revolução

Industrial. Também as gerações de seus pais e avós talvez tivessem captado vislumbres dela, mas apenas em meados do século XIX a verdadeira transformação se tornou imediatamente perceptível. Aquela foi uma revolução impulsionada por formas capitalistas de produção e pela busca do lucro. E o que resultara dela? Conforme afirmam Marx e Engels no *Manifesto*, bastava olhar ao redor em 1848 — na Grã-Bretanha, na Europa Ocidental, nos Estados Unidos da América, cada vez mais no mundo todo — para ver o que estava se tornando possível. E o que agora era possível seria inimaginável apenas algumas gerações antes. Escrevem eles:

> Em menos de um século de dominação como classe, a burguesia criou forças produtivas mais numerosas e colossais do que todas as gerações anteriores somadas. Subjugação das forças da natureza, maquinaria, aplicação da química na indústria e na agricultura, navegação a vapor, ferrovias, o telégrafo elétrico, expansão das terras de cultivo em continentes inteiros e da navegação fluvial, populações inteiras brotadas do solo — que século anterior anteviu semelhantes forças produtivas adormecidas no regaço do trabalho social?*

O que Marx e Engels sugerem aqui é que os capitalistas — a burguesia — realizaram todas essas coisas, mas não é isso o que querem dizer. O que querem dizer é que o capitalismo realizou todas essas coisas. A partir daí, era só imaginar o que esse sistema seria capaz de fazer uma vez livre dos capitalistas.

Outra forma de Marx e Engels descreverem esse extraordinário poder de transformação é como uma espécie de mágica.

---

* Karl Marx e Friedrich Engels, *Manifesto do Partido Comunista*. Trad. de Sergio Tellaroli. São Paulo: Penguin-Companhia das Letras, 2012, p. 49.

Eles veem a coisa como mágica, à qual é difícil dar sentido, mas, o que é mais importante, sabem que é um poder quase totalmente incompreensível para as pessoas que o invocaram.

> As relações burguesas de produção e circulação, as relações burguesas de propriedade, a moderna sociedade burguesa que produziu a mágica de tão poderosos meios de produção e circulação, é um feiticeiro já incapaz de dominar os poderes subterrâneos que ele próprio conjurou.*

Os capitalistas perderam o controle sobre seu próprio truque de magia. Não compreendem a força que desencadearam. Como não compreendem esse poder, uma das características do capitalismo, um de seus inevitáveis aspectos cíclicos, é que ele seguirá entrando em crise. Uma crise após outra será causada pelo fato de que o capitalismo tem mais poder do que as pessoas que o administram são capazes de controlar. É algo por demais poderoso para elas — produz demais —, e o resultado é que essa forma de exploração extrapola, de fato, a si própria. O que acontece regularmente nas sociedades capitalistas é que se produz em excesso, mais do que pode ser consumido pelos trabalhadores, aos quais falta poder aquisitivo porque seu trabalho foi explorado — desvalorizado — pelo excesso de produção. É um ciclo vicioso. Os trabalhadores, que são a força produtiva do capitalismo, não têm o poder econômico e, portanto, capacidade de consumir o que é produzido. Isso deixa expostos os capitalistas, que acabam com muitos produtos que não conseguem vender. Com isso, os preços caem, a competição fica acirrada e as empresas capitalistas passam a eliminar umas às outras do mercado, o que significa que são obrigadas a mandar embora seus trabalhadores, o que deixa

---

* Ibid., p. 50.

os trabalhadores mais pobres e, por sua vez, significa que haverá ainda menos capacidade de consumo do que é produzido. E assim por diante, somando-se mais e mais miséria — e uma miséria que atinge a todos.

Para Marx e Engels, o capitalismo nunca está longe da próxima crise de superprodução. E o que acontece quando ela chega? Bom, uma possibilidade é a revolução, e já voltaremos a esse ponto. Mas o que os capitalistas fazem quando a crise estoura? Eles não têm muitas alternativas, na verdade, até porque não compreendem totalmente a força que desencadearam. Há apenas duas coisas, essencialmente, que podem fazer, e ambas dependem do poder coercitivo do Estado. Podem dobrar a aposta sobre a coerção, de modo a tentar manter a ordem interna diante da crise. Em outras palavras, os capitalistas podem chamar o exército para manter os trabalhadores na linha e, caso resistam, interromper as greves pela força. Ou podem buscar outros mercados para conquistar, outros países e outros povos aos quais vender seus produtos. Isso quer dizer expandir-se para terras estrangeiras pela constituição de impérios — afinal, o que mais é uma colônia, para os capitalistas, senão o lugar onde despejar a produção excedente?

> As relações burguesas tornaram-se estreitas demais para comportar a riqueza que elas próprias geraram. E de que forma a burguesia supera essas crises? Por um lado, mediante a aniquilação forçada de toda uma massa de forças produtivas; por outro, graças à conquista de novos e à exploração mais aprofundada de antigos mercados. De que forma, portanto? Dando origem a crises mais abrangentes e violentas e reduzindo os meios capazes de preveni-las.*

---

* Ibid., p. 51.

Nenhuma dessas estratégias pode seguir funcionando no longo prazo. Mais uso de força internamente, mais opressão, só servirá para desnudar a mentira das sociedades capitalistas modernas e expor o fato de se tratar de um esquema de proteção. Buscar mercados mais amplos, levando a um mundo mais interconectado — o que hoje poderíamos chamar de capitalismo global — significa apenas que a próxima crise será maior, que as interconexões causarão uma crise também interconectada que inevitavelmente, em algum momento, não poderá mais ser evitada nem pela força, nem pelo expansionismo.

Se os capitalistas não compreendem o que estão fazendo, quem compreende? Ora, Marx e Engels pensam que eles próprios compreendem. E como compreendem o capitalismo e suas consequências, sua estrutura básica, é o que expõem no *Manifesto do Partido Comunista*. Interpretam a política por meio do que chamam, usando um de seus bordões, de história da luta de classes ("Até hoje, a história de toda sociedade é a história das lutas de classes"*). O conflito político é o conflito de classes, e o conflito essencial das sociedades capitalistas se dá entre a burguesia e o proletariado. Mas o proletariado compreende o capitalismo? Essa é uma das questões mais profundas e fundamentalmente não resolvidas do pensamento marxista: saber se os trabalhadores percebem, de verdade, sua própria situação. Por um lado, deveriam perceber, pois são eles os explorados. Para eles, é impossível acreditar naquela mentira. Mas, por outro — e aqui nos aproximamos do que Lênin pensou mais tarde —, não percebem, na realidade, por serem explorados e porque a exploração leva a uma espécie de cegueira. Fica muito mais difícil saber o que de fato está acontecendo quando se é explorado e miserável, pois isso é muito limitador. A pobreza, em especial a pobreza extrema, sufoca a

---

* Ibid., p. 44.

imaginação. Ainda assim, o que se pode dizer sobre o proletariado, sobre sua mediação como ator político, como agente de mudança, é que os proletários estão, no mínimo, menos sujeitos a ser enganados. Eles não têm como acreditar totalmente numa mentira que é desnudada em suas experiências cotidianas. A experiência da exploração permeia tudo. Para um membro do proletariado, o Estado é evidentemente um instrumento de coerção. Em algum momento, a conversa sobre direitos, justiça e liberdade deixará de ser plausível, uma vez que se sabe que não passa de uma ferramenta nas mãos dos opressores.

O que é necessário, portanto, é o proletariado tomar o Estado. O instrumento de coerção deve se voltar contra os opressores. Isso é revolução. A revolução não pretende virar o capitalismo de cabeça para baixo. Com certeza, não pretende tirar da tomada sua força produtiva. Marx e Engels são profundamente apaixonados pelos poderes produtivos do capitalismo e desejam preservar sua extraordinária capacidade industrial. Querem apenas que os trabalhadores usufruam dos benefícios. A revolução cuidará de substituir as pessoas que administram o sistema por aquelas que são exploradas por esse sistema. Os trabalhadores assumirão o comando. Nesse ponto, tudo muda. Uma coisa que sem dúvida deve mudar é o papel do Estado. Afinal, ele existe para coagir os trabalhadores — e são eles quem agora têm o controle do Estado. Portanto, quem ainda precisa de coerção?

Num primeiro momento, os capitalistas é que precisam. Será necessário que o domínio siga sendo pela força, porque a burguesia não vai abrir mão tranquilamente dos poderes do Estado. No *Manifesto*, fica clara a necessidade de lançar mão desses mesmos poderes para confrontar as pessoas que viviam de abusar deles. As armas terão de ser apontadas na direção oposta. Mas o texto de Marx e Engels também sugere outra possibilidade. Se, com os poderes do Estado nas mãos dos explorados, ele passa a existir, em última análise, só para regular o aspecto econômico e industrial da vida, e não mais para explorar e coagir os trabalhadores, talvez não precisemos de Estado nenhum. Se o Estado não é mais o que Marx e Engels entendem que, em essência, ele seja, uma ferramenta ou um instrumento de opressão de classe, e uma vez que a classe opressora, a burguesia, foi tirada de cena, que necessidade haverá de um Estado? Às vezes em primeiro plano, mais frequentemente como pano de fundo do pensamento revolucionário marxista, está o sonho, talvez o sonho impossível, de que o Estado desapareça de uma vez por todas.

Eis os quatro blocos que constituem o marxismo, conforme descritos no *Manifesto*: capitalismo, crise, classe, revolução. Mas não é tudo. Ainda ficou de fora o que é possivelmente a ideia mais importante, embora também a que é deixada de lado com mais frequência. O outro conceito essencial expresso no *Manifesto* é a ideia de internacionalismo. O movimento precisa ser internacional. Foi concebido para ser um projeto internacional. O pressuposto disso é que a política seja internacionalizada. O Estado que se deve transcender, o Estado a ser superado, é o Estado-nação. "Trabalhadores do mundo todo, uni-vos" é uma convocação pela união dos trabalhadores *do mundo*, pois sua condição de classe transcende as fronteiras dos Estados nacionais. Eis a ideia que quase foi extinta em 1914. Quase, mas não totalmente, porque o sonho nunca se extingue por completo. A atração profunda da solidariedade internacional é forte demais.

Quando tomamos todas essas ideias juntas, o pacote completo do pensamento marxista — a crise capitalista levando à revolução proletária internacional —, é uma combinação convincente. Para Marx e Engels, são ideias que *precisam* andar juntas. É um pacote bastante poderoso, e sua longevidade tem a ver com uma capacidade de falar às pessoas de maneiras diferentes e em contextos diferentes. Mas é raro que o pacote todo seja adotado, especialmente nos dias de hoje. Como costuma acontecer com a maioria dos textos mais influentes da história intelectual, também no caso do *Manifesto* a tendência é escolher a dedo dentre aquelas ideias, e as que soam desconfortáveis são abandonadas. Os leitores selecionam as que se adaptam à situação em que se encontram. A ideia que tende a ser abandonada primeiro e mais rápido é a de internacionalismo. Foi até por Marx e Engels. À medida que crescia a fama do *Manifesto* — e, com isso, a de seus autores — o texto foi publicado em diferentes idiomas, tendo diversas edições nacionais. Engels ocasionalmente escrevia novas introduções para essas edições, nas quais concessões eram feitas aos movimentos nacionalistas. Na Polônia, houve uma edição que fantasiou o *Manifesto* de nacionalismo polonês, como se fossem compatíveis. Houve uma edição italiana que fingiu que o nacionalismo italiano era uma causa possível para o comunismo. Tais edições tendiam a vender melhor do que a original.

O internacionalismo foi abandonado, de forma decisiva, em 1914, para ressurgir em 1917, mas não verdadeiramente. O que ressurgiu foi o próprio *Manifesto do Partido Comunista*, e sem dúvida também a ideia de uma revolução de classe. A Revolução Russa foi, no entanto, uma revolução nacional, e o Estado bolchevique que emergiu dela precisou sobreviver a uma guerra civil no país. Superada aquela guerra, os bolcheviques criaram um novo tipo de Estado-nação, o qual se tornou, então, um novo tipo de império nacional e, em seguida, um tipo mais convencional de império internacional. Não era o que Marx e Engels estavam pensando ao falarem em internacionalismo.

E quanto à própria ideia de revolução? Resistiu ao teste do tempo? Mais uma vez, a resposta vai depender da posição de quem responde. Revoluções vêm e vão. As do tipo marxista parecem ter sido abolidas, pelo menos por ora. As mais bem-sucedidas no meu tempo de vida — se o sucesso for medido pela durabilidade da transformação — são as que aconteceram na Europa Oriental em 1989, aquelas que derrubaram os regimes comunistas. Não foram exatamente contrarrevoluções, mas fizeram, de fato, a roda dar um giro completo. Depois de quarenta anos dividida em duas nações — a Oriental e a Ocidental —, a Alemanha emergiu de 1989 como mais ou menos o mesmo tipo de Estado-nação que tinha sido antes da Primeira Guerra Mundial, só que muito mais liberal e democrático. O *Manifesto* não é um bom guia para se entender a Alemanha do século XXI, exceto no tributo que presta à extraordinária força produtiva do capitalismo.

Há ainda outra série de revoluções, mais recente e sugestiva de que uma roda maior pode estar girando. Uma década atrás apenas, a Primavera Árabe foi um período de grande esperança e fervor revolucionários, quando parecia que os regimes autoritários de todo o mundo árabe seriam derrubados, mesmo que não mais em nome do *Manifesto*. Ainda assim, muitos observadores olharam para o passado em busca das revoluções às quais aqueles eventos transformadores poderiam ser comparados. Seriam uma reprise da Rússia de 1917? Ou talvez mais parecidos com as Revoluções de Veludo de 1989? Mesmo hoje não temos ainda a resposta, embora 1917 soe como uma comparação forçada. Mas, se há uma comparação histórica a ser feita, a melhor talvez seja com 1848. As revoluções na Europa do ano do *Manifesto* foram profundamente decepcionantes para os revolucionários. Levaram à reação e à repressão e, em alguns casos, à instauração de regimes mais opressores do que aqueles que os revolucionários tinham tentado derrubar. A Primavera Árabe parece ter seguido padrão semelhante. As revoluções de 1848, porém, tiveram um impacto profundo a longo prazo, na vida política e na sociedade europeias, e o triunfo da política democrática no final do século XX remonta, pode-se dizer, às revoluções de 1848. Foi uma espera absurdamente longa, porém, para que viessem os resultados. Enquanto isso, tampouco sabemos se a Primavera Árabe produziu algum texto tão influente quanto o *Manifesto*. Não sabemos porque, uma década passada desde 1848, nem de longe estava claro que Marx e Engels viriam a ser os autores mais significativos surgidos naquele ano. A espera será absurdamente longa para ver quais livros também vão perdurar.

O que dizer, então, da ideia de classe? Muita gente ainda pensa na política como, sobretudo, uma série de disputas organizadas em torno das classes. É uma ideia que nunca desapareceu. E muitas das pessoas que a defendem com mais ardor hoje seguem se autoproclamando marxistas. Para Marx e Engels, a única luta de classes que importava, de fato, era aquela entre trabalhadores e capitalistas. É possível que essa ainda seja a disputa central do nosso tempo. Mas é cada vez mais comum ver a política de classes descrita em outros termos. Há novos tipos de classe, assim como a possibilidade de novas divisões de classe. Um dos problemas de reduzir todos os conflitos políticos a um só, proletariado contra burguesia, é que com o tempo, pensavam Marx e Engels, essa divisão deveria se tornar mais clara e a distância entre as classes, maior. No entanto, ao longo da história recente do capitalismo, isso se tornou menos evidente. Quem é o proletariado hoje? Com as mudanças em curso na natureza do trabalho, ainda são os trabalhadores? O que acontece quando a mão de obra industrial é substituída por robôs? Onde, no esquema, se encaixa a classe média, cujos membros, muitos deles, talvez percam o emprego para máquinas inteligentes? Em qualquer sociedade, sempre é possível encontrar algumas pessoas que, inquestionavelmente, estão por baixo. E sempre é possível encontrar outras que, inquestionavelmente, ocupam o topo. Mas é grande, muito grande o número daquelas pessoas mais difíceis de classificar numa ou noutra categoria.

A educação, em vez disso, poderia demarcar uma nova divisão de classes. A política democrática se encontra profundamente dividida entre aqueles que têm e aqueles que não têm acesso a formação superior. Isso se reflete na forma como uns e outros votam, em suas atitudes políticas, na maneira como se expressam e nas culturas políticas com as quais se identificam. Muitas dessas divisões hoje têm raízes mais fundas do que aquela entre capital e trabalho. Numa questão como a do Brexit, ter um diploma universitário era um indicador melhor da provável opção de voto do que renda ou classe. Graduandos pobres votaram em sintonia com pós-graduados ricos. Outra nova divisão pode ser a de faixas etárias. Se a gente observar a política das sociedades ocidentais modernas, verá que, em muitas das questões mais importantes, nos dividimos fundamentalmente entre velhos e jovens. Os velhos e os jovens cada vez mais pensam diferente sobre política e, como consequência, votam diferente. A idade também foi um indicador melhor da provável opção de voto no referendo do Brexit do que renda ou classe (eleitores mais velhos, assim como os sem diploma universitário, se mostraram muito mais inclinados à saída do Reino Unido da União Europeia). O Partido Trabalhista no Reino Unido, o Partido Democrata nos Estados Unidos e outros partidos social-democratas no mundo todo, incluindo o ex-marxista SPD, na Alemanha, não são mais partidos de trabalhadores. São partidos de quem tem boa formação; são os partidos preferidos dos jovens.

O problema de considerar os bem formados e os jovens, ou os menos instruídos e os velhos, como classes é que lhes falta muito da mediação que Marx e Engels atribuíam tanto à burguesia quanto ao proletariado, tanto aos exploradores quanto aos explorados, tanto aos menos quanto aos mais sujeitos a serem enganados. Não fica claro como "os jovens" possam atuar na política como se pertencentes a uma classe. Quem fala por eles? Na verdade, não existem partidos políticos relevantes formados por jovens. O Partido Trabalhista é mais representativo dos jovens do que dos velhos, mas não se chama Partido da Juventude. Segue sendo o Partido Trabalhista. Mesmo concedendo que os jovens talvez careçam de mediação, há outra maneira pela qual penso que a análise de Marx e Engels do conflito de classes pode ajudar a mapear as divisões sociais contemporâneas em torno das faixas etárias. Embora eu não seja marxista, tem uma coisa que me assombra no *Manifesto*. Para Marx e Engels, escrevendo em 1848, o que distingue o proletariado é ser a única classe com alguma chance de ver as coisas como realmente são. Os proletários estão menos sujeitos a ser enganados porque não têm razão para cair na mentira fundamental. Ainda que lhes falte mediação — e alguns marxistas sempre temeram que faltaria —, não carecem de conhecimento do futuro, do que pode e não pode continuar. Uma característica da política contemporânea é que eleitores mais jovens e mais velhos têm concepções essencialmente diferentes do futuro. Para os eleitores mais jovens, os temores em relação à mudança climática são muito maiores do que para os eleitores mais velhos. Podemos entender essa diferença de várias maneiras. Talvez seja apenas interesse próprio. Talvez os jovens se preocupem mais com o futuro porque sabem que viverão nele por mais tempo do que os mais velhos. Mas também é possível que os jovens como classe — cada vez mais a classe dos explorados, em nossas sociedades — compreendam o futuro melhor do que os mais velhos. Vejam coisas que nós não vemos. Saibam o que está por vir e estejam se recusando a cair na mentira.

A ideia que envelheceu melhor no *Manifesto* de Marx e Engels é de crise e sua relação com o capitalismo. Não por acaso o marxismo teve um grande renascimento em 2008, não apenas o *Manifesto do Partido Comunista*, mas também *Das Kapital* e outros escritos de Marx, à medida que as pessoas tentavam entender por que o capitalismo continua se deparando com problemas terríveis. Algumas das análises de Marx ainda soam prescientes e persuasivas. As ideias de que o capitalismo é uma espécie de poder mágico que não pode ser controlado pelas pessoas que o administram e de que os capitalistas mais bem-sucedidos não sabem, na verdade, que força é essa que desencadearam são difíceis de contestar, especialmente depois da última década. Quando o truque de mágica dá errado, os capitalistas não têm a que recorrer, exceto buscar novos mercados para explorar ou pedir ao Estado que faça o serviço sujo por eles. As possibilidades de que os capitalistas não entendam o que estão fazendo, e de que os capitalistas mais bem-sucedidos sejam os que menos entendem, têm real ressonância na era da revolução digital. Os titãs da tecnologia no Vale do Silício sabem mesmo com que tipo de poder estão lidando? Sabem mesmo o que fazer das forças que invocaram do submundo? Tenho sérias dúvidas.

Resta a questão básica de quem ou o que é capaz de conduzir o capitalismo por suas crises periódicas até o outro lado, até um mundo melhor. A resposta de Marx e Engels é, em última análise, que isso terá de ficar a cargo da classe explorada. Talvez esse dia chegue — talvez cheguemos a essa crise, a crise final do capitalismo, que nos deixará sem opção a não ser girar a roda para colocar no topo quem hoje está por baixo. Não acho que essa crise seja a que vivemos atualmente — a crise da Covid —, mas nunca se sabe. Talvez aconteça a crise que permitirá que as fronteiras e barreiras nacionais sejam superadas e a solidariedade internacional entre os mais vulneráveis transcenda os limites políticos do Estado-nação. Talvez a mudança climática venha a significar, cedo ou tarde, que isso tem de acontecer. Por enquanto, porém, cada vez que chegamos à crise que poderia levar à ruína do capitalismo, as divisões nacionais parecem se tornar mais entrincheiradas e as barreiras entre nações, mais difíceis de transpor.

Mas a outra possibilidade é que o único instrumento realmente capaz de controlar as forças do capitalismo e sua tendência periódica a entrar em crise já esteja à nossa disposição. É o Estado moderno, o Estado hobbesiano. Esse instrumento duplo — que não funciona só pela coerção, mas pode, igualmente, ser o veículo da emancipação humana — segue tendo o poder de fazer a diferença. Há um modo de pensar sobre o Estado moderno que se assemelha a algumas das coisas que Marx e Engels dizem sobre o capitalismo. O Estado moderno também tem algo de misterioso e mágico, capaz de embasbacar. O Leviatã de Hobbes, embora seja uma máquina, assim como o capitalismo é uma espécie de máquina, também é alguma coisa invocada do submundo e trazida à vida. O autômato gigante tem vida própria. Não temos clareza de se as pessoas que o dirigem e administram em nosso nome — os políticos — compreendem perfeitamente seu poder. Podemos estar vivendo num mundo onde as duas forças que rivalizam por controle, a econômica e a política — o capitalismo moderno e o Estado moderno —, são ambas instrumentos que ninguém consegue controlar totalmente, e no qual a escolha que temos de fazer, em especial em momentos de crise, seja por uma ou outra. Não porque uma delas nos permita, em última análise, deixar de ser enganados, enquanto a outra é a enganadora; ambas são enganadoras, cada uma a seu modo. Mas ambas, também cada uma a seu modo, são essenciais. Portanto, talvez as escolhas políticas com que nos defrontamos ofereçam jeitos diferentes de sermos enganados.

Se forem esses os termos da escolha, então algumas vezes, independentemente do que Marx e Engels possam pensar, teremos, sim, de ficar do lado do Estado moderno, do lado da política.

6.
Gandhi sobre o autogoverno
Hind Swaraj — Autogoverno da Índia (1909)

Mohandas (M. K., mais tarde "Mahatma") Gandhi (1869-1948) era filho de um funcionário do governo local em Gujarat, Índia Ocidental. Casou-se aos treze anos com uma menina de catorze; os dois permaneceram casados por mais de sessenta anos. Aos dezoito, Gandhi foi para Londres estudar direito e, na sequência, tirou a licença de advogado. Abraçou também a causa do vegetarianismo. Mudou-se para a África do Sul em 1893 para assumir o departamento jurídico de uma companhia de navegação. Na Guerra dos Bôeres, serviu como padioleiro no Exército britânico. Foi também durante o período na África do Sul que se tornou um dos principais ativistas contra a discriminação racial e desenvolveu sua filosofia do protesto não violento. Tornou-se ainda entusiasta da independência indiana. Retornou à Índia em 1915 e, ao fim da Primeira Guerra Mundial, passou a fazer campanha pela não cooperação com o domínio britânico. Acabou preso por sedição em 1922; ao ser libertado, em 1924, iniciou uma série de protestos pacíficos que culminaram na Marcha do Sal, em 1929, durante a qual muitos de seus seguidores repetidamente sofreram violência nas mãos do regime imperial. Gandhi voltou a Londres em 1932 para participar das negociações com o governo britânico sobre os preparativos para o fim do domínio colonial. Com a Segunda Guerra Mundial tendo aparentemente colocado a independência indiana em compasso de espera, Gandhi foi preso novamente, em 1942, mais uma vez por uma campanha de não cooperação. Libertado por motivos de saúde em 1944, esteve envolvido nas discussões que finalmente resultaram na independência da Índia, em 1947. Tendo se oposto à Partição* e procurado evitar a crescente violência sectária, terminou assassinado por um nacionalista hindu quando se dirigia a um encontro de oração.

Até agora, tenho falado sobre ideias diretamente ligadas à tradição ocidental. Todos os autores discutidos até aqui eram, com uma exceção, homens brancos já mortos — e a exceção, Mary Wollstonecraft, uma mulher branca já morta. Mesmo Marx e Engels, que desejavam pôr abaixo toda a ordem social da sociedade em que viviam, fizeram isso de dentro da tradição

---

* Processo subsequente à independência da Índia do Reino Unido que levou à divisão do antigo território colonial entre dois novos Estados: o da própria Índia e o do Paquistão.

intelectual que, para começar, tinha criado aquela mesma ordem social. Trabalharam, de cabo a rabo, com as ideias europeias modernas que haviam constituído o mundo que os dois queriam varrer do mapa.

Este capítulo é sobre alguém que não é oriundo dessa tradição. Mohandas (ou Mahatma) Gandhi nasceu na Índia britânica e viveu um tipo de vida muito distante das que exploramos até agora. Gandhi pensou e expressou ideias que se afastam bastante dos modos de pensar modernos, racionalistas e ocidentais. Mas seu ponto de partida não é totalmente alheio ao mundo das ideias políticas modernas que mais tarde ele viria a contestar. Foi advogado, e sua formação jurídica básica aconteceu em Londres. Chegou à cidade para estudar no que era então, e ainda é, a chamada UCL (University College London). Na sequência, ingressou na Ordem dos Advogados de Inner Temple — não exatamente uma instituição marginal. Ela ocupa o centro do establishment jurídico britânico, o qual correspondia, na época, ao coração do Império. Gandhi conhecia muito bem a literatura ocidental, inclusive literatura antiga. A começar por Platão — ao contrário de mim, que, aqui, escolhi não começar por ele. Mas Gandhi também lia ficção e era um admirador apaixonado de Tolstói e Dickens. Complementava tudo o que era capaz de trazer de fora da perspectiva ocidental com uma profunda compreensão do próprio Ocidente.

Hind Swaraj, seu manifesto pelo autogoverno da Índia, foi escrito e publicado em 1909. O texto tem algumas características, embora não muitas, em comum com o *Manifesto do Partido Comunista*. Uma delas é que foi escrito muito rápido. O *Manifesto* levou alguns meses para ser escrito; *Hind Swaraj*, apenas algumas semanas. Foi redigido por Gandhi numa viagem marítima saindo da Inglaterra, aonde tinha ido como representante de organizações de estudantes indianos, de volta à África do Sul, onde vivia na época e se tornara não apenas um advogado com atuação de liderança, mas o que hoje chamamos de ativista dos direitos civis. Gandhi escreveu *Hind Swaraj* como uma intervenção nos debates correntes sobre a independência indiana. Portanto, também com um pouco da urgência do *Manifesto*. O fato de ter sido escrito rápido se deveu ao tempo curto para aproveitar o sentimento de mudança no ar, e porque Gandhi queria que suas ideias fossem ouvidas pelas pessoas que precisavam ouvi-las. Ao mesmo tempo, como estava no mar, ele tinha tempo de sobra.

Hind Swaraj é, como o *Manifesto*, um texto profundamente intransigente. O estilo é diferente, pois ali se lê um diálogo imaginado. O *Manifesto do Partido Comunista* foi escrito por duas pessoas como se fossem uma só. *Hind Swaraj*, por uma pessoa como se fosse duas. Fica claro, porém, de que lado Gandhi está naqueles debates, e ele é intransigente nas posições que assume. A exemplo de Marx e Engels quando tentam alertar os membros dos movimentos operários radicais aos quais pertenciam para não cair na grande mentira do capitalismo burguês e liberal, Ghandi tentava alertar os envolvidos nos vários movimentos diferentes que pressionavam pela independência da Índia do domínio imperial britânico para que não caíssem naquilo que ele, por sua vez, via como a grande mentira.

E que mentira era essa? Sob quase todos os aspectos, a perspectiva de Gandhi era diferente da de Marx e Engels, mas coincidiam num ponto. Gandhi compartilhava com os autores do *Manifesto* a profunda desconfiança em relação à duplicidade da vida política moderna. O Estado moderno, pensava ele, não tinha só dois lados — tinha também duas caras, e qualquer coisa de duas caras era inerentemente hipócrita, senão algo pior. Gandhi não achava que se pudesse ceder a um sistema político com duplo caráter, pois o lado ruim inevitavelmente prevaleceria sobre o bom. No caso, aquilo contra o qual ele alertava eram as tentativas de acordo com o Estado britânico e seu domínio imperial, uma vez que se tratava de um domínio absolutamente de duas caras e profundamente hipócrita. Era coercitivo; era opressivo; era explorador. E, no entanto, apoiava-se na linguagem da lei, aí incluídos os princípios jurídicos sob os quais o próprio Gandhi se formara: as ideias britânicas do *common law* ("direito comum") e do *rule of law* ("império da lei", base do "Estado de direito"). O Raj — Estado colonial — disfarçava sua coerção e exploração com promessas de segurança e progresso. Os imperialistas britânicos gostavam de acreditar que seu governo imperial era bom para o povo sob seu domínio — algo que era expresso na linguagem familiar e benevolente da política liberal moderna. E isso, para Gandhi, equivalia a uma mentira.

Tentar escolher a dedo os elementos do domínio britânico que poderiam funcionar caso a Índia se visse livre dos próprios britânicos, de modo a criar uma espécie de forma híbrida de política anglo-indiana que pegasse o melhor da civilização indiana e de suas tradições e unisse ao melhor da política e do domínio britânicos, simplesmente não funcionaria. Assim como, segundo o pensamento de Marx e Engels, não funcionaria escolher a dedo os melhores aspectos do Estado burguês e tentar construir uma social-democracia híbrida. Nenhum híbrido poderia funcionar porque, qualquer que fosse sua forma, seguiria como manifestação do que havia de errado com a política moderna. E o que havia de errado com a política moderna era o fato de ser mecânica e artificial. A duplicidade que Gandhi rejeitava era, em certo sentido, a duplicidade hobbesiana. O Estado moderno não passava de uma máquina sem alma. Não dá para fantasiar o Leviatã como se fosse uma pessoa real, uma criatura viva de Deus. Gandhi descartou totalmente essa ideia.

No entanto, ele também tinha, talvez até mais do que Marx e Engels, uma espécie de senso profético do potencial transformador dessa forma mecânica e artificial de organização da sociedade, do que poderia ser alcançado com a união do poder do Estado moderno à força produtiva da indústria moderna. Há uma passagem em *Hind Swaraj* que é comparável à do *Manifesto* na qual Marx e Engels expressam seu espanto diante daquilo de que o capitalismo é capaz, daquilo que consegue mobilizar sobre a terra: ecossistemas e populações inteiros, novas formas de transporte e de comunicação. A admiração deles era pela eficiência com que o capitalismo conecta as pessoas, mesmo quando as divide e as explora. A passagem de Gandhi soa mais presciente porque, no caso de Marx e Engels, a descrição maravilhada era do mundo de 1848, hoje tão remoto para nós. Quando pensamos nos feitos mais incríveis da indústria moderna, a tendência não é que nos venham à mente canais ou irrigação; não pensaremos no telégrafo: pensaremos em tecnologia digital.

Em *Hind Swaraj*, Gandhi descreve aquele mundo que, para ele, era o que estava por vir caso prosseguíssemos no caminho da modernidade — o caminho que começa com o Estado moderno e termina assim:

> Antigamente, as pessoas viajavam em carroças. Hoje, voam em trens que cobrem distâncias maiores que 650 quilômetros num dia. É o que se considera o auge da civilização. Diz-se que, à medida que progredirem, os homens poderão viajar em aeronaves e alcançar qualquer parte do mundo em poucas horas. Não precisarão mais usar suas mãos e seus pés. Terão suas roupas trazidas a si com o apertar de um botão. Com outro botão, terão seu jornal. Apertando um terceiro, um automóvel estará à sua disposição. Serão servidos de uma variedade de pratos delicadamente montados. Tudo será feito por máquinas.*

---

* Tradução nossa.

Isso foi escrito em 1909. É uma das visões mais perspicazes do século XXI datada do início do século XX. Afinal, descreve muito bem o mundo de Ubers e iFoods. A gente aperta um botão e tem um carro à disposição. Aperta outro e chega alguém trazendo pratos delicadamente montados. Gandhi, porém, não sente a admiração de Marx e Engels por essas coisas, ainda que ostente poderes proféticos ainda maiores. Achava tal perspectiva alarmante e absurda.

Não se tratava, na verdade, de profecia do próprio Gandhi. A pessoa de quem quase certamente ele emprestou essas ideias foi o romancista inglês (e ponha inglês nisso) E. M. Forster, o que de novo indica os caminhos pelos quais Gandhi tanto via a tradição intelectual ocidental de fora quanto se encontrava profundamente inserido nela. Forster escreveu um conto famoso — hoje mais do que era na época em que foi publicado — intitulado "A máquina parou", no qual previu um mundo onde as máquinas permitem que os seres humanos se comuniquem entre si do interior de suas pequenas cápsulas, sendo capazes de experimentar não apenas essa conexão virtual, mas uma ampla gama de prazeres artificiais de dentro de um mundo totalmente isolado. É um modo de vida que os torna completamente dependentes da "máquina", a rede de cabos interconectados que os une. Isso significa que, quando a máquina para, interrompem-se a comunicação humana e, por fim, a vida. Esse conto de Forster foi publicado em 1909, numa revista possivelmente disponível na biblioteca do navio em que Gandhi fazia sua viagem de Southampton de volta à Cidade do Cabo. Meu palpite — e é apenas um palpite — é que foi ali que, depois de ler a história, ele previu o mundo de Ubers e iFoods, porque Forster também o previra. Causa alguma estranheza a ideia de que Forster e Gandhi tenham enxergado o futuro da tecnologia melhor do que Marx e Engels.

Uma visão de seres humanos conectados e dependentes de máquinas era o pesadelo de Gandhi. Era algo, ele pensava, essencialmente inumano. Nisso, como sob quase todos os demais aspectos, Gandhi não se parece nada com Marx e Engels. De fato, muitos dos críticos mais fervorosos de *Hind Swaraj*, o apelo intransigente de Gandhi pela independência da Índia, eram marxistas — não porque desejassem um acordo com os britânicos, mas por uma profunda desconfiança da análise fundamental de Gandhi sobre como funciona a sociedade. As unidades básicas da análise marxista não eram as de Gandhi. Para ele, a política não dizia respeito a classes. Tinha a ver principalmente com o indivíduo, o qual, na versão marxista do funcionamento da política, é sempre transcendido pela classe a que pertence. O indivíduo, na visão de Gandhi, era a unidade transcendente da vida política, e cada um de nós, individualmente, é responsável por nosso destino. Enquanto promove a ideia da independência indiana, *Hind Swaraj* tem por base as noções de independência pessoal, autossuficiência pessoal, autogoverno pessoal. Devemos ser capazes de dominar a nós mesmos antes que possamos presumir dominar qualquer outra pessoa. A política não é nada, pensava Gandhi, se não for possível enraizá-la naquilo que os indivíduos decidem por si mesmos. Mais tarde, no século XX, o movimento feminista cunharia o slogan "O pessoal é político". Para Gandhi, o político é pessoal.

Ao mesmo tempo, Gandhi não tinha, como os marxistas (ou pelo menos como deveriam ter os marxistas convencionais), compromisso com o internacionalismo. Costumava comparar o que via como virtudes e valores da civilização indiana àquilo que considerava como defeitos da civilização ocidental. A civilização ocidental era artificial e fragmentada. A civilização indiana, orgânica e una. Mas a civilização indiana definitivamente não era para todos. Era para os indianos.

Gandhi rejeitava, assim como muitos marxistas, a ideia de que a representação parlamentar fosse viável como base para uma política sustentável. Rejeitava essa noção de modo bastante explícito por ser muito mecânica. Marx e Engels nunca viram nenhum problema no fato de as coisas funcionarem mecanicamente. Eles gostavam de máquinas. Não gostavam da representação parlamentar porque achavam que era uma deturpação profunda da natureza do poder numa sociedade capitalista. Gandhi recusava a representação democrática por se tratar de uma mentira sobre quem somos como indivíduos. O representante — em particular o representante no Parlamento britânico, tido como a mãe dos Parlamentos, o modelo de Parlamento a que todos os demais deveriam aspirar — vivia uma mentira porque ele (e quase sempre seria ele, não ela) não tinha como ser fiel a si mesmo: "[…] na verdade", escreveu Gandhi, "sabe-se que seus membros [do Parlamento] são hipócritas e egoístas. Cada um pensa em seus próprios pequenos interesses. O medo é a característica impulsionadora. O que é feito hoje pode ser desfeito amanhã".*

O político eleito tinha de servir ao que Gandhi veio a conhecer como "a máquina do partido". A própria política tinha se tornado mecânica. Portanto, não era diferente dos outros tipos de máquinas que, segundo pensava Gandhi, distanciavam as pessoas de seu verdadeiro eu. Isso incluía os trens que já eram capazes de cobrir muitas centenas de quilômetros por dia e as aeronaves que em breve estariam cruzando oceanos com seus passageiros. Os indivíduos vinham sendo desvinculados de suas capacidades e limitações naturais. Estavam se tornando objetos a serem embalados e processados. Gandhi

---

* Mohandas Gandhi, *Hind Swaraj: Autogoverno da Índia*. Trad. de Gláucia Gonçalves, Divanize Carbonieri, Carlos Gohn e Laura P. Z. Izarra. Brasília: Funag, 2010, p. 30.

desconfiava da medicina moderna e da maneira como tratava o corpo humano como apenas mais um instrumento a ser consertado. Suspeitava das concepções modernas do direito, incluindo muitas daquelas a partir das quais recebera sua formação. Tudo se desvinculava da experiência humana genuína porque tudo era, de um jeito ou de outro, apenas representação de uma forma de vida artificial. Como ápice desse artifício, havia a moderna política representativa. Gandhi achava que os representantes políticos ou eram enganadores, ou enganavam a si mesmos. Ou tinham ciência de não acreditar no que estavam dizendo, o que significava que não eram confiáveis, ou nem sabiam que não acreditavam, o que os tornava idiotas. Para que fosse genuinamente sustentável, tinha de existir algum jeito diferente de fazer política. Ela precisava ser honesta; precisava ser verdadeira. Idealmente, precisava se basear em interações humanas cara a cara. Não tinha como funcionar se os indivíduos cedessem aos representantes a capacidade de julgamento para tomar decisões em seu nome. Ou seja, segundo Gandhi, a política não podia funcionar na forma do Estado moderno.

A diferença mais básica entre Gandhi e seus críticos marxistas não era em relação ao Estado representativo ou ao indivíduo autossuficiente. Tinha a ver com o que faz o Estado — sua função primária de coerção ou violência. Gandhi acreditava, acima de tudo, na não violência. Era defensor da mudança política sem concessões. Sua crença era na possibilidade de subverter a ordem estabelecida e substituí-la por alguma coisa bastante nova. E ele certamente acreditava numa independência indiana que seria, em seus próprios termos, uma espécie de revolução. Mas não compartilhava da ideia de que, para chegar lá, o caminho era tomar o poder coercitivo do Estado e voltá-lo contra os inimigos. Não acreditava em revolução violenta. Marx e Engels achavam que uma revolução não violenta era uma contradição em termos. Certa vez, falando de seus críticos nos movimentos radicais de trabalhadores que queriam algo como uma revolução pacífica ou cooperativa, Engels disse que eles tinham uma noção absurdamente idealizada de como a mudança política acontece. "Já alguma vez viram uma revolução, estes senhores?", perguntou. "Uma revolução é certamente a coisa mais autoritária que se possa imaginar; é o ato pelo qual uma parte da população impõe a sua vontade à outra por meio das espingardas, das baionetas e dos canhões […]."* Para Engels, ver uma mudança política real em curso implicava entender que ela estava fadada a envolver alguma coerção. Caso contrário, ou não se trataria de política real, ou não seria uma verdadeira mudança. Da posição de Engels, o que se poderia dizer é: quem acreditava que todas as revoluções devem ser violentas não conhecia Gandhi.

A ideia de Gandhi de mudança não violenta, ou o que às vezes é chamado de resistência passiva e hoje tendemos a definir como desobediência civil, era parte inseparável de seu pensamento. Ele a definiu assim: "A resistência passiva é um método para defender os direitos através do sofrimento pessoal; é o reverso da resistência pelas armas".** Seu objetivo não era voltar o poder coercitivo do Estado contra si próprio ou contra seus opressores; era provocar o poder coercitivo do Estado a se revelar pelo que realmente é. A intenção da resistência passiva é erguer o véu que oculta o poder do Estado, tirar o disfarce que são as liberdades prezadas pelos liberais e revelar sua essência coercitiva, para então ver se os responsáveis pela coerção sobrevivem a essa revelação. De modo que, de novo, não importa que eles sejam enganadores ou que enganem a

---

* Friedrich Engels, "Sobre a autoridade: Março de 1873". Trad. de Marxist Internet Archive. Disponível em: <www.marxists.org/portugues/marx/1873/03/autoridade-pt.htm>. Acesso em: 15 abr. 2023.
** Mohandas Gandhi, op. cit., p. 83.

si mesmos. De um jeito ou de outro, se for possível mostrar-lhes o que fazem de tal forma que não consigam mais esconder o verdadeiro caráter daquilo, será a vez deles de responder a questões como: se isso é política, se isso é o poder do Estado, como vocês conseguem aceitar? Como conseguem viver em paz com sua consciência?

É uma compreensão da política completamente diferente de qualquer coisa sobre a qual eu tenha falado até agora. Todos os outros pensadores que discuti aceitavam que, no coração da vida política, deve haver alguma forma de coerção. Uma das coisas que Gandhi rejeitou ao não aceitar a duplicidade do Estado moderno foi a noção de que a coerção possa coexistir com quaisquer ideais mais elevados ou nobres sem contaminá-los. Ele não achava que fosse possível separar os meios dos fins. "Pensar que não há ligação entre os fins e os meios é um grande equívoco [...]. Colhemos aquilo que semeamos."* De modo que não se poderia, por exemplo, mobilizar o terror em nome da paz, ou lançar mão do medo para se livrar do medo, ou esperar que a força traga ordem, porque os meios vão contaminar os fins, com o terror, o medo ou a força sempre inseparáveis de tudo que se produza a partir deles. As únicas formas genuínas e sustentáveis de mudança política exigem que os meios correspondam aos fins. Se os fins são a independência e a autonomia, tanto de uma sociedade quanto dos indivíduos que nela vivem, os meios deverão refletir independência e autonomia por parte do movimento que busca a independência assim como dos indivíduos que o compõem. Não basta falar por falar; é preciso agir de acordo. Mais importante ainda, os movimentos de resistência não devem replicar o que estão tentando substituir. Resistência passiva significa permitir que o Estado aja com o que tem de pior e aceitar, até mesmo acolher

---

* Ibid., p. 76.

isso. Atrai-se a violência para si sem resistir a ela, mostrando-se quem se é de fato, e também a violência pelo que realmente é. "Se não obedeço à lei", escreveu Ghandi, "e aceito a penalidade pela sua violação, uso a força do espírito. Isso envolve um sacrifício do eu."*

Gandhi veio a encarnar, literalmente, esse tipo de política em sua vida e em sua pessoa, por meio de greves de fome, de protestos, de marchas nas quais colocou o próprio corpo em risco e sofreu opressão, na verdade a acolheu. Mas seus seguidores também foram oprimidos, espancados, mortos, presos, encarcerados. O que ele oferecia era um tipo de representação política muito diferente do modelo parlamentar. Não era uma política sem liderança. Gandhi se tornou líder do movimento de independência e, em última análise, uma das figuras políticas mais importantes do século XX. Mas não liderou pela insistência no direito de tomar decisões por todos os demais nem fazendo escolhas por aquelas pessoas que haviam decidido, qualquer que fosse o motivo para isso, que preferiam deixar para outros a tarefa de decidir. Aquele era um tipo de representação no qual a vida de uma pessoa era vivida conforme exigiam suas crenças políticas. Para Gandhi, representar significava fazer o que se esperava que outras pessoas fizessem, na esperança de que elas também fossem capazes daquilo de que o representante se mostrara capaz. Nada a ver com a representação do tipo hobbesiano. Nada a ver com a representação parlamentar. Em nada parecido com nosso entendimento contemporâneo da representação democrática. Havia ali um elemento profundamente espiritual.

Outra palavra que poderia ser usada para descrever o pensamento político de Gandhi é holístico. Ia além da política. Não se limitava a tentar conjugar liberdade e lei. Buscava integrar

---

* Ibid., p. 83.

os diferentes elementos da experiência humana, de modo a nos tornar unos. Combinava a perspectiva cósmica à pessoal. Gandhi não recuou de assumir a perspectiva do universo. Ao contrário de grande parte dos pensadores políticos modernos, ele não se propôs a colocar limites ao poder misterioso da religião. Quis abraçá-lo.

Por essas razões, às vezes se pensa que a política de Gandhi beira o não político, que está acima da política ou, de certo modo, jamais alcança o patamar da política. Seria algo bom demais para a política: puro demais para a política. Não é verdade. Gandhi era profundamente político. Tinha um objetivo político claro, e esse objetivo tinha um nome: *Hind Swaraj*, a independência da Índia. E ele o alcançou. Se um bom teste para um movimento político é a eficácia em alcançar seus objetivos, aquele foi um dos movimentos políticos mais eficazes da era moderna. Os britânicos saíram da Índia. Não exclusivamente por causa de Gandhi: ele não era suficiente para esse desfecho, mas quase certamente foi necessário. Isso aconteceu no final da longa vida do pensador indiano e após décadas de campanhas de resistência passiva. Muitos outros fatores também estavam em jogo: o impacto da Segunda Guerra Mundial, a relativa falência do Estado britânico e a chegada ao poder de um novo governo trabalhista — tudo isso ajudou. Mas Gandhi havia desgastado o Estado britânico. O efeito pretendido de suas campanhas era revelar aos perpetradores da opressão imperial exatamente o que eles teriam de fazer para manter seu poder, forçá-los a responder à pergunta: valeu a pena? Se, apenas para manter seu império, vocês precisam nos espancar com cassetetes, nos prender e, de quando em quando, nos matar, depois repetir todo o processo, será que conseguem viver em paz consigo mesmos — vocês, que ostentam por aí suas consciências liberais? Alguns políticos britânicos eram relativamente imunes a esse tipo de ataque, incluindo Winston Churchill, que nunca teve muito tempo nem para Gandhi, nem para apelos à consciência liberal. Mas muitos outros não conseguiram ficar indiferentes. Aquilo, enfim, os atingiu.

A longa campanha de Gandhi foi extraordinariamente eficaz, mas teve seus limites. Foi política de cabo a rabo, mas resistência passiva não serve para todas as formas de política. Não porque a política tenha de ser violenta, mas porque há certas formas de violência que tendem a sobrepujar a resistência não violenta. George Orwell, num célebre ensaio que escreveu após a morte de Gandhi, observou o absurdo da filosofia política do líder indiano quando aplicada ao nazismo (Gandhi havia dito que os judeus da Europa deveriam ter cometido suicídio coletivo em resposta a seus opressores, uma vez que seriam mortos de qualquer jeito). Por que alguém perderia tempo apelando à consciência de pessoas sem consciência? Igualmente, a resistência passiva às vezes é inútil em face da fúria comunitária em estado bruto. Gandhi descobriu os limites de sua filosofia no finalzinho da vida, depois de obtida a independência indiana. O fato desencadeou violência sectária de enormes proporções, inclusive surtos violentos em torno da Partição, que Gandhi lamentou profundamente e tentou impedir com seu exemplo pessoal. Engajou-se numa última greve de fome. Tentou usar o próprio corpo como uma espécie de escudo contra essa violência, e não foi suficiente. No fim, a bala de um assassino o abateu.

O Estado nascido da independência indiana era um Estado hobbesiano, e não gandhiano. Conformava-se ao padrão dos Estados modernos por ter à disposição instrumentos extremos de coerção. Existia, em grande medida, para tentar manter a paz. Travou guerras, defendeu a Índia contra seus inimigos — entre os quais o Paquistão — e tomou o rumo tradicional do Estado moderno: desenvolvimento, produção industrial e crescimento econômico. Gandhi imaginou um tipo diferente de Estado, a partir de certas ideias ocidentais, algumas modernas, outras antigas, conjugadas a uma compreensão não ocidental da política, de modo a produzir algo novo. Não um estado híbrido no sentido hobbesiano — sem a duplicidade deste —, mas um caldeirão de diferentes formas políticas. Gandhi imaginou uma política que pudesse ser mais local, mais individual e mais cara a cara, e que fosse concêntrica, com comunidades menores alimentando as maiores. A representação nesse sistema não seria artificial, e sim móvel, naturalmente se deslocando de cima a baixo das cadeias de comunicação pessoal e da experiência humana. O que se tem aí é uma visão do Estado holístico, que parte do indivíduo para a comunidade, daí para o cosmos e faz o caminho de volta. Tal visão nunca se materializou; jamais esteve nem perto de se materializar. A Índia não é, hoje, esse tipo de Estado.

Mas se Gandhi e sua política esbarraram em alguns de seus limites no final da vida do pensador indiano e com a realização de seus objetivos políticos primários, a filosofia política de Gandhi seguiu vida própria e durou mais tempo. A resistência passiva foi profundamente influente em muitos movimentos políticos na segunda metade do século XX. Gandhi foi, em parte, a inspiração para Martin Luther King e sua campanha de resistência passiva e desobediência civil contra o regime de segregação racial conhecido como Jim Crow, no sul dos Estados Unidos. Nesse caso, o método funcionou. Gandhi também foi uma das inspirações de Nelson Mandela. Mandela não era defensor da política de não violência. O Congresso Nacional Africano, movimento político ao qual pertencia, estava disposto a usar a violência contra seus inimigos. Mas, ao ser preso, uma das lições de Gandhi que o líder sul-africano adotou foi a da importância de como se aceita a punição. E, quando se é capaz de aceitá-la com uma espécie de dignidade — mesmo que não se tenha buscado nem acolhido tal desfecho —, torna-se possível voltá-la contra os opressores. Por mais arbitrária que seja a punição, se for possível suportá-la de modo a mostrar aos opressores exatamente o que estão fazendo e, assim, revelar a verdadeira natureza da opressão que se está enfrentando, é possível vencê-los. E Mandela venceu, de fato. Venceu, em certa medida, pela forma como suportou sua punição.

Gandhi tem inspirado movimentos mais recentes de desobediência civil. Occupy Wall Street é um deles; Extinction Rebellion, outro. Gandhi aparece nas camisetas; nos sites, há citações suas. Não são simples lances de efeito. Há uma profunda conexão, no mundo todo, entre a vida e o pensamento de Gandhi e movimentos políticos que tentam usar o poder do protesto pacífico contra os sistemas sociais e econômicos sustentados pelo Estado e contra sua violência.

Mas, nessa história mais recente, também podemos ver os limites da política gandhiana. O método nem sempre funciona. Uma maneira de tentar descrever como e por que a resistência passiva pode ser eficaz é dizer que as relações políticas fundamentais na base de campanhas bem-sucedidas de desobediência civil são relações de mão tripla, em vez de dupla. A resistência passiva não tem a ver apenas com a relação entre oprimidos e seus opressores, tampouco só com o que acontece quando um grupo de manifestantes desarmados marcha na direção de uma coluna de policiais e os confronta não pela força, mas simplesmente pela presença de seus corpos. Isso é o processo de resistência passiva. Mas há uma terceira parte envolvida em toda campanha bem-sucedida de desobediência civil: quem assiste ao processo, sua audiência. Há os opressores; há os oprimidos; e há pessoas observando. E muitas vezes são estas últimas os atores cruciais. É o pensamento delas que precisa mudar. Não necessariamente se está revelando aos opressores que são opressores, porque eles talvez já saibam disso — e a certa altura, na verdade, se estiverem ali com armas, cassetetes ou cachorros, devem saber. É preciso muito autoengano para não perceber que, batendo em alguém com um pedaço de pau, o que se está fazendo é usar de força física para oprimir.

Mas, particularmente nas complexas relações de representação próprias aos Estados modernos, muitas vezes haverá todo tipo de gente em nome de quem tal violência é praticada. Gente que não gostaria de pensar que está envolvida nessa história de coerção física e bruta, que prefere não pensar que sua ordem política se erige sobre uma mentira e acreditar, em vez disso, que seus representantes sabem o que estão fazendo. Algumas dessas pessoas são políticos. Outras são eleitores. Outras ainda são espectadores, simplesmente. Mas todas podem acabar descobrindo que sua confiança no sistema político não sobrevive a essa exposição aos fatos brutos da violência estatal. Essas pessoas, os observadores, em nome de quem a violência é praticada, podem se sentir envergonhadas, ficar chocadas e ser obrigadas a encarar o fato de que suas ilusões confortáveis não se sustentam quando alguns indivíduos marcham pacificamente na direção de uma coluna de oficiais do Estado armados de revólveres, cassetetes e cães.

No caso de Gandhi, o que ele pretendia com a resistência passiva era, em certa medida, chocar os britânicos na Índia, tirando-os de sua complacência. Muitos funcionários do Estado colonial, porém, não eram complacentes; sabiam exatamente o que estavam fazendo. Portanto, a estratégia foi concebida para chocar da mesma forma os britânicos na Grã-Bretanha: ou seja, chocar as pessoas em nome das quais se administrava o império e escolhas como aquelas estavam sendo feitas. Mostrar-lhes o que seria necessário para manter o controle e perguntar-lhes se estavam dispostas a viver com aquilo. No caso de Martin Luther King e sua campanha contra a opressão racial no sul dos Estados Unidos, também era uma estratégia projetada, em parte, para envergonhar as pessoas daquela região e levá-las a perceber exatamente o que tinham feito emergir ao permitir que tal sistema sobrevivesse por décadas. Em parte apenas porque, de novo, parece improvável que ali houvesse muita gente sendo enganada: viver sob aquele sistema, administrá-lo, operá-lo, provavelmente implica saber como ele funciona. Assim, a campanha de Martin Luther King foi pensada para que as pessoas no norte dos Estados Unidos soubessem, igualmente, em que tipo de país viviam, afinal, se tratava de um só país — ao menos em teoria, se não na prática. E as pessoas assistindo àquilo no norte — gente que votava nas eleições presidenciais e parlamentares tanto quanto seus compatriotas do sul — também eram parcialmente responsáveis por aquela ordem persistir. As fotos que chegavam do sul durante os protestos pelos direitos civis da década de 1960 e eram publicadas em jornais e transmitidas pela televisão no norte ajudaram a expor exatamente o que era necessário para manter o regime baseado na segregação racial. Eram tão poderosas como imagens devido à vergonha que causavam a quem as via em outras partes do país.

No caso de Nelson Mandela, sua dignidade certamente foi um exemplo poderoso na África do Sul tanto para seus seguidores quanto para seus oponentes, porém ainda mais no efeito que causou sobre a comunidade internacional. Era a opinião pública global que precisava ser convencida também. Pessoas nos Estados Unidos ou na Europa, pessoas que talvez pensassem que o regime do apartheid não tinha muito a ver com elas, passaram a se importar. A campanha para libertar Mandela, transformada em campanha global e inspirada pelo caráter e pela resposta digna dele à punição que recebera, provocou vergonha por aquele encarceramento em muita gente fora da África do Sul. No final das contas, a pressão dos observadores pode ser o que desperta os opressores. Mesmo que não lhes desperte sentimento, pode despertá-los na prática. Eles não conseguem mais sustentar aquele estado de coisas. Têm muito a perder.

Occupy Wall Street e Extinction Rebellion mostram que essa relação de mão tripla é bastante difícil de manter quando os movimentos de protesto, assim como seus objetivos, se tornam mais amplos. Gandhi, Martin Luther King e Nelson Mandela tinham uma meta política clara: derrubar um regime opressor e substituí-lo por algo que, para as pessoas obrigadas a viver sob ele, significasse emancipação. O que quer o Occupy? Não tenho bem certeza. O movimento quer muitas coisas — inclusive, talvez, o fim não apenas de uma ordem política específica, mas de todo um sistema social e econômico. Quem são, ali, as três partes da resistência passiva? Quem são os opressores? Quem são os oprimidos? Quem é a audiência? De novo, não fica totalmente claro. Os opressores são os policiais que evacuam as praças, com certeza, os oficiais do Estado armados com cassetetes ou cães ou revólveres ou helicópteros ou mesmo tanques que botam as pessoas para fora dali. Mas o alvo original era Wall Street, então, continua sendo ou passou a ser o Estado policial? Talvez sejam ambos. Mas a audiência visada também é Wall Street, junto com o público em geral, primeiro nos Estados Unidos, depois no mundo todo. A frase de efeito do Occupy Wall Street — "Nós somos os 99%" — indicava que as pessoas fazendo a ocupação a faziam em nome de todos os demais, uma vez que quase todos os outros pertencem à classe dos oprimidos. De modo que a audiência é também oprimida, e os oprimidos são também a audiência. Talvez a amplitude do apelo devesse tornar o movimento mais poderoso. Mas, na verdade, em se tratando dessa forma de política, torna-o muito mais difuso. A resistência passiva tem muito mais dificuldade de alcançar seus objetivos quando não é possível separar entre si oprimidos, opressores e audiência.

A mesma coisa vale para o Extinction Rebellion, que busca tanto nos reconciliar com a calamidade no horizonte que é a mudança climática quanto também, se possível, preveni-la. No caso de um movimento tão amplo, com objetivos tão abrangentes e alvos tão difusos, quem são os opressores? Quem são os oprimidos? Às vezes parece que, frente à mudança climática, todos somos responsáveis. Outras, que é um grupo bem definido de empresas más, atores maus e governos maus. Quem, então, é a audiência dos protestos? Todo mundo ou só aqueles com poder para fazer a diferença? E quem, em se tratando de mudança climática, tem esse poder? Quando se trata do fim do mundo, a desobediência civil pode parecer não estar à altura da tarefa. O movimento busca despertar o páthos do público — compaixão por nós mesmos, empatia pelo planeta, diante da catástrofe iminente. Mas manifestantes trepados em tetos de trens para impedi-los de circular talvez pareçam mais um anticlímax. Não estou dizendo que essa abordagem não possa funcionar para a política da mudança climática (um caso em que nada tem, na verdade, funcionado e no qual *alguma coisa* terá de dar certo). Mas a resistência passiva não demonstra óbvia adequação à tarefa. Quanto mais amplos os objetivos e mais numerosos os grupos envolvidos, mais difícil fica dizer quem está desempenhando qual papel.

Quando discuti Tocqueville, mencionei seus aparentes poderes proféticos ao projetar a imagem de uma era futura na qual a grande divisão global seria entre a América democrática e a Rússia autocrática. Se fôssemos reformular isso hoje, poderíamos dizer que a grande divisão é entre os Estados Unidos e a China. Mas talvez a questão maior do século XXI não gire em torno dessa dupla. Quem sabe a escolha seja entre Índia e China. São as duas nações mais populosas da Terra, cada uma com mais de 1 bilhão de pessoas, ambas com enorme força produtiva e poder político em potencial. Se assim for, estamos diante de uma ironia. Tanto a Índia moderna quanto a China moderna se apoiam sobre mitos fundadores profundamente críticos à ideia de Estado moderno e em nada parecidos com os Estados que uma e outra se tornaram.

Gandhi ainda é, em muitos aspectos, uma figura paterna para a nação e o Estado indianos. Ele é reverenciado; recorre-se com frequência a seu nome; seu exemplo é invocado com facilidade e é difícil de contrapor. E, no entanto, a Índia contemporânea não é um Estado gandhiano; é um Estado moderno. A China e o Partido Comunista Chinês — como ainda é chamado — também não deixam de invocar seus fundadores. Eles são, ao lado de Mao Tsé-tung e Deng Xiaoping, Marx e Engels. Ainda se fala de Marx e Engels na China como se suas ideias e seu pensamento de algum modo constituíssem a base do Estado chinês moderno. Mas aquele não é um Estado marxista; é um Estado moderno, além de profundamente capitalista. Nesse sentido, tanto a Índia quanto a China mantêm a duplicidade. Índia: erguida em nome de Gandhi e nada semelhante ao que Gandhi esperava alcançar. China: erguida em nome de Marx e Engels e nada semelhante ao que Marx e Engels esperavam alcançar.

No entanto, segue sendo verdadeiro que, bem enraizado na política moderna, o que Marx, Engels e Gandhi representam nunca se apaga de fato. Eles defendem a possibilidade de fazer política de maneira muito diferente, da transformação completa, da mudança radical, da ruína sem concessões dessa vida dupla, mecânica, artificial, com sua conveniência e sua segurança, com seu discurso fácil sobre representação e sua ausência de alma.

Hoje vivemos outra crise que novamente permite às pessoas pensarem sobre caminhos pelos quais a política pode chegar a ser feita de outra maneira. Essa crise — a crise de uma pandemia — surge à sombra de outra maior: a da mudança climática. Também vivemos numa era de crises do capitalismo, quando o sistema financeiro global parece balançar a cada tanto e nos perguntamos o que o manterá de pé. Nesses momentos, alguns de nós vamos em busca de Marx e Engels e do *Manifesto do Partido Comunista*. Mas podemos igualmente ir a Gandhi e seu *Hind Swaraj*, olhando para seu exemplo em vida e obra. O exemplo de Gandhi talvez seja aquele que mais tem a dizer ao contexto das crises do século XXI. Oferece a possibilidade de algo mais holístico. Sugere ser possível ter, ao mesmo tempo, mais individualidade e mais coletividade. Indica a possibilidade de uma política por meio da qual as pessoas possam ser mais verdadeiras consigo mesmas. Os Estados que agem em nosso nome seguem sendo hobbesianos. Gandhi não mudou isso. Mas sugere ser possível mudar um dia, quem sabe até em breve.

7.
Weber sobre a liderança
"Política como vocação" (1919)

Max Weber (1864-1920) nasceu em Erfurt, na Alemanha. Seu pai era advogado e político pelo Partido Nacional Liberal, tendo atuado no tempo tanto do Parlamento prussiano quanto do Reichstag alemão. Weber frequentou a Universidade de Heidelberg, onde estudou direito, com incursões em economia política, história, filosofia e teologia. Casou-se em 1893 com sua prima Marianne, que acabou se tornando responsável por seu espólio editorial; não tiveram filhos, e houve rumores de que o casamento nunca se consumou. Weber retornou a Heidelberg como professor de ciência política em 1896. Após a morte de seu pai, em 1897, entrou num longo período de depressão, acabando por se demitir da universidade em 1903. Passou a viajar muito e, no ano seguinte, deu uma palestra na Feira Mundial em St. Louis, nos Estados Unidos. Escreveu prolificamente em seus últimos anos, tendo sido editor no projeto de uma enciclopédia de "economia social", da qual foi também um dos principais colaboradores. Envolveu-se cada vez mais na política: após a Primeira Guerra Mundial, serviu na delegação enviada pela Alemanha à Conferência de Paz de Paris e como conselheiro da comissão que redigiu a Constituição de Weimar. Frustrado com essas empreitadas, no último ano de vida, voltou a lecionar, agora nas universidades de Viena e Munique. Morreu de uma pneumonia que contraiu durante a pandemia de gripe espanhola. Ao morrer, deixou inacabada sua principal obra, *Economia e sociedade*; sua viúva ajudou a preparar o livro para publicação.

Este capítulo é sobre outra palestra. Foi proferida exatamente cem anos depois de "A liberdade dos antigos comparada à dos modernos", de Constant, pronunciada em Paris em 1819. A de que vou tratar aqui é de autoria do grande sociólogo alemão Max Weber, falando a um grupo de estudantes em Munique, em janeiro de 1919. Foi um tipo muito diferente de ocasião para um tipo muito diferente de palestra. Há quem argumente tratar-se da conferência mais importante na história das ideias políticas modernas.

Constant deu sua palestra a uma pequena distância histórica dos eventos centrais que estava analisando. Sua condição era a de quem, um passo à frente da Revolução Francesa e suas consequências, tinha a vantagem de ver as coisas em retrospectiva. Weber não teve esse benefício. Munique em janeiro de 1919 era o olho do furacão, e Weber estava lá, pessoalmente, expondo seus argumentos. Munique é a capital da Baviera, que passava então por uma revolução socialista inspirada na dos bolcheviques russos. Em janeiro, a revolução bávara estava em marcha havia apenas alguns meses e logo seria extinta por uma contrarrevolução, seguida de muito derramamento de sangue. A Baviera ficava numa nação, a Alemanha, que parecia à beira de uma guerra civil. No início de 1919, não contava, na prática, com Estado algum que fosse funcional. O regime entrara em colapso após a rendição do país ao fim da Primeira Guerra Mundial, dois meses antes, de modo que ali se encontrava a tríade hobbesiana do desastre em política. Catástrofe militar, revolução, guerra civil incipiente: os três cavaleiros do apocalipse político.

Como temos a vantagem de ver as coisas em retrospecto, pode ser bastante difícil resgatar o quanto devia parecer incerta, imprevisível e sem um desfecho à vista a política alemã do pós-Primeira Guerra Mundial. O problema, para nós, é ter visão demais em retrospectiva. Sabemos o que aconteceu. Não houve guerra civil. A Alemanha conseguiu criar uma Constituição e um Estado funcionais, a República de Weimar, embora em pouco tempo esse arranjo tenha fracassado e sido substituído por outro, de outro tipo — o Estado nazista de Hitler. E também aqui sabemos o que aconteceu.

Para nós, a Primeira Guerra Mundial e seu desfecho se encaixam numa história mais longa, e sempre há a tentação de envolver os acontecimentos de 1918-9 nessa história. Weber não sabia o que estava por vir. Não viveu para ver o que aconteceria, porque havia, além da mencionada tríade, outra força em ação, algo mais parecido com um dos cavaleiros do apocalipse originais: uma epidemia. No inverno de 1918-9, era galopante o avanço da gripe espanhola, a qual, no intervalo de dezoito meses, levaria, entre muitas dezenas de milhões de vidas, o próprio sociólogo alemão.

Uma maneira de tentar recriar o sentimento de incerteza que circundava a palestra de Weber é contando um tipo diferente de história da Primeira Guerra Mundial. Tendemos a pensar naquele conflito como uma luta de quatro anos, épica mas desgastante, miseravelmente desgastante, muitas vezes desembocando num impasse, caracterizada por batalhas de trincheira que, por fim, resultaram numa vitória com grande custo humano e rapidamente dissipada pela paz punitiva que se seguiu. Para as pessoas que a viveram, porém, não se tratou de uma luta exaustiva de quatro anos apenas, tampouco só de um impasse. Foi mais dramático do que isso; foi mais imprevisível do que isso; e foi menos fútil do que isso. Em resumo, uma montanha-russa.

A Primeira Guerra Mundial foi, na verdade, duas guerras que agrupamos numa só e à qual demos um único rótulo. A primeira dessas guerras, entre agosto de 1914 e fevereiro de 1917, foi mais uma guerra civil europeia entre Grã-Bretanha, França e Rússia, de um lado, e as potências da Europa Central e do Leste — Alemanha, Império Austro-Húngaro, Império Otomano e Bulgária —, do outro. Acabou transbordando para as possessões imperiais, mundo afora, de todos esses Estados, mas era essencialmente uma disputa interna restrita ao continente. Não fazia muito sentido, mesmo para alguns dos participantes. Os combatentes compensavam qualquer ausência de lógica militar com um excesso de patriotismo, na forma de fervor militante e nacionalista. Foi essa a guerra que se transformou num impasse desgastante e desconcertante. Depois de dois anos e meio de batalha, ela parecia não estar levando a lugar algum.

Então, na primavera de 1917, aconteceram duas coisas que mudaram completamente o caráter da guerra, transformando-a num conflito genuinamente global — a Primeira Guerra Mundial. Uma dessas coisas foi a revolução russa. Não a revolução bolchevique do final do ano — a primeira revolução russa, de fevereiro, que trocou o tsar e o regime tsarista por uma tentativa de criar algo como uma democracia liberal constitucional. Uma consequência da primeira revolução russa foi que, para muitos observadores, a Primeira Guerra Mundial passou a fazer sentido, porque pela primeira vez se podia dizer que era travada pela democracia e em favor dela. As duas principais democracias europeias no início da guerra, Grã-Bretanha e França, eram aliadas da Rússia, que àquela altura não parecia nem um pouco democrática. Lembrando Tocqueville, a grande batalha épica do futuro, conforme ele imaginara, seria travada pela democracia contra a Rússia. O regime russo era mais uma teocracia medieval do que um moderno Estado democrático liberal. Mas, quando aquele regime teocrático, místico e profundamente incompetente desmoronou, no terrível inverno de 1917, para ser substituído por uma democracia, a Grã-Bretanha, a França e a Rússia puderam alegar, enfim, que estavam do mesmo lado não apenas na guerra, mas também na política. Isso atraiu a atenção da maior democracia do mundo, os Estados Unidos da América.

Assim, a segunda coisa que aconteceu na primavera de 1917 foi que os Estados Unidos entraram no combate, em parte, ainda que não exclusivamente, porque a Rússia era agora uma democracia nascente e precisava ser defendida. De repente, essa nova configuração de forças ameaçou fazer pender decisivamente a balança militar contra a Alemanha e as outras Potências Centrais. As democracias do mundo se aliavam para derrotar o que, para elas, era agora visto como a ameaça autocrática vinda da Europa Central. Mas se as coisas estavam ruins para a Alemanha no início de 1917, no final do ano pareciam muito boas, pois a segunda revolução russa tinha tomado o lugar da primeira. A tentativa de estabelecer um regime democrático liberal na Rússia falhou miseravelmente. O regime mal chegou a criar raízes antes de morrer. A calamidade da Primeira

Guerra Mundial pesou demais, trazendo abaixo a democracia russa junto com a tentativa de, em nome dela, continuar a guerra. Quando os bolcheviques chegaram ao poder, praticamente a primeira medida anunciada foi a de abandonar o combate, não importava sob quais termos. Aquela guerra não era deles, portanto simplesmente não a lutariam; sairiam para travar outras batalhas. Lênin se rendeu. Foi uma rendição completa que deu aos alemães basicamente tudo o que queriam. A Alemanha, que esteve sob ameaça durante toda a guerra pelo fato de combater ao mesmo tempo em duas frentes, a oriental e a ocidental, agora podia voltar sua atenção ao Ocidente. Não toda, pelo temor persistente de que a guerra civil russa que estava começando transbordasse para os novos territórios alemães, o que significava que as tropas precisariam estar a postos para restaurar a ordem no leste. Ainda assim, muitos efetivos puderam ser deslocados para oeste, para o que agora era o confronto final: o confronto decisivo frente às democracias ocidentais.

Uma terceira coisa que deveria ter acontecido não aconteceu: os americanos não foram em socorro dos britânicos e dos franceses. Não chegaram a tempo, tampouco em contingente suficientemente grande e não fizeram diferença o bastante. Assim, na primavera de 1918, a Alemanha estava vencendo a guerra e, no início do verão do mesmo ano, havia pânico em Londres, Paris e até Washington, à medida que os alemães avançavam pelo front ocidental e, perto de tomar Paris, rompiam o impasse da guerra de trincheiras e pareciam às portas da vitória. Uma guerra fútil e desgastante havia se tornado uma experiência bem diferente: uma série de eventos inesperados e um embate no qual destinos pairavam fora de controle. De repente, as coisas estavam decididamente a favor da Alemanha.

À distância de hoje, isso é o que se tornou difícil lembrar: na primeira metade de 1918, a Alemanha estava às portas da vitória na Primeira Guerra Mundial. Então, em questão de meses, mesmo semanas, a maré virou e logo depois o Estado alemão entrou em colapso. O Exército alemão também colapsou, em certa medida, mas em nenhum momento por completo, de modo que nunca houve uma derrota militar decisiva. A derrota foi política. A liderança alemã capitulou. Foi também uma derrota social: o povo alemão, àquela altura doente, faminto e à beira da falência, estava farto. O Estado não conseguia mais sustentar o esforço necessário para travar aquele combate. Quando começou a falhar nisso, tudo se passou muito, muito rapidamente. No final de 1918, a Alemanha havia sofrido uma derrota total na primeira guerra total. O Kaiser abdicou. Seu regime virou história e um novo tipo de Estado precisava ser criado. Esse era o contexto mais amplo da palestra de Weber. Tumultuado, sim. Miserável, sim. Mas também de um profundo sentimento de choque.

O novo Estado ainda estava por ser criado. Em janeiro, em várias partes do país, principalmente na Baviera, houve tentativas de estabelecer uma república de estilo bolchevique. Em Berlim, eram dados os primeiros passos para lançar as bases de um novo tipo de ordem constitucional moderna, o início do que viria a ser a República de Weimar. Weber foi a Munique, em parte, para dizer à plateia, sem rodeios, o que achava que estava em jogo. As pessoas às quais se dirigia eram estudantes no meio de uma revolução socialista. Mas ele também falava, indiretamente, aos políticos em Berlim. Não pensava que pudesse dizer a eles o que deveriam fazer. Como veremos, um tema central de sua palestra é a defesa de que nunca se pode dizer às pessoas a cargo das quais estão as maiores decisões políticas como elas devem tomar essas decisões, porque será sempre uma questão de escolha e responsabilidade pessoais. Weber achava, porém, que havia muitos fatores diferentes que qualquer político responsável teria de levar em conta em circunstâncias políticas tão profundamente arriscadas e incertas. Ele queria explicitar tais fatores.

O título da conferência em alemão é "Politik als Beruf", de difícil tradução. A palavra *Beruf* é mais do que uma palavra, e se traduz tanto por "profissão" como por "vocação", pois *Beruf* significa tanto um trabalho — o que se faz para sobreviver, como se ganha dinheiro — como também uma vocação — a coisa que dá sentido à vida, além de proporcionar renda. Como fica claro na palestra, para Weber, a política num Estado moderno é as duas coisas. É tanto potencial fonte de renda quanto potencial fonte de significado. Essa duplicidade é o que torna tal abordagem tão distintamente moderna, embora também traga ecos de outra coisa. A palestra de Weber se transforma, no final, numa espécie de sermão, instruindo não sobre o que fazer, mas que as pessoas, olhando para si mesmas, pensem sobre qual é o seu chamado e o que significaria cumpri-lo. De certo modo, é o grande sermão secular na história da política moderna.

As circunstâncias em que a Alemanha se encontrava no início de 1919 podem ser descritas como a forma mais crua da política hobbesiana. Isso porque havia muita coisa em jogo, mas também porque o risco de caos e um colapso ainda maior era muito alto. A nação havia sido derrotada na guerra, devastada pela gripe, sua população estava faminta, seus políticos, em pânico, e revolucionários marchavam contra ela. Voltando da guerra, muitos soldados se imaginavam vitoriosos — ou, pior, sentiam-se traídos por seus políticos — e vários ainda estavam armados. Desse modo, uma contrarrevolução de proporções ainda maiores também era possível. A Alemanha parecia à beira do desastre político.

Aquele foi um momento distintamente hobbesiano na história da moderna política alemã, e Hobbes teria absolutamente reconhecido o que estava em jogo. Mas há outras coisas que ligam Weber a Hobbes. Uma é o simples fato de que Weber, em seus escritos acadêmicos anteriores, se saiu com aquela que, provavelmente até hoje, é a definição mais célebre e mais contundente do Estado moderno, além de também distintamente hobbesiana. Weber tentou resumir o caráter do Estado em poucas palavras. Afirmou que um Estado — um Estado moderno — é aquela associação que "reivindica para si (com sucesso) o *monopólio do uso legítimo da força física*".* Essa expressão é às vezes traduzida de forma mais direta como "o legítimo monopólio da violência". Tudo se resume a estas cinco palavras: bem-sucedida reivindicação [do] legítimo monopólio [da] violência. As duas que tendem a se destacar são "monopólio" e "violência". O Estado é a entidade que monopoliza a violência. É a máquina de violência. E essa é a concepção mais crua possível do *Leviatã*. Mas o que realmente torna a definição de Weber hobbesiana e lhe confere força são as outras palavras.

O Estado não reivindica ter monopólio da violência, simplesmente: é preciso que essa violência seja *legítima*. Um monopólio literal da violência não tem como ser reivindicado porque sempre haverá algumas formas de violência que escaparão a tal reivindicação. Nenhum Estado abole totalmente a violência: seguirão sendo praticadas a violência doméstica, a violência criminal, a violência estrutural. Num Estado moderno, porém, somente o Estado pode praticar violência, coerção, forçar as pessoas, se necessário sob a mira de uma arma, a fazer o que ele, Estado, quiser. Isso é hobbesiano. E, o que é crucial, trata-se apenas de uma *reivindicação*. O Estado afirma ser capaz disso, e só um Estado funcional será *bem-sucedido* e

---

* Max Weber, "Política como vocação". Trad. de Marcelo Rondinelli, em *Essencial Sociologia*. Org. de André Botelho. São Paulo: Penguin-Companhia das Letras, 2013, p. 434, grifo do original.

atendido ao reivindicar. O monopólio depende de que as pessoas aceitem a reivindicação — as mesmas pessoas que poderão ser alvo da violência do Estado. É uma relação interdependente entre o poder soberano e o povo. O poder do Estado vem do fato de que o povo atende à reivindicação, mas, tendo-a aceitado, fica então sujeito a um poder respaldado pela violência que, em última análise, não pode legitimamente pedir para refutar. O que torna o arranjo hobbesiano não é apenas que a violência seja monopolizada, mas que o monopólio dependa do reconhecimento, por parte do povo, de que o Estado assim criado é legítimo. Quando isso acontece, poder soberano e povo estão entrelaçados nele.

Weber certa vez deu uma definição muito mais crua de democracia, ao dizer que significa simplesmente que escolhemos um sujeito para tomar decisões por nós e, se der muito errado, "para a forca com ele!". Mandar enforcar o soberano não é muito hobbesiano. Mas a ideia de que deixamos alguém decidir por nós sem qualquer intervenção direta nossa — de que permitimos esse grau de poder irrestrito exercido em nosso nome — tem muito de Hobbes.

Outra conexão é que Weber, como Hobbes, era um cientista. Weber era um cientista social, enquanto Hobbes se considerava mais um homem das ciências naturais, embora aí também viesse a se incluir a sociedade. A verdadeira conexão entre eles, porém, é que ambos eram o tipo de cientista que, pensando sobre política, acreditavam que seu conhecimento científico revelava os limites da ciência quando aplicada à política — ou, no caso de Hobbes, os limites da razão. Se voltarmos a seu argumento, o que Hobbes afirma, em essência, é que, quando a gente pensa racionalmente sobre política, chega a um ponto em que percebe que o argumento racional atingiu seu próprio limite, pois, em última análise, a tomada de decisão política não precisa ser racional. Racionalmente, é preciso aceitar uma decisão política, mesmo que não seja racional. Em outras palavras: Hobbes jamais diz que o soberano precisa agir pela razão. Soberanos que sejam capazes de pensar com clareza farão seu trabalho muito melhor do que aqueles que não tenham essa capacidade. Mas é absolutamente parte integrante do argumento o fato de que a decisão soberana não precisa ser mais do que uma decisão; não tem de ser razoável.

A versão de Weber para esse mesmo argumento é que a ciência social — aí incluídas a sociologia, a ciência política e a história — pode nos ensinar muito sobre como a política funciona, sobre como se desenvolvem suas instituições e, dentre elas, quais funcionam melhor. A ciência social não é capaz, porém, de nos dizer o que os políticos devem fazer. Para ser mais direto, Weber não achava que a ciência social ensinasse que o melhor era sermos governados por cientistas sociais. Na verdade, ele pensava o contrário. Achava que a política não era coisa para cientistas, e que viver sob um Estado no qual são os cientistas que tomam as decisões é estar em apuros, pois cientistas não são políticos. Se havia uma lição sobre política a ser ensinada pela ciência social, era quase uma tautologia: quem faz política melhor são os políticos.

E não era apenas dos cientistas que Weber desconfiava. Havia todo tipo de profissões que ele considerava fundamentalmente inadequadas à política. A de professor e pesquisador universitário era outra. O sociólogo alemão pensava que não se deveria deixar a política nas mãos de pessoas que não são muito boas em tomar decisões e cujo pressuposto é de que uma discussão deve prosseguir até que haja provas ou evidências decisivas. Acadêmicos não são bons em tomar decisões sob condições de incerteza. As profissões que ele achava que proporcionavam uma boa entrada na política eram direito e jornalismo, porque advogados e jornalistas estão bastante acostumados a improvisar à medida que avançam. Havia ainda mais um grupo que Weber achava inadequado à política. Logo voltarei a ele.

Pensar cientificamente sobre política, portanto, é perceber que ela não pode ser deixada para os cientistas. Mas, entre Weber e Hobbes, havia uma porção de diferenças grandes, em larga medida devido aos quase três séculos que os separam. A Alemanha de 1919 não era nada semelhante à Inglaterra de meados do século XVII. Uma diferença é que a incipiente guerra civil que jamais eclodiu na Alemanha, em princípios daquele mesmo 1919, não era uma disputa de duas mãos, não se apresentava como uma escolha do tipo ou/ou. Existia pelo menos mais uma via possível, pois um dos lados que se poderia escolher, em janeiro de 1919, na Alemanha, era a causa do próprio Estado moderno.

Havia, entre os alemães, quem não buscasse promover a transformação revolucionária nem tentasse recuperar, num mundo novo, o mundo antigo que, para esse segundo grupo, teria sido abandonado apenas alguns meses antes. Vamos chamar esses dois lados de pós-modernos e pré-modernos. O primeiro grupo incluía os bolcheviques, os espartaquistas e outros sonhadores socialistas. O segundo, alguns protofascistas e também quem queria o Kaiser de volta ou desejava restabelecer o poder imperial nacional da Alemanha no modelo pelo qual pensava ter lutado nos quatro anos anteriores, gente que, na própria cabeça, acreditava-se vencedora na guerra. De modo que havia algumas pessoas na Alemanha que queriam adiantar o relógio e outras que queriam fazê-lo retroceder. Mas também havia pessoas na Alemanha que queriam manter a linha e reconstruir o país dali em diante, para melhor ou para pior. Vamos chamá-los de modernos. Weber era um deles. Estes últimos criariam a República de Weimar.

Ao contrário do próprio Weber, muitos deles eram socialistas — na verdade, muitos tinham sido socialistas marxistas que em teoria, se não na prática, botavam fé no poder transformador da revolução comunista. Após o desastre da Primeira Guerra Mundial, porém, alguns desses políticos perceberam que uma avaliação realista da situação significava que aquilo de que a Alemanha precisava, naquele momento, era algo como um Estado constitucional liberal, e eles fizeram o que puderam para criar um. Em sua palestra, Weber se dirigia, em parte, a esses políticos, dizendo-lhes para manter a calma, dizendo-lhes que fizessem o que precisava ser feito, dizendo-lhes que se lembrassem de que nada na política é simples, puro ou moral. Weber tomava partido, ao contrário de Hobbes. Weber estava do lado do Estado moderno. O que quer dizer que se aproximava muito mais da questão prática que hoje talvez chamemos de constituição do Estado.

Mas a outra diferença, a diferença maior, é que, à medida que avançamos a partir do século XVII, quem escreve e imagina um futuro para o Estado moderno dispõe de um número crescente desses Estados para observar, estudar e com os quais aprender. Havia muitos exemplos por aí e, em 1919, Weber pôde escrever uma história sociológica dos Estados modernos mais bem-sucedidos. A primeira parte — quase os dois terços iniciais — de sua palestra é um relato de como funcionam os Estados modernos, não em teoria, mas na prática, com base em evidências históricas. Nesse sentido, soava como uma palestra acadêmica bastante convencional. Ele estava particularmente interessado no moderno Estado britânico — o qual via, com razão, como o exemplo talvez mais bem-sucedido. A grande mudança na política a que Weber assistiu — a maior não apenas de seu tempo de vida, mas desde uma ou duas gerações antes dele — foi o que chamou de profissionalização da política. Entre as instituições criadas por tal profissionalização, havia uma que pouco mencionei até agora, embora se pretenda a instituição mais importante da política moderna: o partido político.

A política se tornou política partidária, e os partidos políticos, máquinas, nos termos de Weber. Assim Weber os chamava, mas não somente ele. Nos Estados Unidos, partidos políticos eram conhecidos como "máquinas partidárias" e operavam com implacável indiferença a sutilezas éticas. Um ramo de negócios que empregava muitas pessoas em tarefas um tanto sujas e mecânicas, entre as quais a obtenção de votos em época de eleição.

A política da máquina era o que Gandhi odiava nos Estados representativos modernos. A política da máquina, para Weber, era a característica distintiva desses Estados. Assim, colocando-se do lado do Estado moderno, ele tinha de se colocar do lado das máquinas em alguma medida, mas também entendia que, se fosse simplesmente mecânica, a política acabaria genuinamente desprovida de alma. Sob tais condições, "Politik als Beruf" aponta para o significado da palavra *Beruf* como profissionalização em seu sentido mais estrito: rotineira, mercenária, sem imaginação. E a política, para Weber, sempre precisará ser mais do que isso. Precisará de alguém com visão; de alguém que acredite na causa; de alguém que saiba qual é o sentido de tudo aquilo. Essa pessoa se chama líder: liderança do partido, liderança à frente do Estado.

Weber achava que a política parlamentar no modelo britânico era muito boa em produzir líderes fora da máquina. Não líderes que se colocassem acima da máquina e não sujassem as mãos com o furdunço da política, mas sim que, mesmo entendendo que se trata de algo mecânico, conseguissem falar para além do partido, para o povo como um todo. O tipo de político que ele tinha em mente incluía o grande primeiro-ministro vitoriano William Gladstone, que Weber descreve com admiração em sua palestra como uma espécie de ditador democrático — "o ditador do campo de batalha eleitoral".[*] Gladstone

---

[*] Ibid., p. 473.

era um político capaz de uma visão definitiva do Estado não porque fosse o deus ex machina vindo de fora da política, mas por ser um insider. Subira na política escalando aquilo que seu rival Benjamin Disraeli descreveu como um pau de sebo. Tendo chegado ao topo, teve a capacidade de olhar além de suas origens políticas.

Outra coisa que Weber tinha à sua disposição era um experimento natural bem mais recente e muito mais perturbador envolvendo sistemas políticos rivais para ver qual deles funcionava melhor sob estresse. O nome desse experimento era Primeira Guerra Mundial. Ele acabara de testemunhar quatro anos ao longo dos quais aqueles sistemas políticos tinham sido testados até os limites da destruição, e, em janeiro de 1919, o resultado era claro. Os vencedores — Estados Unidos, Grã-Bretanha, França — eram aqueles que, no período, tiveram políticos profissionais como líderes. Quando a guerra terminou, o presidente americano vitorioso era Woodrow Wilson, o primeiro-ministro britânico vitorioso, David Lloyd George, e o primeiro-ministro francês vitorioso, Georges Clemenceau — todos políticos profissionais (embora Wilson tenha sido cientista político acadêmico durante certo tempo, o que teria deixado Weber bastante nervoso). Cada um deles ascendera no sistema partidário e alcançara uma posição de autoridade máxima, não apenas por uma questão de visão, mas pela capacidade de administrar a máquina da política moderna e provê-la do tipo de experiência profissional necessária, como também de imaginação. Os três líderes eram políticos cuja reputação, desde sua entrada na política partidária, se fizera ironicamente em oposição à guerra, e Wilson ganhou uma eleição em 1916 dizendo que jamais envolveria os Estados Unidos na Primeira Guerra Mundial, precisamente o que viria a fazer apenas alguns meses depois. Portanto, também eram hipócritas. Eram dúbios. Eram, os três, homens de duas caras interpretando seus vários papéis. O tipo de político que exasperava Gandhi.

Os líderes democráticos desse lado da Primeira Guerra Mundial enfrentaram, do outro lado, um Estado alemão que não era dirigido por políticos profissionais. A Alemanha tinha duas formas de liderança. Uma na figura do próprio Kaiser: como diria Weber, um amador. A política não era seu ramo de atuação. Ele não tinha entrado naquilo como quem escolhe uma carreira. Não tinha nascido para a coisa e era muito ruim. Cometeu uma porção de erros. Era tolo e destemperado, mas, mais importante, nunca antes tinha sido devidamente testado — até ser tarde demais. O sistema parlamentar testava os políticos; eliminava-os até ficar só com aqueles poucos capazes de liderar. Gladstone era prova disso; Lloyd George era prova disso. O Kaiser não podia ser removido do cargo e, portanto, jamais passara pelo teste até ser literalmente destruído por ele.

Durante a Primeira Guerra Mundial, a Alemanha acabou colocando seu destino nas mãos de outra classe de líderes. A partir de 1916, os rumos políticos do país ficaram a cargo de seus dois principais generais, Hindenburg e Ludendorff. Eles decretaram uma espécie de ditadura militar, o que fazia certo sentido. Quando se está travando a guerra definitiva, não é de líderes que entendam de guerra mais do que qualquer coisa que a gente precisa? A liderança que mais se aproximar de uma liderança militar não sairá vitoriosa? Weber respondeu que não, e a Primeira Guerra Mundial era a prova. Não se ganha uma guerra colocando o poder nas mãos dos soldados porque os soldados não são políticos, e aquela guerra, mais do que qualquer outra, era, em última análise, uma guerra política. O sistema político mais resistente venceria porque tomaria as decisões de apoio à vitória militar, que dependia de muito mais do que mera habilidade soldadesca. Dependia de comunicação, de organização, de transporte, de tributação e de representação: a missão acabada do Estado moderno.

Assim, a palestra de Weber foi, em certa medida, uma defesa da noção de política profissional, proferida na linguagem dupla do Estado moderno. Ser um líder profissional é ser mais do que um profissional. O trabalho da política exige provê-la de uma visão e é para aqueles poucos convocados à liderança política de um Estado soberano. No entanto, a diferença final entre Weber e Hobbes é que Weber faz algo que Hobbes jamais fez e provavelmente não saberia como fazer. Weber tenta nos levar para dentro da mente e do coração do líder. Tenta contar a história da duplicidade da política moderna de dentro da cabeça do político soberano, aquele que tem de tomar as decisões de vida ou morte — decisões que, em última análise, definem a vitória ou a derrota na guerra. Weber dizia que a política moderna — a política profissional — precisava ser feita com a cabeça e o coração.

Na última parte de sua palestra, a que mais soa como um sermão, o tom começa a mudar. Ele adota uma linguagem semirreligiosa, com referências a demônios, fantasmas e assombrações. É um relato em parte psicológico, em parte místico das tensões e dos estresses de se tentar levar esse tipo de vida com esse tipo de responsabilidade, ao mesmo tempo com a cabeça e com o coração, com a razão e com a paixão. Ou, como afirma Weber, viver simultaneamente sob duas éticas diferentes: a ética da responsabilidade, que significa fazer alguma coisa olhando para as consequências; e a ética da convicção, que significa fazer alguma coisa acreditando ser o certo. Conforme explicou Constant sobre a liberdade dos antigos e a liberdade dos modernos para seu público em Paris, não é uma escolha: é preciso ter as duas coisas. Weber, a seu público em Munique, explicava que, entre a ética da responsabilidade e a ética da convicção, tampouco há escolha. É preciso agir com ambas. Não dá para pensar nem só nas consequências, nem só nas próprias convicções. É preciso conciliar as convicções com as consequências, e isso significa aceitar que seja lá o que for aquilo em que se acredita, e por mais apaixonadamente que se acredite naquilo, vão acontecer certas coisas que não serão fáceis de aceitar para a consciência política do líder. A política é um negócio violento, e será preciso viver com isso. "Em verdade", escreveu Weber, "política é, sim, feita com a cabeça, mas não *apenas* com a cabeça. [...] Se é *imperativo* agir como ético de convicção ou ético de responsabilidade, e quando se deve atuar desse ou de outro modo, trata-se de algo que não se pode prescrever a ninguém."[*]

Por implicação, a repreensão de Weber se dirige a todas as pessoas ao seu redor que, na Alemanha daquele começo de 1919, ele achava que haviam esquecido a ligação entre convicção e responsabilidade, particularmente os revolucionários, incluindo os jovens daquela plateia, em Munique, que acreditavam num mundo melhor, que era possível transformar a política, para além do Estado moderno, em algo como uma utopia comunista; e que, portanto, achavam que valia a pena pagar o preço para se chegar lá, mesmo que fosse derramamento de sangue, violência e miséria. Que importância tinha se milhares morressem, uma vez que o horror logo seria apagado e, chegando à terra prometida, se poderia voltar à tábula rasa? Aqueles aspirantes a políticos pensavam que a convicção sobrepuja a responsabilidade. Weber insistia que, quando alguém entra na política com essa atitude, torna-se profundamente irresponsável, pois acha que a morte que está causando e a violência que desencadeou não são de sua responsabilidade, uma vez que o importante é o que ele espera alcançar. Aquele para quem a esperança importa mais do que o resultado final está perdido.

---

[*] Ibid., p. 503, grifo do original.

Weber também afirma explicitamente que a política não é para santos. Não é um trabalho para quem acha que os meios e os fins sempre têm de andar juntos. Uma dessas pessoas foi Gandhi, que disse exatamente isso, com todas as letras. Se assim não for, os meios contaminarão os fins. Weber concordava que os meios de fato contaminam os fins, mas achava que esse é o preço da política: é o preço a se pagar por viver uma vida política. "Nenhuma ética do mundo pode ignorar o fato de que para atingir 'bons' fins em numerosos casos o sujeito tem de recorrer também a meios moralmente discutíveis ou no mínimo perigosos [...], [nem] pode responder em que momento e em que proporções o bom fim, do ponto de vista ético, 'sacraliza' os meios [...] eticamente perigosos."* Qualquer que seja o fim almejado, trará sempre essa marca. O fim almejado pode ser qualquer coisa. É possível que seja a paz. Acho que a crença de Weber era de que o fim deveria, em certo sentido, ser a paz, no que também Hobbes acreditava, mas a paz pela violência e, portanto, qualquer paz que se alcançasse por esse meio traria sempre a marca da violência. Eis o paradoxo da política moderna, e aqueles que não são capazes de conviver com ele não deveriam fingir tentar.

Mas Weber também acreditava haver outra tentação na política: não apenas a de se ter convicção demais, mas igualmente a de se ter responsabilidade em excesso. Ou seja, agir sem convicções, sem fé, sem crenças, sem paixões, sem uma causa, no automático — limitar-se a ser um funcionário ou burocrata. Os Estados modernos dependem de funcionários e burocratas. Weber entendia isso como ninguém: passou boa parte da vida profissional escrevendo sobre a burocracia. Mas não achava que os burocratas fossem capazes de liderança política mais do que os acadêmicos, os cientistas ou os soldados.

---

* Ibid., p. 495.

Para ser um líder político, é preciso fazer mais do que apenas pesar as consequências. Não dá para tomar uma decisão política com base no que dizem modelos ou gráficos. Não dá para ficar calculando quantas mortes são um preço que valha a pena pagar por algum resultado em particular, pois algo ali precisa ter um valor que vá além do mero cálculo, até mesmo do cálculo da vida e da morte. Este era o desafio da política moderna para Weber: de alguma forma, era preciso ser calculista e, ao mesmo tempo, alguém de convicção.

Para o sociólogo alemão, a grande e definitiva tentação da liderança política era não levar em conta consequências não intencionais. É fácil e extremamente perigoso cair nessa. Quando os políticos decidiam que queriam conduzir suas vidas políticas para um determinado rumo e tentavam calcular o que aconteceria se buscassem isso, invariavelmente não pensavam o bastante sobre tudo o que poderia acontecer à revelia de seus desejos e que nada tinham a ver com a causa ou o objetivo. Políticos ignoram acidentes por sua conta e risco. Sempre haveria efeitos colaterais não intencionais, pois, independentemente do que quisessem alcançar, eles estariam usando essa ferramenta enorme, monstruosa e desajeitada para chegar lá: um Estado moderno e coercitivo. Era muito fácil, em particular para políticos revolucionários ou almejando transformação, esquecer que muitas das coisas mais importantes que aconteciam na política não eram planejadas por ninguém. Ninguém queria vê-las acontecer. E só aconteciam porque coisas ruins acontecem quando se usa o Estado moderno como instrumento. A política, além de um negócio perigoso, era um negócio diabólico.

Quem pretende se dedicar à política e quem quer praticá-la integralmente, como vocação, precisa estar ciente desses paradoxos éticos e de sua responsabilidade para com aquilo em que poderá transformar-se sob pressão desses paradoxos. Esse alguém envolve-se, repito, com poderes diabólicos que estão à espreita em qualquer uso da força.*

A palestra de Weber tende a se encaixar na história que mencionei no início, aquela que conhecemos muito bem porque sabemos como terminou. O avanço é rápido de janeiro de 1919 ao verão daquele ano, quando a República de Weimar é oficializada e a Alemanha evita por pouco o colapso completo; evita-se a guerra civil. Então, alguns anos depois, a República de Weimar volta a beirar o colapso por causa da terrível inflação que, à solta, destroça sua economia, mas o arranjo político se estabiliza, para mais uma vez ser desfeito pela Grande Depressão, que abre caminho para a ascensão de Hitler, que vinha incitando o conflito desde 1919, começando em Munique.

Weber passou o primeiro semestre de 1919, e dali até sua morte, um ano depois, muito preocupado com a possibilidade de o Estado alemão cometer um erro na tentativa de se estabelecer como um Estado moderno funcional. Temia que não tivesse uma liderança política suficientemente forte. O que ele admirava nos primeiros-ministros britânicos — e também, embora em menor grau, nos presidentes americanos — era a capacidade de falar pela nação. Gladstone era um político de partido que tentava falar pelo país como um todo, e os presidentes americanos mais bem-sucedidos haviam feito o mesmo. Eles transcendiam os limites mais estreitos de suas vitórias eleitorais para se tornarem como que porta-vozes da nação. Weber achava que a liderança política num Estado moderno exigia tais qualidades transcendentes. Seu medo era que da Constituição de Weimar, organizada segundo o princípio da representação proporcional, resultasse um Parlamento no qual haveria vários postos de autoridade concorrentes e muitos

* Ibid., pp. 501-2.

políticos diferentes reivindicando liderança não da nação, mas de seus grupos limitados e sectários, movidos por interesses e facções particulares. Seria o tipo de política partidária que Weber sempre temera: acanhada, burocrática, sem imaginação, profissional.

Ele queria que a Alemanha, nos termos de sua nova Constituição, pudesse ter uma única fonte de liderança e por isso foi um grande defensor de um mecanismo específico daquela Carta, pelo qual se concedia ao presidente, sob aquele que veio a ser o artigo 48 da Constituição de Weimar, o poder de impor autoridade ditatorial em momentos de crise. Tal provisão deveria entrar em vigor se, e somente se, o Parlamento não estivesse mais funcionando, com facções, divisões ou a incapacidade de se chegar a um consenso impedindo quem quer que fosse de decidir qualquer coisa. Nos termos do artigo 48, o presidente poderia suspender o Parlamento e investir sua própria pessoa daquele poder (e a suposição, embora de forma alguma uma necessidade legal, era de que essa pessoa fosse um homem). No fim da República de Weimar, o presidente era Hindenburg, ex-general, soldado-político. E esse soldado-político abriu caminho para outro, Hitler, que abriu caminho para a destruição total do Estado alemão. De vez em quando, há quem atribua também a Weber a culpa pela catástrofe iminente do nazismo. O argumento é que qualquer um que, no nascimento da República de Weimar, estivesse defendendo uma autoridade presidencial forte e quase ilimitada em momentos de crise não pode escapar ao fardo de ter sido isso, no fim das contas, o que abriu a porta para Hitler. Mas é totalmente injusto com Weber, pois ele não poderia fazer nem ideia do que estava por vir. Não tinha conhecimento prévio da existência de Hitler, que só ganhou destaque local em Munique no ano da morte do sociólogo.

Se queremos um modelo de político weberiano, acho que devemos procurar em outro lugar. Definitivamente não é Hitler, e sabemos que não é Hindenburg — Weber desprezava essa linhagem de soldados-políticos. Ele gostava dos políticos-políticos. Embora admirasse muito Gladstone, há um político que se aproxima mais do que qualquer outro do tipo ideal de líder político weberiano, ainda que Weber não o mencione. E por acaso é o homem que segue sendo para muita gente — mesmo que não para todo mundo — o maior de todos os políticos modernos. O líder weberiano ideal era Abraham Lincoln, porque é o político que atende a todos os seus critérios.

Lincoln era um político da máquina. Chegava a ser, em certo sentido, uma raposa. Batalhou por sua ascensão nos meandros do Partido Republicano. Experimentou muitas derrotas no caminho até a presidência. Foi mais perdedor do que vencedor na política eleitoral, e isso era uma das coisas de que Weber gostava nas democracias britânica e americana. Elas ensinavam os políticos a perder, não apenas a ganhar. O Kaiser nunca aprendera a perder. Ludendorff nunca aprendera a perder. Assim, quando perderam, perderam tudo. Lincoln queria sempre mais, mas, no fim das contas, pairou acima de suas origens de raposa política, homem de partido e advogado — a profissão que Weber achava mais adequada à política — para se tornar o tipo de líder nacional transcendente que aspirava a falar para além das divisões partidárias. Lincoln tinha uma causa, algo em que acreditava apaixonadamente, embora não fosse bem uma causa moral — e definitivamente não era santo. Lincoln acreditava na União.

Acreditava no Estado americano como uma força do bem e achava que valia a pena fazer quase tudo para tentar salvá-lo, ou seja, que salvar a União, segundo seu entendimento, poderia envolver as formas mais extremas de violência. No fim, envolveu mesmo, e Lincoln, como presidente, teve de aceitar isso. A Guerra Civil Americana, a pior e mais sangrenta guerra da história moderna até a Primeira Guerra Mundial lhe roubar o título, foi a guerra de Lincoln, e ele a travou de forma impiedosa, apaixonada, com alguma imaginação, mas também com muito cálculo. Foi um banho de sangue total. Lincoln nunca se esquivou de ser responsável por uma matança em grande escala. Sabia que suas decisões resultariam em mortes, mas política era isso, e ele teria de acomodar o fato à consciência. Quase enlouqueceu. Um dos temas da palestra de Weber é a defesa de que o exercício da liderança, mais do que não ser para qualquer um, se restringe, quando se trata de um Estado moderno, a um grupo muito pequeno de indivíduos capazes de conviver com as tensões psicológicas dessa vida dupla. A vida dupla de ser uma boa pessoa que também é uma pessoa má. De alcançar fins nobres pela violência. De ter sangue nas mãos sem tentar fazer tábula rasa. Weber chamava isso de pacto com o diabo. Achava que muitos enlouqueceriam nessas condições. Mas alguns, alguns raros, talvez prosperassem. Lincoln chegou muito perto de perder a cabeça durante a Guerra Civil Americana. Mas não perdeu. Sobreviveu até mesmo à dor da perda do filho, embora essa morte, como todas as outras, fosse algo que ele jamais superaria. E então, antes de seu próprio falecimento prematuro, Lincoln fez o que todos os políticos weberianos precisam fazer se quiserem provar que entendem mesmo a profissão e a vocação da política.

Lincoln venceu.

8.
Hayek sobre o mercado

O caminho da servidão (1944)

Friedrich Hayek (1899-1992) nasceu em Viena numa família de médicos e acadêmicos. Adolescente, serviu no Exército austro-húngaro como observador embarcado num avião durante o último ano da Primeira Guerra Mundial. Foi condecorado por bravura. Após a guerra, Hayek estudou economia em Viena e se destacou como um dos principais críticos da economia planificada socialista. Em 1931, foi ser professor na London School of Economics (LSE), tornando-se cidadão britânico em 1938. Fez sua reputação pública nos Estados Unidos com *O caminho da servidão*, e em 1950 acabou contratado pela Universidade de Chicago, onde influenciou, entre muitos outros, os economistas Milton Friedman e Frank Knight. Foi membro fundador da Sociedade Mont Pelèrin, voltada a orientar a opinião pública na direção da economia de livre mercado, ainda hoje a missão dessa entidade. Hayek retornou à Europa em 1962 e lecionou nas universidades de Freiburg e Salzburg até a aposentadoria. Em 1974, ganhou o Prêmio Nobel. Apresentado a uma de suas maiores admiradoras um ano depois, logo após ela ter sido eleita líder do Partido Conservador, não se deu muito bem com Margaret Thatcher, cuja admiração por Hayek, no entanto, nunca diminuiu. Ele viveu para ver a queda do Muro de Berlim em 1989, embora na época já estivesse sofrendo de demência. Em 1991, George H. W. Bush concedeu-lhe a Medalha Presidencial da Liberdade, mas, bastante frágil, Hayek não compareceu à cerimônia de entrega.

Este capítulo é sobre um economista, o único neste livro. É verdade que Karl Marx é com frequência descrito como economista, mas, em 1848, a economia não existia, de fato, como disciplina acadêmica autônoma. O que Marx fazia se chamava economia política e incluía política, economia, filosofia, história e quase tudo o mais. Friedrich Hayek foi um economista num sentido muito mais próximo daquele para o qual usamos o termo hoje. Pertencia a uma disciplina acadêmica com identidade profissional própria e foi suficientemente economista para ganhar o Prêmio Nobel da área em 1974.

Mas Hayek era um tipo incomum de economista, porque não dava muita bola para a economia como profissão ou disciplina acadêmica. Via a economia como arrogante, exagerada em sua autoimportância. A criação de um Prêmio Nobel de Economia era um exemplo dessa arrogância. A ideia de dar impulso à disciplina, elevando-a ao patamar das ciências médicas e físicas, tem funcionado: os jornais anseiam pela notícia sobre o ganhador do Nobel de Economia como se não fosse tão diferente da premiação do químico agraciado a cada ano, embora, desde a crise financeira de 2008, a maioria de nós esteja bastante consciente das razões pelas quais a economia é muito diferente e muito menos confiável do que a química. Havia muito tempo que Hayek já tinha suas dúvidas, que expressou no discurso pronunciado ao receber o prêmio. Fez questão de enfatizar que achava que a economia tinha ideias grandiosas demais sobre si mesma, e em particular que não se deveria confiar nos economistas quando afirmam saber das coisas.

Aquilo de que Hayek duvidava, na verdade, era que os economistas fossem capazes de enxergar o futuro, pois ele não acreditava que tal capacidade estivesse ao alcance de quem quer que fosse. Suspeitava que a maioria dos economistas também entendesse isso. Economistas, como cientistas políticos, devem saber que sua disciplina não é uma ciência preditiva. Profecia não é o nome do seu jogo, e ainda assim muitos economistas, como muitos cientistas políticos (e aqui sei do que estou falando), têm bastante dificuldade para resistir a fazer previsões, mesmo que essas previsões não tenham muito mais peso do que suposições aleatórias. Acadêmicos são facilmente tentados a esquecer suas dúvidas e dar tiros no escuro quando tomados pela vanglória. Hayek achava que o mundo corria sério risco ao acreditar nos economistas quando afirmavam ser capazes de ter um planejamento de antemão. Se estivessem fazendo isso em nome de sua assim chamada ciência, os economistas ou eram enganadores, ou enganavam a si mesmos. Só o que faziam era trabalhar com suposições. E, como disse Hobbes certa vez, os melhores profetas são, na verdade, apenas os adivinhos com mais sorte.

O que significa que Hayek pertence a uma tradição que remonta ao início desta minha história do pensamento político moderno. Assim como Hobbes, Hayek era um cético.

Acreditava que toda reivindicação de conhecimento precisava ser testada, ou seja, que precisava, em primeiro lugar, ser posta em dúvida. Se não houvesse ali algo capaz de tranquilizar os incrédulos, a alegação tinha de ser descartada. Hayek achava que esse princípio se aplicava à maioria das formas de previsão econômica e, portanto, a grande parte de sua profissão. A razão pela qual não seríamos capazes de enxergar o futuro de algo como o funcionamento econômico de uma sociedade se devia, em certa medida, ao fato de as sociedades modernas serem complexas demais. A complexidade é muito maior do que qualquer modelo pode sequer conceber. Mas, além disso, o futuro é inerentemente imprevisível. As coisas que acontecem são quase sempre surpreendentes ou casuais, de modo que o desenvolvimento social não é tão diferente do desenvolvimento natural. Depende de mutações aleatórias: o mundo muda porque acontece alguma coisa que ninguém previu ou percebeu na época, ou tampouco reconheceu até muito tempo depois de ser tarde demais para fazer algo a respeito.

Um exemplo do qual muitas vezes lançam mão as pessoas que hoje se inspiram em Hayek é o da revolução digital, que ninguém previu, muito menos os economistas. Aconteceu por causa de uma mutação na organização da informação e do conhecimento. Matt Ridley, autor de *O otimista racional* (2010; edição brasileira, 2014) e grande admirador de Hayek, descreve a internet como aquilo que acontece quando o telefone faz sexo com o computador pessoal. Um pouco mais extravagante, Ridley também comparou o automóvel ao que acontece quando a bicicleta — ou pelo menos a ideia de uma bicicleta — faz sexo com a carruagem puxada por cavalos. A questão é que esse tipo de evolução social ocorre numa escala e com uma complexidade e imprevisibilidade que quase se comparam às da natureza, embora sejam muito mais velozes. E nem os economistas afirmariam poder prever a evolução natural.

O ceticismo de Hayek o filia a uma tradição racionalista que remonta a Hobbes. Mas Hayek pertence ainda a outra tradição, que também se conecta aos capítulos anteriores deste livro. Ele era um liberal — um liberal com minúscula, não no sentido norte-americano contemporâneo, mas no clássico sentido europeu moderno. Acreditava na liberdade do indivíduo. Acreditava numa vida livre de interferência arbitrária e de tentativas de controle coercitivo. Acreditava na liberdade negativa, nos termos de Isaiah Berlin. Acreditava, igualmente, que constituições são o controle do poder e da autoridade dos governos, inclusive de governos democráticos. Nesse sentido, dava continuidade a uma tradição do fim do século XVIII e início do século XIX que o liga diretamente a alguns dos pensadores que já discuti, como Constant e Tocqueville. Na verdade, *O caminho da servidão* é um título tirado de Tocqueville — do volume II de *Da democracia na América*, no qual Tocqueville discute seus temores do que aconteceria num Estado democrático se o poder e a autoridade do governo se tornassem grandes demais com a justificativa de ser o governo da maioria. Quando isso acontece, o povo se torna escravo do Estado — passivo, obediente —, porque os políticos que dizem falar em seu nome se tornam seus senhores: "[...] eles descobrem um caminho que parece levar invencivelmente os homens à servidão", escreveu Tocqueville. "Eles adaptam de antemão a sua alma a essa servidão necessária; e, perdendo a esperança de permanecer livres, eles já adoram no fundo de seu coração o senhor que já virá."*

Hayek uniu essas duas tradições — ceticismo e liberalismo — em sua defesa do livre mercado. Ele argumentou que o mercado, em que trocamos ideias, bens e serviços, é um lugar não apenas de liberdade, mas também de uma espécie de conhecimento. O mercado sabe coisas que nenhum ser humano sabe.

---

* Alexis de Tocqueville, op. cit., p. 833.

Não somos capazes de compreender o futuro; mal conseguimos compreender o presente; muitas vezes nem o passado nós compreendemos; mas o mercado é uma fonte de informação que, mesmo sem poder preditivo, nos fornece um conhecimento do nosso mundo que não se pode obter de nenhuma outra forma. No entanto, só pode fazer isso se estiver livre de interferências. Quando governos tentam controlar o mercado, distorcem seus resultados e essa espécie de conhecimento é perdida. O mercado deixa de oferecer uma compreensão imparcial do mundo para se tornar um lugar de ideias preconcebidas parciais do que achamos que devemos saber. Em outras palavras, vira apenas mais uma fonte de insights humanos e falíveis sobre um futuro incognoscível.

Por exemplo, se a gente quiser saber o preço de algo que possui — quanto aquela coisa vale —, uma maneira de tentar descobrir é pegar todas as informações disponíveis e calcular da melhor maneira possível o que as pessoas farão sob certas circunstâncias, como se comportarão, que transações realizarão, o que darão em troca e a que preço. Alternativamente, pode-se tentar vender a coisa em questão. Em vez de pedir a um economista para descobrir o que o mercado deveria ou poderia fazer, talvez ou supostamente faria, a gente vai ao mercado e oferece os bens ou serviços e vê quanto as pessoas estão dispostas a pagar. O que se obtém, quando um número suficiente de pessoas faz isso, é um tipo diferente de resposta: a resposta que só o mercado pode dar. Algo que nenhum indivíduo poderia saber de outra forma, que é o preço de um bem, já que é o mercado que define esse preço. Desse modo, o mercado é fonte de uma forma de conhecimento e tem uma forma de poder. Mas não tem poder coercitivo. São os Estados que seguem tendo o poder de controlar o mercado, caso optem por exercê-lo. Quando o fazem, porém, desperdiçam todas essas informações e todos esses conhecimentos inestimáveis.

O caminho da servidão é uma tentativa de defender a ideia do livre mercado em termos abrangentes e acessíveis. Hayek estava mais ou menos na metade de sua longa vida quando escreveu o livro. Muito antes de *O caminho da servidão*, ele já havia se envolvido em muitas pelejas intelectuais sobre os perigos de se palpitar sobre o mercado — principalmente quando isso era feito em nome do socialismo —, mas foram batalhas travadas nas páginas dos periódicos acadêmicos. Com o livro, foi diferente. Hayek queria que um público não acadêmico o lesse. E conseguiu. Em certa medida, sua enorme influência se deve ao fato de que, depois de publicado, a revista *Seleções/Reader's Digest* o lançou numa versão bastante mutilada para o público em geral. Milhões de americanos leram o livro de Hayek no formato *Seleções*. Mas não se trata, na verdade, de um livro estilo *Reader's Digest*. A argumentação ali é séria, sutil e sofisticada, em defesa de uma ideia distinta de liberdade e contra formas de controle governamental arbitrário.

Como muitos dos escritos políticos mais importantes, também esse se originou de uma época de enorme turbulência política — no caso, talvez a maior crise de todas, a Segunda Guerra Mundial. Certamente o evento mais perturbador do século XX, e numa escala que colocou até a Primeira Guerra Mundial na sombra. Mas, escrevendo em 1944, perto do fim da guerra (embora ninguém soubesse disso àquela altura, pois ninguém conhece o futuro!), Hayek não estava pensando, na verdade, sobre o que deveria ser feito em seguida com as economias dos tempos de guerra. Foi um livro escrito na guerra, tentando imaginar o mundo quando ela terminasse. Em 1944, parecia provável, embora não certo, que o nazismo seria derrotado e, em algum momento, se tornaria possível para as democracias ocidentais retomar a vida anterior ao conflito. Mas o medo de Hayek era de que a forma como as sociedades políticas ocidentais se organizaram para aquela turbulência, que já era uma extensão de como tinham começado a se organizar para enfrentar a grande crise — a da Grande Depressão — de antes da Segunda Guerra, perdurasse por muito tempo depois de terminadas a guerra e a depressão.

O nome pelo qual Hayek se referia a essa forma de organização era planificação econômica.* Os Estados, para travar guerras totais como a Segunda Guerra Mundial, sentem que precisam tomar para si a maior fatia possível da atividade social e econômica: fixar preços, organizar o mercado de trabalho, regular a indústria, gerenciar a livre circulação de pessoas, fornecer armamentos, abastecer os militares, certificar-se de que a máquina de guerra disponha daquilo de que precisa para funcionar. Os Estados assim organizados, numa escala industrial de massa, são obrigados a incorporar enormes poderes, muitos deles arbitrários, e foi o que aconteceu nos Estados Unidos da América e na Grã-Bretanha. Para levar a cabo a Segunda Guerra Mundial, assumiram, além de enormes poderes, enormes responsabilidades e também enormes dívidas. O que Hayek pensava e temia era que isso não mudasse com

---

* Vale um esclarecimento sobre a diferença que Hayek estabelece entre os termos "planejamento" e "planificação". Nas palavras do próprio autor, em *O caminho da servidão*: "Para que o leitor compreenda a tese defendida neste trabalho, é de extrema importância ter em mente que a nossa crítica visa exclusivamente ao planejamento contrário à concorrência — o planejamento que pretende substituir a concorrência. Isso é tanto mais importante por não podermos, dentro dos limites desta obra, discutir o outro tipo de planejamento, imprescindível para tornar a concorrência tão eficaz e benéfica quanto possível. Mas como, no uso corrente, 'planejamento' tornou-se quase sinônimo de planificação contra a concorrência, será algumas vezes inevitável, por razões de concisão, designá-lo apenas como planejamento, embora isso importe deixar aos nossos adversários um excelente termo que mereceria melhor aplicação" (trad. de Anna Maria Capovilla, José Ítalo Stelle e Liane de Morais Ribeiro. São Paulo: LVM, 2010, p. 63). Aqui optamos por marcar a diferença, usando, sempre que possível, o termo "planificação" conforme definido por Hayek: "planejamento contrário à concorrência".

o fim da guerra. Tendo assumido tais poderes e responsabilidades, e ainda todas aquelas dívidas, os Estados democráticos modernos continuariam no mesmo caminho — aquele que Hayek chamou de *O caminho da servidão*. Não seriam mais capazes de sair daquela trajetória, e as medidas tomadas em função de uma crise se prolongariam para muito além dela. Desde então, os hayekianos, em todos os momentos de crise, desfiam a mesma coleção de ansiedades. Como sabemos que o que é feito para nos levar a superar um período de grande ameaça será desfeito quando a ameaça tiver passado?

Por que Hayek achava que as medidas perdurariam? Por que os Estados seguem tentando planejar, regular e controlar o que, em última análise, não pode ser planejado, regulado e controlado? Em primeiro lugar, pensava ele, por causa do que hoje poderíamos chamar de determinismo tecnológico. É a ideia de que, nas sociedades modernas, a tecnologia requer certo tipo de organização política, além de impor certa forma de controle político predeterminada. Em outras palavras, a própria tecnologia é que nos diz o que deve ser feito. É um argumento que persiste no século XXI, hoje aplicado à tecnologia digital. Há muita gente que argumenta que a tecnologia manda na organização das nossas sociedades porque é ela, para além da política, nossa estrutura organizadora. É trabalho de governos e Estados se adaptar ao que a tecnologia torna possível. Não é tarefa da tecnologia se adaptar ao que querem governos e Estados. De modo que, num mundo digital em que se pode vigiar os cidadãos, ficar de olho em tudo o que fazem e saber muito sobre como se comportam e quem são, é impossível para os Estados resistir a ter esse tipo de acesso, esse tipo de interferência. Cabe aos Estados julgar o que devem fazer com tal capacidade, mas a tecnologia implica que isso precisa ser parte central da política. É a forma definitiva do determinismo tecnológico na vida política.

A versão de Hayek dessa história não era digital. Ninguém em 1944 poderia saber que o computador pessoal faria sexo com o telefone, até porque Hayek, naquela época, nem sequer sabia que poderia vir a existir um computador pessoal. Ele, portanto, não está pensando em formas de determinismo tecnológico na internet. Está considerando formas de determinismo tecnológico industriais e de massa. Em 1944, as sociedades modernas — e não apenas as democráticas, mas também o Estado soviético, aquele que desempenharia talvez o papel mais importante de todos na derrota do nazismo — exigiam enormes esforços de organização na engenharia da produção industrial em massa. Fábricas de grande escala, empreendimentos produtivos gigantes, novas formas de comunicação (incluindo o rádio), vastas redes de transporte, moradia e vestuário para as massas. Produção em massa, emprego em massa, consumo em massa. Esse tipo de sociedade não exige, pois, formas massivas de controle? Não requer que os governos se envolvam na regulamentação da indústria, das comunicações e do transporte? Como é que algo de tamanho alcance, tão complexo e total, não vai exigir controle político também total? Era esse o determinismo tecnológico que Hayek temia, além de achar que a guerra, particularmente à medida que se aproximava de um desfecho bem-sucedido, havia reforçado a mensagem: se vamos administrar esse tipo de sociedade industrial tecnológica, precisaremos de um Estado numa escala equivalente à do esforço de guerra, caso contrário, a tecnologia escapará ao controle de quem quer que seja.

No entanto, Hayek achava que esse argumento continha um erro fatal, pois a tecnologia não determina nada. Não é um poder coercitivo, e tampouco o mercado. A tecnologia não tem exército, não tem polícia, não manda as pessoas para a cadeia; governos fazem isso, Estados também. O determinismo tecnológico é, portanto, uma espécie de categoria de análise equivocada. A tecnologia é uma ferramenta. Não se trata de um fator organizador da vida política, mas do tipo de instrumento que os Estados podem usar para organizá-la. De modo que o argumento de Hayek virou de cabeça para baixo aquilo que ele pensava ser a sabedoria convencional cada mais vez dominante sobre a tecnologia. Não precisamos ter controle e planejamento governamentais por serem exigidos pela tecnologia. Para Hayek, a tecnologia não exige nada; não é capaz de falar por si. Mas aqueles governos que se decidam pelo controle, que desejem lançar mão da planificação estatal, podem fazer muito mais e, nos termos de Hayek, causar muito mais danos, se para isso usarem a tecnologia à sua disposição.

Conforme ele escreveu: "Ainda que os modernos avanços tecnológicos não nos forcem a empreender um planejamento econômico abrangente, em função deles torna-se infinitamente mais perigoso o poder de uma autoridade planejadora".* Assim, quem desejar poderá tentar controlar uma sociedade industrial de massa com o uso da tecnologia. Não será capaz de controlar a economia e seus resultados, porque isso é um esforço fútil, mas poderá usar os poderes coercitivos do Estado, reforçados por ferramentas tecnológicas, para tentar levar as pessoas a fazer o que se quer que elas façam. O rádio, por exemplo, não manda em ninguém — rádios não são, em si, instrumentos coercitivos —, mas Estados coercitivos podem usar o poder do rádio para tutelar suas populações, que foi o que todos fizeram durante a Segunda Guerra Mundial. A tecnologia só é determinante para os resultados políticos se os governos optarem por usá-la. Portanto, não devemos ter medo do poder da tecnologia. Devemos ter medo do poder dos governos.

A outra razão pela qual Hayek achava que a planificação e o controle governamentais da economia provavelmente

---

* Ibid., p. 72.

continuariam após a Segunda Guerra Mundial, e possivelmente até se intensificariam e aprofundariam, era a democracia. Ele pensava, e a história de curto prazo tendia a acompanhá-lo nesse ponto, que, terminada a guerra, os povos dos Estados democráticos que lutavam nela — e, ao que parecia, sairiam vitoriosos — exigiriam algum tipo de recompensa por seus sacrifícios e esforços. E o que desejariam, compreensivelmente, porque é um impulso humano básico, seria segurança depois de todas as incertezas da guerra e da depressão que a precedera, depois de toda aquela turbulência econômica. Tendo testemunhado aquilo de que seus Estados eram capazes durante uma guerra e se acostumado a certas formas de controle econômico, os eleitores das democracias ocidentais, Hayek temia, colocariam no poder governos que lhes oferecessem segurança via planificação, e o jeito mais fácil de ganhar uma eleição seria sempre superar os lances dos rivais, ou seja, prometer mais do que eles. Mais segurança, mais bem-estar, pleno emprego, aposentadorias melhores, mais benefícios, segurança contra o desemprego, saúde universal. Todas as armadilhas do Estado de bem-estar moderno. E talvez ainda mais: controle de preços, salários fixos, nacionalizações em massa, o que levaria ao controle governamental de quase tudo. Podia render votos porque parecia o caminho para a segurança, mas Hayek acreditava ser o caminho da servidão.

Políticos que ofereciam esse tipo de prospecto ou eram enganadores, ou enganavam a si mesmos, uma vez que era uma espécie de segurança impossível. Seus planos — de dois, de cinco, de dez anos — tentavam materializar um futuro que não podia ser controlado. Nenhum plano de cinco anos pode dar certo, pois é tempo demais para se saber o que acontecerá. Governos que oferecem esse tipo de segurança e planificação se verão tentados a reforçar seus controles coercitivos, numa tentativa desesperada de fazer o mercado se comportar como deveria. E quanto mais tentarem fazê-lo, e mais o mercado se comportar mal, mais controles eles buscarão e talvez mais controles seus eleitores exigirão deles. E assim indefinidamente.

Hayek afirma explicitamente que, ao tentar controlar um mercado livre numa economia livre, o que os governos estão fazendo, de fato, é apenas responder a demandas por tratamento especial. Tais demandas são expressas na linguagem da justiça. Mas Hayek diz que, assim que um governo tentar fazer justiça em nome da responsabilidade democrática, o resultado serão repetidas tentativas de subornar as pessoas. Esse grupo aqui quer isso, aquele grupo lá quer aquilo, os sindicalistas exigem mais empregos, os trabalhadores, preços mais baixos — e os governos só podem seguir tentando satisfazer as pessoas em suas demandas. Cada demanda criará mais uma, e cada tentativa de comprar um grupo não fará mais do que inflacionar o preço a ser pago para comprar o grupo seguinte.

> Quando o governo empreende o planejamento tendo a justiça como objetivo, não pode furtar-se à responsabilidade pelo destino ou pela posição de cada cidadão. Numa sociedade planificada todos saberemos que estamos em melhor ou pior situação que outrem, não em virtude de circunstâncias que ninguém controla e que é impossível prever com certeza, mas porque alguma autoridade assim o quer. E todos os esforços que envidaremos para melhorar nossa situação não visarão a prever da melhor maneira essas circunstâncias sobre as quais não temos nenhum controle e a prepararmo-nos para elas; visarão antes a influenciar em nosso favor a autoridade que detém todo o poder.*

---

* Ibid., p. 117.

É a lógica de uma ladeira escorregadia, pensava Hayek, porque, uma vez que começa a descer por esse caminho, e por mais hesitantes que sejam os primeiros instantes, só o que se pode fazer, no fim das contas, é tentar comprar todo mundo. Formas de controle fragmentadas se tornam tentativas de controle total; tentar consertar um plano de cinco anos acaba redundando em tentar controlar tudo. Como nada pode ser controlado dessa forma, a coisa toda resultará, nos termos de Hayek, em perda de liberdade.

Há uma maneira alternativa de tentar descrever isso. A imagem aqui não é de Hayek, mas algo como uma mistura de metáforas — não estamos mais na ladeira escorregadia. A outra maneira de pensar sobre isso é que, para Hayek, planificação é como tentar instalar um carpete cortado fora das medidas. A gente não sabe exatamente por que não está dando certo, não sabe exatamente onde haverá sobreposição de duas partes, então, prega aqui e ali, e mais um pouco, até ver que uma sobra levantou num dos cantos. Aí é obrigado a fixar aquele canto com mais pregos, mas nisso faz saltar para fora os pregos em outro ponto, e lá está o carpete levantado num lugar diferente. A coisa não serve — o plano não serve à economia —, mas só o que se pode fazer é continuar a martelar mais pregos, e o único jeito de por fim prender o carpete no lugar é substituindo-o por uma cama de pregos, simplesmente sair martelando tudo. Esse, para Hayek, era o temor definitivo do que a planificação poderia produzir: uma sociedade à imagem de uma cama de pregos.

Seu argumento acerca da democracia soava um pouco como o anterior, sobre tecnologia. Ele não achava que a democracia tivesse de ser assim. Não há nada predeterminado para que a coisa saia desse jeito. Sim, era possível que, nas democracias, os eleitores seguissem por esse caminho, e sim, era possível que os governos, a cada passo do caminho, atendessem às demandas dos eleitores. Mas a democracia, como a tecnologia, não predetermina nada, na verdade. Também é uma ferramenta que pode ser usada de diferentes maneiras. Hayek afirma explicitamente que democracia não precisa significar planificação, assim como tecnologia não quer dizer planificação. Mas, quando se tem um governo determinado a planejar, a democracia, como as novas tecnologias, pode torná-lo mais perigoso, pois a democracia se torna um instrumento poderoso a serviço dos planejadores. Governos determinados à planificação podem dizer que assim agem em nome de uma maioria que deseja isso. De modo que a maioria popular se torna seu instrumento de coerção. A maioria se torna o meio pelo qual esses governos conseguem o que querem, e não há limites para o que eles podem fazer, porque a democracia os fortaleceu. "Guardando embora a forma democrática, uma verdadeira 'ditadura do proletariado' que dirigisse de maneira centralizada o sistema econômico provavelmente destruiria a liberdade pessoal de modo tão definitivo quanto qualquer autocracia."* É por isso que Hayek foi um liberal clássico, pois temia o poder do Estado em todas as suas formas, inclusive, e talvez especialmente, do Estado democrático.

Apesar disso, Hayek insistia que era um democrata. Afirmava jamais ter desistido da democracia, apesar de todas as armadilhas. O que amava na democracia — e ele de fato tinha certa paixão por ela — era o fato de ser imprevisível. Havia um lado da vida democrática que ilustrava bem a incognoscibilidade do futuro. Quem seria capaz de prever que esta ou aquela pessoa ganharia uma eleição? Donald Trump como presidente dos Estados Unidos é francamente tão surpreendente quanto a existência da internet. O melhor da democracia, para Hayek, era ela funcionar como uma espécie de seguro

---

* Ibid., p. 81.

contra as pretensões de conhecimento do futuro, porque todos, inclusive os políticos, necessariamente seriam surpreendidos por resultados democráticos de quando em quando. Mas o perigo da democracia é ser usada como um tipo de garantia no controle do mercado. É por isso que Hayek estava convencido de que apenas democracias liberais com limites constitucionais muito robustos ao poder dos governos majoritários de controlar a vida econômica — assumir novas dívidas, inflacionar a moeda, regular preços e o mercado de trabalho — poderiam sobreviver.

Ao longo da vida, Hayek foi um defensor apaixonado dos limites constitucionais ao poder dos governos eleitos. Tais limites podem assumir muitas formas diferentes, desde arranjos constitucionais fixos que impeçam desequilíbrios orçamentários até esquemas um pouco mais quixotescos, como o que Hayek encampou já mais velho. Ele achava que um dos grandes perigos da democracia era que os jovens não compreendiam suficientemente as consequências de suas escolhas a longo prazo, ao passo que as pessoas em idade mais avançada não viveriam tanto a ponto de se importar com isso. Hayek sugeriu que uma Constituição democrática realmente responsável limitaria o direito de voto a pessoas com cerca de 45 anos de idade. Nem mais velhas. Nem mais jovens. Só quem tinha em torno de 45 anos — por acaso a idade de Hayek quando escreveu *O caminho da servidão*.

De forma mais abrangente, Hayek admirava os dispositivos convencionais que muitos na tradição liberal e constitucional costumavam admirar, aí incluída a Constituição americana com seus freios e contrapesos, seus limites para qualquer um dos poderes de Estado sobrepujar os demais. Ele queria algo semelhante para todas as democracias, inclusive a do Reino Unido. Mas, acima de tudo, o que desejava era que toda democracia entendesse que seu poder, sua capacidade de prosperar, dependia de que as pessoas mesmas entendessem os limites do poder popular. Hayek queria que as populações de regimes democráticos soubessem que suas democracias precisavam se impor limites.

De modo que há outra imagem, outra metáfora estendida frequentemente associada à concepção de política de Hayek. É um mito clássico: a história de Ulisses e as sereias. Ulisses, em sua viagem de volta de Troia, descobriu que precisaria passar pelo local onde as sereias cantariam sua bela canção e o tentariam, acabando por fazê-lo arremeter seu navio contra os rochedos. Todos os tripulantes de todos os navios que passaram por aqueles rochedos tinham sido incapazes de resistir à beleza da música das sereias e levados ao naufrágio e à ruína. Assim, o que fez Ulisses foi dizer à sua tripulação que tapasse os próprios ouvidos com cera de abelha, para que, sem poder ouvir a música, seus marujos não ficassem tentados. Mas, como capitão do navio, ele queria ouvir; queria saber o que, naquilo, poderia ser tão fascinante. Mandou que sua tripulação o amarrasse ao mastro e não lhe desse ouvidos caso o escutasse implorar para ser desamarrado por querer navegar até chegar mais perto. Se ia ouvir o canto, precisava ser contido. Os limites constitucionais do poder democrático funcionavam, para Hayek, um pouco como amarrar Ulisses ao mastro. O capitão do navio é a maioria, porque é isto que significa uma democracia: o povo está no comando. As sereias e sua doce canção representam a música da segurança na vida em sociedade, do controle econômico, da limitação da incerteza, da garantia de que as pessoas terão um emprego, uma casa ou uma renda. Hayek achava que a maioria tinha de ser amarrada ao mastro, caso contrário, o navio do Estado seria jogado contra os rochedos.

Mas essa imagem não funciona, na verdade, como ilustração para a concepção de política de Hayek, pois a questão, na história original, é que, uma vez que o navio atravessa os rochedos, a tripulação pode tirar a cera de abelha dos ouvidos e desamarrar o capitão. Na visão de democracia de Hayek, porém, a gente nunca termina essa travessia. A crise, nesse sentido, nunca passa, porque a doce canção da segurança na vida em sociedade estará sempre lá, tocando ao fundo, tentando o eleitorado, e, por fim, o próprio navio do Estado, à ruína. Ruína, para Hayek, quer dizer dívida, inflação, aumento dos controles governamentais, poder arbitrário crescente e, por fim, o caminho da servidão. Portanto, na versão da fábula segundo Hayek, constituições rígidas são necessárias para manter a maioria permanentemente sob controle, e jamais é seguro relaxar as restrições, porque sempre haverá a tentação de sucumbir ao canto das sereias. Hayek sabia que os seres humanos sempre serão tentados a buscar mais segurança e mais controle. Isso significa que sua versão da política nunca atingiu um ponto no qual fosse possível amenizar os argumentos de *O caminho da servidão* — mesmo muito depois de terminada a guerra, mesmo muito depois que a crise original havia passado. Porque, para Hayek, a crise nunca passa.

Se mudança houve, sua vida e seu pensamento seguiram na contramão, e ele endureceu suas posições. À medida que envelheceu, tornou-se mais estridente em seus pontos de vista e mais apegado a suas certezas. Foi além de apenas dizer que o mercado tinha de ser protegido da interferência do governo e, mais enfaticamente, advogou que se deveria admitir o mercado na vida política e naqueles setores governamentais que os governos eleitos cada vez mais assumiam: educação, saúde, até mesmo a oferta de dinheiro. Já bem mais velho, Hayek queria privatizar tudo, inclusive o dinheiro. Por que o povo britânico deveria se limitar a usar libras esterlinas como meio de troca quando talvez houvesse por aí outras formas melhores de retenção de valor? Hayek teria sido um grande fã do bitcoin. Nenhum monopólio estava a salvo de seu desejo de quebrar todos eles. Outra questão na qual Hayek endureceu seus pontos de vista foi a dos tipos de seguro necessários contra o regime democrático e de proteção contra governos eleitos que patrocinassem o que ele considerava políticas destrutivas.

Em 1973, no Chile, o governo eleito de Salvador Allende foi derrubado por um golpe e substituído por um regime militar liderado por um soldado-político, o general Pinochet. Com a ajuda de um grupo de economistas de formação ocidental, influenciados pelas ideias de Hayek e de seu colega Milton Friedman, também de Chicago, Pinochet promoveu a abertura econômica chilena ao mesmo tempo que reprimia a sociedade local. Hayek o apoiou. Defendeu o regime de Pinochet alegando que, às vezes, a democracia precisava ser salva de si mesma. Ao contrário de quase todos os outros pensadores sobre os quais falei neste livro até agora, Hayek continua sendo assunto de acaloradas controvérsias políticas e democráticas contemporâneas. Defender Pinochet — que tanto torturou quanto privatizou — não é uma relíquia empoeirada da história. Ainda ressoa e ainda dói.

Ser chamado de hayekiano tem significado nas discussões políticas do século XXI. Pode tanto ser uma ofensa quanto um elogio, e se tornar alvo da bênção ou da maldição de Hayek ainda importa. Isso talvez tenha ficado mais evidente após a crise financeira de 2008, quando um dos lados do debate político muitas vezes se resumia aos hayekianos e seu constante apelo para que não se usasse a crise como desculpa para intervenções exageradas do governo — para alertar, como eles sempre alertam, sobre a ladeira escorregadia, sobre o fato de que aquilo que se adota hoje acaba nunca sendo desfeito, para nos lembrar de que as democracias são péssimas quando se trata de autocontrole, a menos que sejam restringidas de forma estrita. Naquele caso, o alerta servia particularmente contra os programas governamentais de socorro financeiro e o afrouxamento monetário. Era o caminho para a inflação, a dívida, a falência e a ruína, pois, uma vez aberta a carteira do Estado para atravessar a crise, nunca mais se teria de volta a disciplina para fechá-la. Do outro lado da discussão, estavam aqueles que tendiam a se autointitular keynesianos, em homenagem ao economista John Maynard Keynes, embora estes às vezes sejam tão pouco keynesianos quanto os hayekianos são hayekianos. Os keynesianos se filiam à ideia de que, numa crise, deve-se fazer o que for preciso. Afinal, se não se tomarem as medidas necessárias para superá-la, nem mesmo interessa o que vem depois.

Hayek versus Keynes se tornou uma das divisões centrais da política durante as duas primeiras décadas do século XXI. Mas isso também é um sinal da evolução do pensamento de Hayek ao longo da vida, porque um dos primeiros entusiastas de muitos dos argumentos de *O caminho da servidão* foi o próprio Keynes, o homem que passou a ser associado ao ponto de vista oposto. Keynes, como Hayek, se via como um liberal, e muitos dos argumentos liberais de Hayek, na verdade muitos de seus argumentos céticos em *O caminho da servidão*, ressoavam fortes para Keynes, mesmo que ele não chegasse a comprar o pacote completo. Keynes certamente estava tão interessado quanto Hayek em se preservar da autoconfiança excessiva de políticos bem-intencionados. O fato de a política ter se tornado Hayek versus Keynes, quando em 1944 Hayek e Keynes acreditavam estar do mesmo lado, é a prova de um enrijecimento das posições de todos os lados.

Mas há outra maneira de pensar sobre os argumentos de Hayek que se conecta com os dias de hoje. Se Hayek tivesse de escolher contra qual dos *-ismos* sempre se colocaria, diria que era aquele ao qual ele chamava de fatalismo — a ideia de que o que vai acontecer é, de alguma forma e inevitavelmente, preordenado pelo destino e de que temos pouca escolha além de ter um plano para o que virá. Os economistas não costumavam apresentar seus argumentos como fatalistas, mas o tipo de economista que Hayek odiava era aquele que, na cabeça dele, tinha essa atitude. Que planejava o futuro porque achava que não tinha escolha, mesmo que o futuro, por definição, não pudesse ser planejado. Hayek preferia a noção de um futuro em aberto, contra aquelas pessoas que o viam como predeterminado.

Ele acabou, de certo modo, tendo razão, considerando-se sua própria incapacidade de prever o futuro. Sua lógica da ladeira escorregadia estava errada. As democracias ocidentais não insistiram na planificação e nos controles governamentais até o ponto de chegarem à servidão. Hayek seguiu convencido por décadas de que elas estavam nesse caminho e, ao longo dos anos 1950, 1960 e 1970, suas advertências foram se tornando cada vez mais alarmantes. Ele defendia com mais e mais ênfase que houvesse limites à autoridade democrática, porque achava que os fatalistas continuavam ganhando eleições. Muitas vezes, pensava ele, eleições democráticas não ofereciam nenhuma escolha real. Era um grupo de planejadores contra outro — uns mais ousados, outros mais tímidos —, e a vitória ia para o partido que simplesmente oferecesse o melhor negócio. No final da década de 1970, porém, e com certeza no início da década de 1980, a discussão mudou — e a ladeira deixou de ser tão escorregadia. Margaret Thatcher foi eleita no Reino Unido, Ronald Reagan, nos Estados Unidos. Conta-se que Thatcher, durante uma reunião secreta do gabinete, antes de se tornar primeira-ministra, estava no meio de uma discussão acalorada sobre como regular a economia quando tirou da bolsa um exemplar não de *O caminho da servidão*, mas de um livro de Hayek muito maior, muito mais pesado, muito mais difícil de ler: *A constituição da liberdade* (1960). Thatcher teria batido com o livro na mesa e dito a seus colegas, todos homens: "É nisto aqui, cavalheiros, que acreditamos".

A revolução neoliberal, como às vezes é chamada, evidencia que a ladeira escorregadia se nivela depois de um tempo — ou, em outras palavras, que a roda pode girar para o outro lado. A política, como a economia, nunca é preordenada. Mas há uma maneira alternativa de ver os argumentos de Hayek sobre o fatalismo. Ele afirmava estar aberto a um futuro em aberto. Afirmava estar do lado das pessoas que não sabem o que vai acontecer. Achava que o ceticismo era o fundamento da única certeza possível na vida política e econômica: saber que o que sabemos é muito pouco. Porém, tanto em Hayek quanto no pensamento de alguns de seus seguidores, o que fica sugerido é um tipo diferente de fatalismo. Não é um tanto fatalista sempre supor que sabemos ser um futuro em aberto o melhor futuro para nós? Como podemos ter certeza de que limitar o poder do Estado é o jeito mais seguro de manter nossas opções em aberto? Se nunca desamarrarmos o capitão do mastro, se para sempre mantivermos a maioria acorrentada, se impedirmos permanentemente que os governos assumam poderes demais, autoridade demais, controle demais, como podemos ter certeza de que não eliminamos a possibilidade de um futuro melhor, aquele em que a ação do Estado seria a única coisa capaz de nos salvar? É possível defender que o argumento antifatalista de Hayek pressupõe conhecer o que, no fim das contas, está destinado a dar certo: uma economia aberta e uma mente aberta. E o verdadeiro cético nunca deve pressupor conhecimento sobre nada.

Deixe-me concluir com um exemplo de outro tipo: a mudança climática. Na política contemporânea, há uma profunda cisão entre aqueles que querem ação imediata dos governos — que querem que façamos o que for preciso, que querem controle estatal e planos de longo alcance para lidar com essa ameaça climática — e aqueles que acreditam que nossa melhor aposta para lidar com essa ameaça é que a abertura de mercados, a inovação e a tecnologia nos surpreendam com soluções que nenhum de nós teria como imaginar porque ninguém sabe que mutações estão por vir. É, de novo, uma discussão entre os hayekianos, do lado da abertura de mercados e das surpresas tecnológicas, e aqueles do outro lado, que acreditam que não podemos correr esse risco, que não podemos esperar. Quem quer que esteja certo ou errado, não acho que possamos dizer, nesse caso, que os hayekianos são os que preferem um futuro em aberto e seus oponentes, os que o veem como predeterminado. Um seguidor de Hayek tem certeza de que o futuro favorecerá manter o mercado aberto e os limites ao controle estatal. Mas como sabe disso? Como qualquer um de nós pode saber se, caso não façamos nada agora, a inovação tecnológica nos salvará a tempo? Como qualquer um de nós pode saber se não há pontos da travessia nos quais precisamos libertar o capitão do navio e deixar o Estado assumir o controle? O Estado democrático, o Estado autoritário, o Estado majoritário, o Estado tecnocrático — não importa. O poder estatal pode vir a ser decisivo em algum momento dessa crise, e ela, a crise climática, não vai embora tão cedo. Seguirá conosco no longo prazo. É tempo de sobra para a tecnologia nos salvar. Mas também é tempo de sobra para que a tecnologia ditada pelo mercado não nos salve a tempo.

Existe, portanto, outro tipo possível de ceticismo, mais profundo, que se opõe ao ceticismo de Hayek. Quase dá para dizer que é o ceticismo de Hobbes: o ceticismo do criador — pelo menos na minha visão dessa história — da noção de Estado moderno. Se somos realmente céticos e de fato acreditamos não saber o que o futuro nos reserva, devemos estar abertos à ideia de que o futuro talvez exija o poder do Estado para nos salvar.

9.
Arendt sobre a ação
A condição humana (1958)

Hannah Arendt (1906-75) nasceu numa família judia secular e próspera de Linden, na Alemanha. Estudou na Universidade de Marburg, onde teve um breve mas intenso caso de amor com seu professor, o filósofo Martin Heidegger, antes de seguir para a Universidade de Heidelberg. Em 1933, seu ativismo em prol da causa judaica a levou a uma prisão da Gestapo por oito dias. Ao ser libertada, fugiu para Paris, lá permanecendo até 1940, quando acabou mantida sob custódia pelos nazistas. No início de 1941, fugiu para os Estados Unidos e se estabeleceu em Nova York. Escreveu uma coluna para o jornal judaico-americano *Aufbau* até 1945.

Em 1951, publicou *As origens do totalitarismo*. Outras de suas obras mais importantes são *Sobre a revolução* (1963), *Homens em tempos sombrios* (1968) e *Crises da República* (1972). *Eichmann em Jerusalém* (1963), seu livro mais conhecido, saiu inicialmente na revista *New Yorker*. Arendt foi casada duas vezes, primeiro com o poeta e filósofo Günther Anders, depois com o também poeta e filósofo Heinrich Blücher. Fumante inveterada ao longo da vida, morreu de ataque cardíaco enquanto recebia amigos em seu apartamento. O filme *Hannah Arendt*, dirigido por Margarethe von Trotta, foi lançado em 2012.

Vários dos autores sobre os quais falei até agora eram críticos ferozes da ideia que está na base da política moderna. Detestavam o Estado moderno como o viam. Wollstonecraft odiava o Estado por tudo o que ele deixava de fora, por todo o poder e a corrupção para os quais fechava os olhos, por tudo o que ocultava ou ignorava. Marx e Engels, por tudo o que, pensavam eles, o Estado tentava manter intocado — o poder, a corrupção e a opressão de uma ordem econômica capitalista. Gandhi detestava o Estado moderno pelo que tinha feito da experiência de ser humano, pela maneira como a mecanizava, racionalizava, distorcia e, de novo, corrompia.

Cada um à sua maneira e de jeitos diferentes, esses autores rejeitavam a concepção de política de Hobbes: pelo que ela deixava de fora, mantinha intocado, distorcia e corrompia, por ser muito mecânica, muito racional, muito impessoal. No entanto, Wollstonecraft, Marx, Engels e Gandhi não tinham Hobbes em mente, na verdade. Por que teriam? Para eles, Hobbes era uma figura incidental na história das ideias. Quando se é Gandhi lutando pela independência indiana, não há por que perder tempo se preocupando com Hobbes. Tampouco Marx faria isso. Ou Wollstonecraft. Todos tinham outras coisas com que se preocupar.

Mas a pensadora que é tema deste capítulo se preocupou com Hobbes, e de forma bastante explícita. Hannah Arendt fez de tudo para culpar Hobbes por parte — não por tudo, mas por muito — do que deu errado com a política moderna. Ela achava que uma concepção calculista e racionalista da vida política — mecanicista, redutora, avessa ao risco — havia distorcido o que era a política e limitado muito do que poderia vir a ser. E, com isso, havia diminuído a condição humana e, nesse sentido, tornado o mundo moderno uma confusão. E como Arendt se referia a essa forma desastrosa de pensar a política? "Hobbesiana." Não que fosse só culpa de Hobbes, claro; isso seria absurdo. Mas, nos termos de Arendt, a imagem do Leviatã representa algo como o pecado original da política moderna, por meio do qual os seres humanos tentam construir uma versão maior, robótica e desumana de si mesmos. Em *A condição humana*, Arendt fez o que pôde para afastar essa imagem, o que significa que estava tentando escapar ao tipo de história que venho contando aqui.

Como eu disse no início deste livro, há muitos pontos diferentes de onde partir para uma história do pensamento político moderno. Para Arendt, o *Leviatã* seria um lugar bem perigoso por onde começar, porque negligencia tudo o que aconteceu antes, e esse antes importa, de fato. Em parte, o que ela tentava fazer ao identificar Hobbes como um de seus vilões era sugerir que a história moderna da política é contingente. Não se trata de onde começamos a ser quem somos: parte de algum lugar no meio de uma história humana mais longa e começa bastante tarde também. É só um dos caminhos que se poderia ter tomado, e por acaso foi aquele. Não é o único possível. Há muitas outras formas de fazer política. Arendt não era nostálgica por concepções pré-modernas de política. Não queria fazer o relógio retroceder à Grécia ou à Roma antigas, mas achava que havia algo que valia a pena resgatar do que veio antes do Estado moderno. Quase se poderia dizer que estava tentando resgatar a política do que o Estado moderno fizera dela.

Arendt é objeto de profundo fascínio para muitas pessoas hoje em dia. É uma pensadora política muito na moda, principalmente nas universidades britânicas e americanas. Muitos estudantes leem Arendt e muitos acadêmicos escrevem sobre ela. Talvez seja a teórica política sobre a qual mais se escreveu no século XX, pelo menos em inglês. Parte do fascínio não vem só de suas ideias, simplesmente; vem de como ela viveu e das coisas pelas quais passou, pois foi uma vida tocada de muitas maneiras diferentes pela treva no coração da política moderna, seu marco zero, a pior forma do Estado moderno: o regime nazista. Ter vivido o nazismo lançou uma sombra sobre a vida de Arendt. Em três momentos, em particular, sua história exerce esse fascínio contínuo pelo modo como foi tocada por tais experiências.

E o primeiro deles aconteceu quando, sendo uma jovem estudante, Arendt estabeleceu uma ligação profunda, inclusive sexual, com seu professor, o filósofo Martin Heidegger. Ele viria a ser outra das figuras dominantes no pensamento do século XX, cuja influência se estende hoje da filosofia da tecnologia à psicoterapia. Alguns anos após o término de seu relacionamento com Arendt, ele tornou-se membro do Partido Nazista, o que significa que foi, em algum nível, cúmplice do regime. O que Heidegger de fato pensava sobre os monstros que governavam seu país? Quem seria capaz de dizer (embora isso não tenha impedido os historiadores de especular)? Há um fascínio duradouro pela história da brilhante jovem judia e seu relacionamento com esse brilhante homem mais velho, que era também um nazista.

O segundo momento da história de Arendt a exercer intenso fascínio é o da chegada de Hitler ao poder: como tantos judeus, ao menos os que podiam, ela fugiu. Primeiro foi se exilar em Paris, e depois, com a França invadida pelos nazistas, seguiu para os Estados Unidos. Duas vezes, portanto, foi uma *émigrée*. Essa experiência de emigrar é também emblemática de algo que aconteceu com a história das ideias em meados do século XX. Muitos exilados alemães do nazismo, incluindo muitos judeus alemães que acabaram nos Estados Unidos, ajudaram a moldar o pensamento do mundo contemporâneo. Arendt nunca se tornou verdadeiramente americana, não no sentido pleno, embora tenha obtido cidadania do país em 1950. Costuma ser descrita como uma "filósofa germano-americana". A exemplo de muitos dos que deixaram a Alemanha em direção à América, suas ideias são uma espécie de híbrido das duas nações, e também um híbrido da experiência de emigrar.

A terceira coisa que aconteceu na relação de Arendt com o nazismo fez dela uma celebridade internacional. Arendt fez sua reputação nos Estados Unidos, inicialmente, com *As origens do totalitarismo*, que foi publicado em 1951 e chamou a atenção de leitores de boa formação. Em 1963, porém, quando publicou *Eichmann em Jerusalém*, ela conquistou um público muito mais amplo. Além de fama mundial, o livro também lhe proporcionou criar um bordão: "A banalidade do mal" é o subtítulo de *Eichmann*, e essas são as quatro palavras pelas quais Arendt é mais conhecida e seu relato sobre Eichmann, frequentemente lembrado. A expressão resume algo, embora só até certo ponto, do pensamento mais amplo de Arendt: a ideia de que havia, no coração daquelas trevas, não uma presença aterrorizante ou lúgubre, mas alguém bastante banal. A pensadora alemã viajou a Jerusalém em 1961 para presenciar e reportar o julgamento de Eichmann, no qual ele foi condenado como um dos principais arquitetos do Holocausto e, mais tarde, executado. Arendt concluiu que, quando se tira a máscara do burocrata sem rosto, do homem tímido de óculos, o que se vê não é nenhum tipo de monstro, seus chifres e presas, o sangue do fascismo pingando. Quando se tira a máscara do burocrata, o que se vê por baixo dela é só um burocrata sem rosto. Eichmann era totalmente banal, e o que o tornava tão perigoso não era seu sadismo ou sua crueldade, mas sua indiferença. Era literalmente um funcionário, um funcionário do Estado, que ilustrava os perigos da política burocrática e racionalista: o fato de que os servidores públicos são capazes dos crimes mais horríveis por apenas fazerem o que a máquina exige deles.

Esse argumento foi e continua sendo profundamente controverso, em parte porque pode parecer que livra a cara de Eichmann. Alguns leitores do relato de Arendt acharam que ali não há indignação moral suficiente — é um livro notavelmente frio e irônico — e que ela falha ao tratar o regime nazista não como uma espécie de ícone do mal, não como uma exceção, mas como emblemático de forças mais abrangentes em ação no mundo moderno. Arendt resistiu, sem dúvida, à ideia de que sua vida e seu pensamento deveriam ser reduzidos à sua experiência do nazismo. Tratou, de fato, o fascismo como algo emblemático do mal, e não icônico. Achava que o regime tipificava o totalitarismo e que o totalitarismo era mais do que apenas o fascismo, pois incluía também o stalinismo. Aqueles eram regimes totalitários que tinham muito em comum, coisas que iam além de suas diferenças ideológicas. O totalitarismo em si é que era emblemático da modernidade, e havia algo que ligava o Estado totalitário ao Estado moderno — algo de seu caráter mecânico, irrefletido, indiferente, de massa, a maneira como reduzia os seres humanos a engrenagens da máquina. Se essa máquina tomasse um rumo destrutivo, pensava Arendt, modernidade nenhuma seria capaz de nos salvar. A modernidade era parte do problema. Indignação moral em nome do pensamento progressista moderno nunca bastou para evitar o caos.

Arendt fez o que pôde para evitar que suas ideias fossem reduzidas à sua biografia. Ela teria ficado horrorizada se pensasse que suas experiências com Heidegger ou Eichmann definiam seu pensamento. Ao mesmo tempo, seu apelo tem a ver, em grande medida, com sua persona. E como Arendt continua tão controversa e tão na moda, tenho de admitir que sempre fui um pouco resistente a ela. Passei muito tempo sem ter lido — ou tendo lido pouco — seus escritos, com a impressão de que a maior parte soava pretensiosa. Certamente eram textos ambiciosos, mas sempre havia algo de grandioso ligado à reputação de Arendt, e também, para ser honesto, alguma coisa um pouco irritante nas pessoas que eram tão fascinadas por ela. Meu sentimento foi captado no título de um capítulo de um livro recente do escritor britânico Paul Mason: "Ler Arendt não basta".

Então, há alguns anos, graças a um aluno, fui persuadido a ler *A condição humana*, livro que ela publicou em 1958, alguns anos antes de ir a Jerusalém. Me surpreendeu por inteiro. Não era nada do que eu esperava. Um pouco pretensioso, sim. E um livro extraordinariamente abrangente, no qual as ideias se atropelam e a escrita às vezes resulta bastante grandiloquente, embora noutros momentos seja surpreendentemente clara e precisa. O que eu não esperava, porém, era que um livro escrito em 1958 parecesse tão contemporâneo e, à sua maneira, tão presciente. Isso porque trata da era da tecnologia das máquinas que se anunciava, e a leitura nos alerta para um mundo que pode ser dominado por essas novas máquinas. Arendt as chama de "computadores" e "calculadoras" — palavras também usadas por Hobbes. Ela contemplava novos e poderosos dispositivos processadores de números que talvez parecessem estar às portas de um tipo de pensamento, ou até de consciência, independente. Mas aquilo só poderia contar como pensamento, argumentava Arendt, se estivéssemos dispostos a reduzir nosso próprio pensamento a mero cálculo e computação. E não deveríamos. Somos humanos, não máquinas.

Arendt acusa Hobbes de ter lançado as bases para essa abdicação da responsabilidade intelectual. Achava que ele era o filósofo que, em última análise, reduziu a política a um cálculo numérico. As máquinas que ela via ao seu redor no fim da década de 1950 eram simplesmente a mais recente evidência desse rumo mais geral tomado pelo pensamento moderno. Além disso, aquelas duas expressões gêmeas da modernidade de mentalidade matemática — o Leviatã e o computador — de alguma forma reforçavam-se mutuamente. O Estado moderno mecanicista e racionalista tinha aberto o caminho para as máquinas redutoras do pensamento, e essas máquinas estavam trazendo à tona o que havia de pior no Estado moderno. Se isso era verdade em 1958, quanto não se aplica aos dias de hoje, nos quais os avanços no *machine learning* deram novos poderes aos computadores e ao Estado? O que torna o livro de Arendt tão presciente são as preocupações específicas articuladas acerca do impacto dessa mentalidade mecanicista e automatizada na natureza do trabalho. É com isso que muitas vezes nos preocupamos atualmente: para onde vai o trabalho? O que a chegada desse tipo de máquina significará para a experiência humana de ter um emprego, de tentar ganhar a vida? Quando pensamos nas perspectivas futuras de carreira, muito daquilo com que nos ocupamos em nossa vida parece estar sob ameaça do advento de máquinas capazes de fazer nosso trabalho por nós, ou pelo menos em tensão com isso.

A maneira mais fácil de resumir o que Arendt pensa sobre política é tentar explicar o que ela pensa sobre o trabalho. Para isso, é necessário distinguir três categorias diferentes de atividade humana, das quais "trabalho" é apenas uma. Em *A condição humana*, Arendt fala de três maneiras pelas quais os seres humanos podem fazer coisas no mundo. Uma é a categoria que ela chama de "Trabalho"; a segunda, aquela à qual se refere como "Fabricação"; e a terceira, a chamada "Ação". Trabalho, fabricação, ação. Nem sempre fazemos distinção entre essas palavras, sobretudo entre as duas primeiras. Arendt acha que devemos.

O que é trabalho? Para Arendt, o trabalho é a esfera natural da atividade humana. É o que fazemos como seres humanos porque para isso nascemos. O domínio do consumo: isto é, da energia consumida em quantidade suficiente para nos manter vivos. A ideia básica, quase hobbesiana, daquilo que precisamos fazer para seguir sendo criaturas em movimento: energia que entra, energia que sai. A forma primordial de trabalho é tentar obter comida suficiente para viver. Muitas vezes é o trabalho impiedoso do camponês, o trabalho extenuante na lavoura, o plantio de sementes, a colheita, a tentativa de extrair nutrientes suficientes da terra. Também poderiam ser, num sentido mais moderno, trabalhos manuais que rendam o bastante para a subsistência — o tipo de trabalho que possibilita alimentar-se a si mesmo ou à família: trabalho braçal, trabalho industrial, trabalho indiferente. O que distingue o trabalho é ser implacável. É preciso continuar trabalhando para se manter vivo. Com frequência, é uma atividade muito repetitiva. A pessoa fará a mesma coisa dia após dia após dia. Num outro sentido, é algo transitório e fragmentário. A pessoa consegue a comida, consome a comida e, algumas horas depois, precisa de mais comida. É cíclico, pois o processo se repete infinitamente. Mas também é essencial. Sem trabalho, morremos.

Aquilo a que Arendt se refere como fabricação, ao contrário, pertence ao domínio não do natural, mas do artificial. É o que dá origem a "artefatos", como ela os chama, que não existiriam sem nós. Ganha impulso pelas exigências da natureza sobre a existência humana. São aqueles mesmos humanos tentando escapar de suas limitações naturais para construir coisas que não existem na natureza. Pode ser qualquer coisa, desde uma cadeira ou uma mesa até uma casa ou a própria fábrica — talvez uma fábrica na qual pessoas precisem trabalhar, mas ainda assim a fábrica produzirá coisas que vão além do trabalho em si. Um artefato pode existir como objeto por sua beleza ou por sua utilidade. Pode ser muito funcional ou muito elaborado. Pode ser uma obra de arte. Pode ser uma Constituição: a arquitetura de um Estado. O que distingue a fabricação é que as coisas assim produzidas, quando bem-feitas, são duráveis. Os seres humanos são capazes de fabricar coisas que vão durar mais que eles. Não se trata mais apenas de energia que entra, energia que sai. O ciclo natural pôde ser quebrado.

Fabricar, para Arendt, tem uma conexão essencial com as noções de ofício e habilidade. As coisas podem ser bem ou malfeitas. É claro que nem tudo que é fabricado será duradouro. Uma mesa malfeita pode desabar no dia seguinte à sua fabricação, mas coisas bem-feitas vão durar muito além de uma vida humana natural. Assim, quando chegar ao fim a vida útil em termos de trabalho, inclusive a do fabricante ou artesão que criou o objeto (porque até os artistas têm de comer), o objeto perdurará. Isso vale para uma obra de arte, como deve também valer para a obra política que é uma Constituição.

Por fim, há a ação. Se o trabalho é natural e a fabricação, artificial, a ação está mais próxima do mundo imaginário da ficção. Ação é o que fazem os seres humanos quando contam a história de sua vida, quando tentam se tornar algo por sua atuação no mundo. O principal meio que usam para isso é a linguagem. A ação é uma forma de comunicação. Outra palavra para ação — não a única, mas talvez a mais importante — é política. Não política como estruturas e arquiteturas e regras e leis e constituições. Política feita pelos seres humanos agindo juntos no mundo, comunicando-se uns com os outros sobre suas esperanças e medos, tentando construir alguma coisa que não pode existir sem eles — não porque seja um artefato, mas por expressar quem eles são. Dá para comparar ao papel da narrativa na ficção porque o que se constrói pela ação é sempre um tipo de história com existência momentânea. Existe quase fora do tempo. Uma das características da ação humana, para Arendt, é ser efêmera. A gente pode dizer que alguma coisa é interessante ou bonita. Pode contar uma história incrível que terá existência durante a narrativa; quando a narrativa terminar, não ficará claro o que resta. E, no entanto, uma história bem contada é potencialmente eterna quando, de algum jeito, passa a habitar a mente dos ouvintes e é contada e recontada de diferentes formas. Dura enquanto houver pessoas para ouvi-la. Pode até durar mais que uma mesa bem-feita. Ou que um Estado bem construído.

Arendt não está tentando sugerir que haja aqui uma forma de progressão histórica, que a condição humana avance do trabalho à fabricação depois à ação. Nada é tão simples. Sem dúvida é verdade — era, definitivamente, em 1958; continua sendo, em grande medida, hoje — que a experiência predominante da condição humana, para a maioria dos seres humanos que algum dia existiram, é a do trabalho — da busca incansável das coisas de que precisam para consumir e se manter vivos. Para muitas, muitas pessoas, *essa* é a condição humana e não mudou. Mas também é verdade que a ideia de ação de Arendt é, em muitos aspectos, anterior ao mundo da fabricação — ao moderno mundo do trabalho, da construção artificial —, uma vez que a ação se origina no mundo antigo. E com certeza tampouco é verdade que Arendt acreditasse ser possível haver ação sem trabalho ou fabricação, que existisse alguma forma idealizada de vida humana na qual só fizéssemos política e nada mais. Precisamos de mão de obra porque mesmo as pessoas que vivem de ação no mundo têm de se alimentar. Mesmo que elas não estejam no campo, fazendo o trabalho pesado, alguém o fará por elas. Será preciso haver, igualmente, as fábricas, porque alguém terá de construir coisas que durem.

Arendt deixa claro que uma política estável e bem-sucedida precisa de uma arquitetura constitucional bem montada: não se pode simplesmente inventar tudo ao longo do caminho. Portanto, o argumento aqui não é de que ação seja uma coisa boa, fabricação, nem tanto, e trabalho, ruim. O argumento identifica, porém, aquilo que pode dar errado, particularmente sob as condições da vida moderna, caso se deixem misturar essas categorias. Ainda que umas devam, de alguma forma, servir de base às outras, elas não devem ser confundidas. Arendt achava que cada vez mais nós, modernos, as estávamos confundindo.

Há duas confusões, em particular, sobre as quais a pensadora alemã tentava nos alertar. Uma delas era a tendência de a fabricação ser novamente reduzida a apenas trabalho. É o que acontece quando a tentativa de criar artefatos duráveis se limita a uma forma de consumo. O argumento de Arendt soa como uma crítica às sociedades que se organizavam cada vez mais em torno do consumo, tratando seus cidadãos como consumidores. Muitas vezes, quando a gente se preocupa com o que pode dar errado na relação entre natural e artificial, pensa que o verdadeiro perigo é que o artifício venha a colonizar a natureza, que a gente, de alguma forma, pegue o mundo natural e o cubra de estruturas mecânicas e inanimadas. "Pavimentaram o paraíso e transformaram num estacionamento", cantou Joni Mitchell, num verso emblemático desse temor. "Cortaram as árvores e as colocaram num museu de árvores/ E cobram um dólar e meio das pessoas só pra vê-las." É o que acontece quando a natureza é tomada pelo artifício, mas não era com isso que Arendt se preocupava. Não acho que ela tivesse uma visão de mundo como a de Joni Mitchell. Estava menos preocupada com o que acontece quando a natureza é colonizada pelo artificial do que com o contrário — o artificial ser colonizado pela natureza.

Seu medo era que o mundo da fábrica fosse engolido pelos ritmos e pelas estruturas do trabalho e do consumo: por sua característica implacável, repetitiva, cíclica, interminável, porque a questão, quando se trata de consumo, é que, embora vidas humanas individuais cheguem ao fim, o trabalho necessário para manter a espécie em funcionamento nunca termina. É algo indiferente, ao contrário da fabricação de artefatos — aquilo que agora podemos chamar de consciente. Em parte, Arendt está atacando as concepções de trabalho e política do século XIX. Trabalho — ou "os trabalhadores", como os marxistas os chamavam — não era trabalho no sentido de Arendt. Aqueles "trabalhadores" viviam, simplesmente, a vida do implacável consumo de subsistência. Construir uma política em torno dessas pessoas e afirmar que aquela versão da experiência humana — a perspectiva do proletariado explorado — era a que poderia nos proporcionar insights mais profundos parecia a Arendt tratar-se de uma categoria de análise equivocada.

Mas a outra razão que torna *A condição humana* um livro tão interessante é que a crítica de Arendt ressoa em outra — a crítica da política e da vida social do século XXI, pois não vivemos no mundo de Marx. Vivemos no mundo de Jeff Bezos. A nossa é a era da Amazon, o mundo do consumo online. Neste mundo, as coisas que fabricamos, os artefatos que criamos — reais, sólidos ou feitos de dados e informações, não importa —, todas as coisas que consumimos online, consumimos cada vez mais em obediência aos ritmos implacáveis do consumo natural, insaciável, cíclico, sem fim. A gente compra uma coisa da qual acha que precisa para satisfazer um apetite e duas horas depois acha que precisa de mais aquela coisa ou de outra. Torna-se cada vez mais difícil ficar satisfeito. Os "caça-cliques" são a atividade produtiva reduzida a simples trabalho, o artificial ao natural. É como se saciássemos uma fome. Um mundo no qual todos somos consumidores implacáveis porque nossa vida é organizada em torno da publicidade — uma vez que é a publicidade, por caminhos que há algum tempo teriam parecido completamente bizarros e ainda assim foram de certo modo prefigurados por Arendt, que impulsiona a moderna economia online. As advertências da autora quanto a como isso afeta a condição humana foram profundamente prescientes.

A outra coisa que preocupava Arendt, sua preocupação política mais profunda e aquela pela qual culpava Hobbes, era a possibilidade de que a ação pudesse ser reduzida à fabricação. Assim como esta não deve se tornar só trabalho, a ação não deve se confundir com a atividade produtiva. Ou seja, o intercâmbio humano, criativo, político via linguagem e narrativa não deveria se limitar a uma construção mecânica. Não deveria ser simplesmente artificial. Não deveria ser atividade de uma máquina. Hobbes, para Arendt, era o pensador que transformara o mundo da ação num mundo de comportamento mecânico. Construíra o Leviatã e, embora tenha batizado seu projeto em homenagem a um monstro marinho bíblico, como se reduzisse o artificial ao mítico, na verdade o Leviatã era uma espécie de computador, de autômato, de máquina — uma máquina processadora de números ou de pessoas. Reduzia o cidadão a súdito do Estado — e um súdito do Estado é apenas parte da máquina. Eis a crítica de Arendt a Hobbes: no *Leviatã* se origina a máquina política, e dela, em algum momento, resulta Eichmann.

Uma das estranhezas de ler Arendt é que seu livro parece tão presciente quanto completamente desatualizado, porque os tipos de máquina que ela via ao seu redor e considerava perpetuadores da transformação implacável dos seres humanos em apenas mais peças de maquinaria não eram aqueles com os quais tendemos a nos preocupar hoje. Quando pensava em computadores, Arendt não pensava em microchips. Vejamos o que ela diz em *A condição humana*: "Tudo o que os computadores gigantescos provaram é que a era moderna estava errada ao acreditar, com Hobbes, que a racionalidade, no sentido de 'calcular as consequências', é a mais alta e a mais humana das capacidades do homem".* A palavra que se destaca para mim nessa frase não é "Hobbes"; é "gigantesco", computadores *gigantescos*. São esses os computadores de 1958, os Leviatãs do mundo dos negócios, máquinas enormes que, vibrando e aquecendo, e para fazer em uma hora o que nossos celulares hoje conseguem fazer em um nanossegundo, ocupavam uma sala inteira. Arendt enxergava os computadores dominando os seres humanos em escala, mas não apenas de processamento e velocidade: era quase em escala física, uma batalha entre feras.

Ao mesmo tempo, a outra tecnologia com a qual se preocupava mais era uma na qual pensamos só um pouco atualmente, ou quase nada, em comparação com o fascínio que exercia sobre a imaginação das pessoas no final dos anos 1950 e na década seguinte — a das viagens espaciais. Aquilo, para Arendt, era tecnologia de ponta: enviar foguetes ao espaço. Em 1957, veio o *Sputnik*, primeiro satélite na órbita terrestre. No início de 1958, os americanos responderam com um satélite próprio e, mais tarde, no mesmo ano, surgia a Nasa. Arendt também estava pensando nos telescópios gigantes, capazes de perscrutar o universo, e escreve em *A condição humana* acerca do impacto disso em nossa autopercepção. Somos capazes de olhar para o universo, e portanto podemos imaginar como somos vistos de lá. E parecemos realmente insignificantes. Não somos mais do que pontinhos. De fato, nosso planeta, o único no qual os seres humanos podem viver, o único no qual é possível existir aquilo que Arendt valorizava de verdade — a ação

---

* Hannah Arendt, *A condição humana*. Trad. de Roberto Raposo. São Paulo: Forense Universitária, 2020, p. 214.

humana —, também é apenas mais um pontinho. O perigo da tecnologia, para Arendt, é que ela diminui os seres humanos. Ela os reduz, e a seu habitat, a quase nada. Viramos simplesmente uns nacos de tecnologia, peças da maquinaria maior que, zunindo universo afora, usamos para tentar entendê-lo.

Não estamos tão preocupados, hoje, com foguetes e telescópios; temos outras coisas com que nos preocupar. E não pensamos em computadores como enormes Leviatãs; pensamos neles como objetos cada vez menores que carregamos por aí ou como sistemas inefáveis cuja existência remete a um certo lugar chamado Nuvem. Eles são capazes de dominar nossa vida sem nos darmos conta de sua presença. No entanto, o que os temores de Arendt e aquilo que vivemos hoje têm em comum é a outra maneira pela qual os seres humanos podem ser diminuídos pelas máquinas: não mais parecendo minúsculos na escala da tecnologia, mas, em nossa própria escala humana, feitos em pedaços pela tecnologia. Somos fragmentados por ela. A tecnologia não sai universo afora e, de lá, olha para nós e nos vê como coisas pequeninas apenas, criaturas insignificantes em movimento permanente e indiferente. Ela espia dentro de nós. Analisa nosso comportamento e cada vez mais nos trata como pontos de dados em seus vastos esquemas analíticos. É o que Yuval Noah Harari chama de "desindividualização" do indivíduo, o qual se vê movido por novas formas de ciência de dados e novos tipos de tecnologia digital. Somos fragmentados porque pequenos nacos de nós estão por toda parte. Partículas que são o registro do que estávamos pensando, do que desejamos em nossa busca incansável por consumo, daquilo em que acreditávamos, do que sonhamos, do que amamos, de quem amamos — até o mais humano de nossos comportamentos, mesmo aquele mais voltado à ação, pode ser reduzido a pontos de dados. Até a política. O medo de Arendt era este: o que acontece quando a ação se transforma em atividade produtiva. Deveria ser um temor nosso também.

O que ela esperava era resgatar uma concepção de política muito mais humana do que essa. Tinha de ser política em escala humana, a escala na qual os seres humanos são capazes de pensar, agir e contar suas histórias. A política é necessária para resgatar o indivíduo das forças que ameaçam diminuí-lo ou fragmentá-lo. Arendt achava que era o espaço essencial para a ação humana e que Hobbes o havia eliminado. A política é o espaço no qual os seres humanos podem ser eles mesmos. Precisam ser eles os autores de sua própria história. A ação política é como se obtém "autoridade" sobre a própria vida.

Hobbes também usou a palavra "autorizar". Dizia que nós, como sujeitos do Estado, somos seus autores ou "autorizadores". Significa que permitimos que o Estado conte nossa história política. E esta, para Hobbes, não é a história de nossa vida, pois quase tudo o que importa nela — tudo aquilo que nos é mais lucrativo — pode ser deixado de fora. Os Estados do século XVII não tinham a capacidade de colonizar a experiência vivida, embora certamente fossem capazes de acabar com a vida de seus súditos. Mas, no século XX, os Estados verdadeiramente totalitários tentaram, com suas versões da política, contar toda a história humana. E, no século XXI, temos de nos perguntar se eles, os Estados, são capazes de ir ainda mais longe, em especial se a tecnologia permitir que espiem dentro de nós, os indivíduos que os constituímos. A humanidade pode desaparecer completamente dessa história.

Arendt queria que criássemos nossa própria história política. Ela usou uma palavra estranha e um pouco obscura para descrever o que buscava. A ação, disse, é o espaço da "natalidade", significando uma forma de renascimento. É onde damos à luz coisas que não são da natureza. Não é onde damos à luz seres humanos naturais. Isso foi e continua sendo uma forma de trabalho — a palavra, aliás, que ainda usamos para falar de um parto, pelo menos até que as máquinas assumam o controle e inclusive isso se torne mecanizado. A política é o espaço onde damos à luz uma versão de nós mesmos com a qual conseguimos viver, capaz de nos fornecer autonomia e que podemos reinventar na medida em que mudem nossas circunstâncias. Não nos tornamos artefatos. Somos transformados para assumir a forma humana por excelência, a de cidadãos.

Isso só pode ser feito por meio da política e apenas se formos capazes de nos emancipar da mão fria e mecânica do racionalismo hobbesiano, que transforma cidadãos em súditos. Somente se formos capazes de deixar de pensar na política como uma extensão da máquina de calcular é que poderemos viver de verdade. Assim escreve Arendt:

> É com palavras e atos que nos inserimos no mundo humano, e essa inserção é como um segundo nascimento, no qual confirmamos e assumimos o fato simples do nosso aparecimento físico original. Não nos é imposta pela necessidade, como o trabalho, nem desencadeada pela utilidade, como a obra [fabricação].* Ela pode ser estimulada pela presença de outros a cuja companhia possamos desejar nos juntar, mas nunca é condicionada por eles; seu impulso surge do começo que veio ao mundo quando nascemos e ao qual respondemos quando começamos algo novo por nossa própria iniciativa.**

Acho que o argumento de Arendt é muito presciente, bastante assustador e, num sentido fundamental, equivocado. Erra em

---

* A tradução a que recorremos para as citações explica, em nota à revisão técnica feita para a edição mais recente, que "fabricação" poderia ser uma opção a "obra" ao se verter o original *work* (em oposição a *labour*, vertido como "trabalho"). Optamos por "fabricação" — ou, mais raramente, "atividade produtiva" — por se encaixar melhor à leitura de Runciman dos conceitos no presente capítulo.   ** Hannah Arendt, op. cit., p. 219.

algo grande. E o equívoco é acerca do que Hobbes estava tentando fazer com sua ideia de Estado moderno. Talvez, aqui, eu tenha me concentrado demais em Hobbes. Mas, se o faço, é em parte porque acho que ilustra o que, para nós, são algumas das escolhas fundamentais, e para isso Hobbes subverte aquilo que antes eram as escolhas da política.

O equívoco de Arendt em relação a Hobbes é achar que o que ele tentava fazer era reduzir a ação humana ao nível do movimento mecânico. Ao conceber o Estado como uma espécie de autômato, ela supõe, Hobbes estaria querendo transformar as pessoas que constituem o Estado igualmente em autômatos: Arendt supõe que ele quisesse transformar a gente numa espécie de robô. Não acho que exista, no *Leviatã*, qualquer coisa que sugira o desejo ou a crença de Hobbes de que deveríamos nos tornar robôs. Talvez, em certo sentido, ele pensasse que sim, que já somos, de qualquer jeito, um certo tipo de robô — uma vez que tudo no universo deve ser definido simplesmente em termos de movimento mecânico. Mas ser humano não se resume a ser uma máquina automatizada. Hobbes não estava tentando reduzir a política ao nível do mecânico. O que ele tentou fazer foi, nos termos de Arendt, usar a atividade produtiva, o artifício, a imaginação, a habilidade construtiva para conceber uma pessoa artificial. Ou seja, ele buscava uma versão artificial das únicas criaturas da natureza capazes de ação: nós.

Portanto, ele não reduzia o mundo da ação ao mecânico. Acrescentava algo mais ao mundo da ação. Usava a extraordinária aptidão da mente humana para conceber alguma coisa que imitasse a ação humana, mas tivesse a característica extra e necessária para que qualquer coisa seja uma forma bem-sucedida de artifício: durabilidade. Hobbes queria construir um Estado que pudesse durar mais que a ação humana e, portanto, proporcionar o espaço no qual a ação humana fosse possível e pudesse, ela própria, perdurar. Não é a versão de ação de Arendt, para quem aquilo que permanece, em última análise, é a história. Mas pode-se dizer que, entre outras coisas, o que Hobbes estava fazendo era, igualmente, contar uma história: a história do Estado moderno. Se seu *Leviatã* é tão metafórico e alegórico, é por se tratar de uma história. E destinada a incendiar nossa imaginação.

Há uma enorme diferença entre dizer que o Estado é uma versão artificial de nós e afirmar que somos versões artificiais do Estado, porque, se o Estado é uma versão da gente, artificial mas bem construída, ele terá vida própria e será capaz de contar suas próprias histórias. Essas histórias podem ser imaginativas, criativas, destinadas a empoderar e proporcionar realização. Talvez também não sejam nada disso. Talvez sejam histórias terríveis e estúpidas e indecentes e cruéis. Tudo é possível quando alguém conta uma história, porque contar histórias é a ação mais criativa de todas. Tudo é possível, igualmente, quando uma pessoa artificial conta uma história. Se o que Hobbes estava tentando fazer era construir algo capaz de imitar a ação humana, o que ele criou era uma máquina artificial de contar histórias. É possível que estivesse equivocado ao pensar ser essa a resposta para nossos problemas políticos. É possível que aquela fosse uma empreitada quixotesca porque, no fim das contas, essas versões artificiais do humano podem ser bem simplistas, e as histórias que o Estado conta podem ser também. Talvez sejam o tipo de histórias que só contam máquinas por fim capazes de destruir os seres humanos que se enredarem nelas. Isso certamente é parte da história do século XX, aquela que lançou uma sombra sobre a própria vida de palavras e ação vivida por Arendt. As piores histórias entre todas são aquelas contadas pelos piores entre todos os Estados.

Mas também é possível que haja aí alguma outra verdade, e penso que é isso que conecta os argumentos de Arendt a muitas de nossas ansiedades atuais sobre nosso mundo de máquinas. Não estamos mais pensando no *Sputnik*, não estamos mais pensando nos computadores gigantescos da IBM que, para funcionar, vibram e aquecem, e que de tão grandes, para entrarem no seu escritório, você precisa sair para o corredor. Hoje pensamos em redes; em smartphones; na possível emergência da inteligência artificial e de máquinas capazes de pensar. E mesmo que elas não sejam realmente capazes de pensar como os humanos, mesmo que não sejam capazes de usar a linguagem numa forma que Arendt reconheceria como manifestação da ação, mesmo que não sejam capazes, de fato, de contar suas próprias histórias, talvez elas possam pensar de maneiras que vão além de qualquer capacidade humana. Seus poderes de cálculo, sua capacidade de reconhecer padrões, todas as várias manifestações do que hoje chamamos de *machine learning* poderiam vir a transcender as formas do pensamento humano. Esse é um temor real, com o qual provavelmente vamos conviver por muito tempo.

Há, no argumento de Arendt, uma suposição equivocada, que é a ideia de que o Estado moderno, o Estado hobbesiano, por ser uma máquina, inevitavelmente ficará do lado das outras máquinas. A sugestão aqui é de que, na era da inteligência artificial, o Estado mecânico fará o que os robôs quiserem, pois os robôs conseguirão se infiltrar em seus sistemas, os quais, afinal, nada mais são do que máquinas. Mas o Estado de Hobbes é mais do que uma máquina; é uma espécie de pessoa. Destina-se a imitar não a ação mecânica, mas a ação humana. Na verdade, supostamente estaria do nosso lado. É a máquina que construímos para controlar as máquinas. É a máquina que construímos para ficar do nosso lado contra as formas robóticas de ação e política, desalmadas e indiferentes. É possível que, na era da inteligência artificial, na nova era das máquinas em que vivemos, o Estado não fique do lado delas. O Estado pode estar do nosso lado. Aliás, é até possível dizer que o Estado é só o que temos, porque é o único instrumento que concebemos para ser como nós. É o único instrumento que temos para enfrentar as máquinas.

"Assim, a questão", escreveu Arendt, "não é tanto se somos senhores ou escravos de nossas máquinas, mas se estas ainda servem ao mundo e às coisas do mundo ou se, pelo contrário, elas e o movimento automático de seus processos passaram a dominar e mesmo a destruir o mundo e as coisas."* Essa continua sendo a questão. E é uma questão sobre e para o Estado moderno.

---

* Ibid., p. 188.

10.
Fanon sobre a violência
Os condenados da terra (1961)

Frantz Fanon (1925-61) nasceu na ilha-colônia francesa da Martinica, onde seu pai era despachante aduaneiro e sua mãe, comerciante. Seus pais rasparam as economias até o último centavo para que ele, um filho entre oito, pudesse frequentar a melhor escola secundária da ilha. Em 1942, com apenas dezessete anos, Fanon se incorporou às Forças Francesas Livres e serviu durante a guerra na Europa, lutando na França entre 1944 e 1945. Após o conflito, concluiu seus estudos, formando-se em medicina e psiquiatria na Universidade de Lyon. Em 1952, publicou *Pele negra, máscaras brancas*, em que investigava o impacto do colonialismo na consciência racial de uma perspectiva psicanalítica e existencial. De 1953 a 1956, Fanon atuou como chefe do departamento de psiquiatria do Hospital Blida-Joinville, na Argélia. Ele se juntou à Frente de Libertação Nacional da Argélia (FLN), tornando-se editor do jornal do movimento, *El Moudjahid*. Em 1960, foi nomeado embaixador em Gana pelo novo governo provisório da FLN. No ano seguinte, diagnosticado com leucemia, procurou tratamento na União Soviética e nos Estados Unidos. Morreu em Maryland logo após a publicação de *Os condenados da terra*. O prefácio do livro foi escrito por seu amigo, o filósofo Jean-Paul Sartre.

Até agora, venho fazendo um conjunto de relatos dentre os muitos que poderiam ser feitos sobre o Estado moderno. Mas também ofereci apenas um lado da história. Meu foco foram escritores que se concentram no que acontece dentro dos Estados, explorando como é habitá-los. É um ponto de vista interno: como é ser cidadão ou súdito de um Estado soberano moderno, o que se passa na cabeça do cidadão, o que se passa em seu coração e como é habitar a mente ou o coração de um líder político. Também tenho focado nas formas de colapso político que são internas ao Estado — revoluções e guerras civis. O motivo pelo qual esse é apenas um lado da história é que grande parte da política moderna diz respeito ao que acontece fora dos Estados e ao que se passa entre eles: nas relações entre Estados soberanos. Os acadêmicos hoje chamam essa área de atividade de relações internacionais (RI), que é tanto parte da política quanto uma categoria de estudos à parte (os respectivos departamentos universitários geralmente se chamam "Política e Relações Internacionais"). Muitas das crises às quais me referi neste livro, embora tenham terminado em guerra civil e revolução, começaram como crises de relações internacionais.

A Primeira Guerra Mundial foi um colapso das relações entre Estados, antes de virar um colapso de muitas das relações internas a eles. A Revolução Francesa foi um evento tanto internacional quanto doméstico. Retrocedendo ainda mais, Hobbes também é parte desse outro lado da história. Na verdade, o termo "hobbesiano" é hoje muito mais provável de aparecer no contexto das relações internacionais do que no estudo da política doméstica. E, nesse contexto, é um termo, se não exatamente ofensivo, pelo menos de significado político carregado. "Hobbesianas", em RI, são as pessoas que acreditam que o estado de natureza é a única coisa que existe nas relações entre Estados, e que cada Estado tem, portanto, a liberdade de fazer o que lhe for mais lucrativo. A ordem internacional, por esse motivo, não seria realmente uma ordem, mas uma zona sem lei de interesses concorrentes e disputas muitas vezes mortais (uma vez que se supõe que a lei da natureza, embora se aplique aos Estados, não tem, na ausência de um soberano, mais poder sobre eles do que teria sobre indivíduos). Nesse sentido, "hobbesiano", nas relações internacionais, significa algo bastante próximo de "anárquico" — o que é irônico, dado que a anarquia era o que Hobbes desejava acima de tudo evitar.

A pergunta óbvia que surge é: por que a lógica do argumento de Hobbes não se aplica também à arena internacional? Se os Estados estão sempre guerreando entre si por não serem capazes de entrar em acordo quanto ao que conta como uma ameaça e, portanto, o que levará à paz, por que não concordam em criar um superEstado — até mesmo um Estado mundial — para decidir por eles? Por que os Leviatãs não constroem seu próprio megaLeviatã? A resposta aponta para o que há de errado com a suposição de que Estados simplesmente existem em estado de natureza. Não é assim, pois eles não são naturais. São pessoas artificiais. A razão pela qual o estado de natureza é tão anárquico para os indivíduos é o fato de nós, sim, existirmos como seres naturais: ou seja, somos seres humanos naturalmente vulneráveis. Infelizmente, somos muito fáceis de matar. No estado de natureza, nenhum de nós está a salvo porque todos somos vulneráveis ao ataque de alguém que pode ser até mais fraco do que nós, mas é capaz de nos atingir. Estados, porém, não são vulneráveis assim; eis a questão central. Estados são criaturas artificialmente invulneráveis — são robôs gigantes — e muito, muito mais difíceis de matar. Por serem muito mais difíceis de matar, podem ter um tipo de existência muito diferente da vida que levaríamos, como indivíduos, no estado de natureza. Estados poderiam, em tese, se dar bem uns com os outros na ausência de um soberano. Talvez até obedecer às leis da natureza. Poderiam buscar a paz e ser honestos nesse intento — e estar dispostos a correr o risco de que os outros Estados também o sejam — porque sabem que os outros são tão difíceis de matar quanto eles próprios.

Na ordem internacional, não há necessariamente aquela vulnerabilidade mútua que existe no mundo natural. É claro que muito disso depende de que os Estados sejam bem construídos. Se forem frágeis ou mal concebidos, serão fracos, e é a fraqueza, não a força, a inimiga de uma ordem política estável. Acho possível que Hobbes acreditasse que seu Estado soberano, se funcionasse realmente como modelo para o mundo, poderia resultar numa espécie de paz mundial. Não haveria a necessidade da criação de um superEstado. Teria razão? Tal julgamento segue em aberto. Na maioria das vezes, soa um pouco ilusório. A arena internacional ainda tem muitos elementos anárquicos convivendo com áreas de cooperação surpreendentemente duradouras, e, à medida que os Estados se tornam mais poderosos, um conflito entre eles como efeito adverso se torna mais aterrorizante. Mas isso não quer dizer que seja correto supor que Hobbes foi o filósofo da política internacional anárquica. Não foi. Hobbes era um pacifista.

De modo que as RI são uma história que não contei. Mas há outra, e é a que vou discutir neste capítulo: não apenas acerca do que os Estados fazem ou não uns aos outros, mas daquilo que fazem ou não aos indivíduos que vivem fora de suas fronteiras e sobre os quais passam a exercer seu domínio quando conquistam ou assumem um território. São aquelas pessoas a quem esses Estados não concedem o status de cidadãos. É a experiência do império e da colônia. Há uma versão hobbesiana dessa história também. Entre os muitos serviços que Hobbes prestava para os Cavendish, que o empregavam e protegiam, um era o de administrar alguns dos negócios da família. Os Cavendish foram os primeiros acionistas da Virginia Company, uma das empresas pioneiras na colonização do que hoje chamamos de Estados Unidos — colonização no sentido mais básico, literalmente fundar pequenas colônias na esperança de que sobrevivessem de um inverno ao outro. Hobbes ia às assembleias de acionistas e deve ter presenciado discussões que têm ligação clara com os debates fundamentais que sempre acompanharam o empreendimento do império. Como se controlam as pessoas que, no exterior, exercem o controle em nosso nome? Enviamos um pequeno bando de colonos para a Virgínia — que se chama Virgínia em homenagem à rainha virgem, uma maneira de reivindicar algum tipo de autoridade sobre aqueles colonos —, mas eles estão a um oceano de distância e não temos ideia do que estão fazendo, tampouco meios de comunicação confiáveis. Devemos confiar neles? Devemos deixar que assumam, efetivamente, o poder político sobre as pessoas com quem se relacionam lá ou tentar controlá-los? Essa questão se tornou um problema agudo para o Estado britânico em relação a esse tipo de empresas. A maior de todas, a Companhia das Índias Orientais, transformada num veículo para a conquista imperial em larga escala, acabou adquirindo poderes próprios em demasia. Virou uma corporação parecida demais com um Estado, e o Estado teve de colocá-la de volta em seu lugar.

Todos os autores sobre os quais falei tinham pelo menos alguma consciência dos problemas do imperialismo, embora a partir de perspectivas muito diferentes. Wollstonecraft conhecia a corrupção da Companhia das Índias Orientais, cujo crítico mais obstinado foi, por acaso, Burke. Constant viu Napoleão tentar construir um império europeu. Tocqueville, quando terminou de escrever sobre a América, tornou-se um dos maiores especialistas nas possessões imperiais francesas no norte da África, incluindo a Argélia. Marx e Engels pensavam no imperialismo como o afloramento do capitalismo. Os marxistas que vieram depois, sobretudo Lênin, acreditavam que o imperialismo era a forma mais elevada de capitalismo — ou seja, sua forma final — porque, como diziam Marx e Engels, os capitalistas precisam sempre buscar novos mercados para conquistar, onde possam despejar o excedente de produtos para pessoas que não têm escolha a não ser consumi-los. Marxistas como Lênin estavam certos de que isso não poderia durar. Em algum momento, não haverá mais lugares para os capitalistas conquistarem — não haverá mais pessoas para explorarem — e então a revolução virá.

Mas, mesmo para críticos ferrenhos do império, como Marx e Engels, a experiência ainda era essencialmente compreendida da perspectiva dos imperialistas e não do ponto de vista do povo colonizado.

Gandhi, claro, é a exceção na história que venho contando. É quem nos fala de como são as coisas a partir da experiência do colonizado. O escritor que vou discutir neste capítulo, Frantz Fanon, compartilha dessa perspectiva. Fanon não vê o império primordialmente do ponto de vista das pessoas que detêm o poder. Escreve sobre como é estar do outro lado, ser vítima dessa forma de opressão. No entanto, Fanon, em larga medida, nada tinha em comum com Gandhi. Parte de sua inspiração vinha de Marx e Engels. Fanon ofereceu uma variante da crítica marxista à política imperial, mas foi muito mais longe.

Foi mais longe em dois aspectos. Em primeiro lugar, ao contrário de Marx e Engels, Fanon viveu o que escreveu. Marx e Engels não estavam relatando sua própria experiência do imperialismo: simplesmente especulavam com base numa compreensão teórica e, nesse sentido, o que faziam era inventar tal experiência. Mas Fanon avançou também em outro aspecto. Para Marx e Engels, o império e o uso do Estado para colonizar e conquistar mercados era uma extensão da função estatal básica — sustentar o capitalismo. A exploração fundamental no cerne da política moderna era a dos trabalhadores pelos capitalistas, e a exploração dos colonizados pelos capitalistas era uma extensão daquela exploração primordial. Fanon inverteu a equação. Para ele, a exploração primordial, base fundamental da política moderna, se revela pelo imperialismo. A opressão imperialista mostra a verdadeira natureza do Estado moderno em sua forma mais crua: pura coerção, pura violência despojada de toda a cantilena sobre liberdade, direitos e representação. Todo o resto é secundário.

O que Marx e Engels acreditavam que os trabalhadores podiam ver, Fanon achava que só os colonizados eram capazes de enxergar. Segundo sua visão, os trabalhadores na Europa do tempo em que escrevia, início dos anos 1960, tinham ficado completamente confusos acerca do que realmente estava acontecendo. Sob o sistema soviético, eram enganados com conversas sobre emancipação ao mesmo tempo que levavam uma vida altamente controlada. Enquanto isso, a Europa Ocidental não havia tomado o rumo previsto por Marx e Engels. A revolução não acontecera ali; em vez disso, os trabalhadores tinham sido cooptados. As únicas pessoas que ainda entendiam que, no fundo, o Estado nada mais é do que um poder coercitivo sob o disfarce do discurso da liberdade eram as vítimas do imperialismo.

A experiência vivida por Fanon se desdobrou numa variedade de formas diferentes. Nascido na colônia francesa da Martinica, ele cresceu numa época em que lá se vivia uma espécie de dupla opressão imperialista. A Martinica fazia parte do Estado francês, mas era tratada como colônia e assim explorada, com todo o racismo daí resultante para sujeitos negros como Fanon. E, além disso, o próprio Estado francês tinha sido colonizado pelo Estado nazista. Com a derrota francesa em 1940 e o estabelecimento do regime fantoche de Vichy, a própria França se tornara uma extensão do poder de outro Estado, tratada não exatamente com a brutalidade que ela própria dispensava a algumas de suas colônias, mas não muito diferente. Assim, ter vivido na Martinica de 1940 até o momento em que partiu para se juntar às Forças Francesas Livres na luta contra a opressão nazista foi, para Fanon, experimentar a dupla brutalidade de ser brutalizado por pessoas que estavam sendo brutalizadas. Não lhe restavam quaisquer ilusões. Não havia mais como o Estado moderno se disfarçar sob o discurso da liberdade, dos direitos ou da justiça. Aquilo era tão somente coerção. Quando Fanon foi lutar pela França, descobriu que os franceses continuavam profundamente racistas mesmo no embate contra o racismo nazista. Entre as Forças Francesas Livres, Fanon se deparou com um preconceito generalizado que lhe era bastante familiar desde a infância na Martinica. Aprendeu, com tais experiências, que os franceses não queriam ser libertados por suas colônias mais do que queriam libertá-las.

Após a guerra, ele ficou para estudar na França e se formou médico. Trata-se do primeiro doutor — doutor de verdade — entre os autores que discuto neste livro (ph.Ds. não contam). Tornou-se psiquiatra e, nessa condição, foi para outra região do império francês, a Argélia, e lá ficou durante as sangrentas guerras de independência da década de 1950. Essas experiências serviram de inspiração para seu livro *Os condenados da terra*, publicado em francês em 1961 e traduzido para o inglês em 1963. Fanon presenciou a luta pela independência na Argélia enquanto trabalhava num hospital psiquiátrico. Foi um conflito extraordinariamente violento, e o que Fanon experimentou foi essa violência. Uma parte significativa de *Os condenados da terra* é dedicada ao estudo dos efeitos psicológicos de se viver sob tais circunstâncias de brutalidade: do significado de se conviver com uma espécie de violência não dissimulada que, no entanto, finge ser algo que não é, e do que isso faz com a sanidade das pessoas.

Weber entendeu que a política moderna é capaz de enlouquecer os políticos porque eles lidam com a duplicidade da violência. Sua ferramenta é o Estado moderno, um instrumento violento, que, ainda assim, se procura usar para algo mais do que apenas violência. Conforme afirma Weber, a menos que a pessoa seja muito cuidadosa, essa experiência a desestabilizará. Fanon escreve não apenas sobre políticos, mas sobre todos que podem enlouquecer tentando conviver com a mentira do império. Isso inclui todos os colonos perpetradores da violência, bem como as pessoas que tentavam soluções negociadas para essa violência, que tentavam evitá-la, que tentavam fazer concessões a ela e ainda que tentavam reformá-la. Qualquer um pode acabar desestabilizado por um grau tão extremo de uma violência que não tem como se revelar pelo que de fato é. As únicas pessoas que não enlouquecem são aquelas para as quais não pode haver dúvidas sobre do que se trata — as populações oprimidas dos Estados colonizados que não estão tentando fazer concessões, que não estão tentando um acordo, que não estão tentando encontrar um rumo dentro desse regime, mas simplesmente encaram sua brutalidade. Em outras palavras, os condenados da terra.

Fanon diz que a diferença entre a experiência deles e aquelas vividas pelos trabalhadores na Europa é que, diante da exploração bruta numa sociedade colonizada, não haverá nem a tentativa de disfarçar o poder como algo que não é. Ninguém se dará ao trabalho de tentar enganar a vítima do regime; simplesmente vão abusar dela.

"O mundo colonizado", escreve Fanon, "é um mundo cindido em dois":

> A linha divisória, a fronteira, é indicada pelos quartéis e delegacias de polícia. Nas colônias, o interlocutor válido e institucional do colonizado, o porta-voz do colono e do regime de opressão, é o policial ou o soldado. [...] Nos países capitalistas, entre o explorado e o poder se interpõe uma multidão de professores de moral, de conselheiros, de "desorientadores". Nas regiões coloniais, ao contrário, o policial e o soldado, por sua presença imediata, suas intervenções diretas e frequentes, mantêm contato com o colonizado e o aconselham, valendo-se de coronhadas ou bombas de napalm, a ficar quieto. Vê-se que o intermediário do poder usa uma linguagem de pura violência. O intermediário não alivia a opressão, não encobre a dominação. Ele as exibe e manifesta com a consciência tranquila das forças de segurança. O intermediário leva a violência para dentro das casas e do cérebro do colonizado.*

Ao contrário do que acontece nos Estados europeus modernos, a divisão aqui não é ocultada nem internalizada. É uma ferida aberta. Nas colônias, a linha divisória separa claramente quem tem poder e quem não tem. Nos países capitalistas, há

---

* Frantz Fanon, *Os condenados da terra*. Trad. de Lígia Fonseca Ferreira e Regina Salgado Campos. São Paulo: Zahar, 2022.

toda uma camada social a disfarçar a exploração como outra coisa — como educação, ou reforma, ou justiça. Nos países colonizados, ao contrário, o policial e o soldado, por sua presença *imediata*, por sua ação *frequente* e *direta*, mantêm contato com os nativos e os instruem à base de coronhadas e napalm.

Os chamados "desnorteadores" das sociedades europeias modernas incluem os políticos que, nas democracias, afirmam falar em nome dos trabalhadores para melhorar a vida deles, oferecendo todas as concessões contra as quais Marx alertou. Também incluem professores, literalmente, e reformadores morais, aqueles que exercem seu ofício em escolas e igrejas. Ser criado num Estado europeu moderno era ser submetido a uma espécie de regime de propaganda implacável cujo intuito consistia em ensinar que aquilo tudo não era mentira, que direitos, justiça e liberdade estavam ao alcance de quem se comportasse. Mas Fanon achava que ninguém que tivesse experimentado o domínio colonial em sua forma mais pura e crua podia acreditar nisso. Os "intermediários", como ele os chama, são a polícia e os soldados. E estes não estão ali para negociar nada — suas ferramentas não são aulas e discursos e campanhas eleitorais e artigos de jornal e homilias. São coronhas de rifle e napalm, simplesmente.

Outra coisa que Fanon credita à experiência do colonialismo é o apagamento da linha que se afirma haver, nos Estados europeus modernos, entre as esferas pública e privada. É a linha que o liberalismo insiste que soldados e polícia não devem cruzar a menos que tenham uma razão muito, muito boa para isso. Um Estado moderno — mesmo um Estado hobbesiano — pressupõe que seja possível localizar essa linha e recuar para trás dela, para um mundo privado onde o Estado deveria deixar as pessoas em paz. Se elas vivem numa sociedade colonizada, porém, a violência invadirá sua vida privada e sua casa. Não há onde se esconder, porque os agentes do

Estado colonial não respeitam fronteiras pessoais. Essa experiência dissiparia, necessariamente, quaisquer ilusões quanto à existência de direitos e proteção contra a violência. Quando o sujeito se retira para a esfera privada, numa sociedade colonizada, a violência o seguirá. Ela entrará em sua casa e, como diz Fanon, também em sua mente. Uma vez instalada na mente, não há como escapar dela de fato. E se não há como escapar dela, não é possível se esquivar, por mais ágil que se seja. Ela precisará ser confrontada e, no fim, subvertida.

A força do argumento de Fanon está no fato de haver apenas um grupo de pessoas que absolutamente não têm ilusões em relação ao poder colonial, e essas pessoas são aquelas submetidas a esse poder. Por implicação, todos os demais estão presos na armadilha de uma flagrante mentira. Mesmo os perpetradores da violência — a polícia, os soldados — vivem numa espécie de mentira, e é por isso que muitos deles enlouquecem. Uma versão diferente desse argumento aparece num dos mais famosos textos sobre a experiência do colonialismo a partir do outro lado — literalmente o outro lado do rifle. Um dos grandes críticos do imperialismo na tradição ocidental foi George Orwell, que também defendeu seu argumento com base na experiência vivida. Ele sabia do que estava falando porque tinha sido da polícia do império. Foi seu primeiro emprego de verdade, logo após terminar os estudos, e ele exerceu sua função na Birmânia. Orwell era membro da Polícia Imperial Birmanesa, responsável por manter a ordem naquela colônia britânica. Escreveu a respeito disso sob várias formas, inclusive em seu romance *Dias na Birmânia*, mas foi também sua experiência lá que rendeu dois dos mais célebres ensaios escritos em língua inglesa no século XX. Um deles se intitula "Um enforcamento"; o outro, "O abate de um elefante". Em ambos, em muito poucas palavras, Orwell tenta capturar como essas experiências lhe revelaram os limites de sua autonomia como policial do império, os limites das escolhas morais à disposição do servidor do Estado imperial.

Em "Um enforcamento", ele escolta um homem até o cadafalso. Em "O abate de um elefante", abate um elefante. Mas não quer abater o elefante. Orwell descreve o processo pelo qual, com a arma na mão, sente que não tem escolha. Ele relata:

> Entendi naquele momento que quando o branco se torna tirano é sua própria liberdade que ele destrói. Transforma-se numa espécie de boneco oco e presunçoso, a figura convencionada de um *saíbe* [oficial]. Porque é a condição de seu poder que passe a vida tentando impressionar os "nativos", e assim, em todas as crises, terá de fazer o que os "nativos" esperam dele. Ele usa uma máscara, e seu rosto se ajusta a ela.*

A diferença entre o sujeito que segura o rifle e as pessoas que estão do outro lado é que o primeiro usa uma máscara. Com o tempo, essa máscara se torna quem ele é — não há como removê-la, ainda que continue sendo uma máscara. Como um serviçal armado do Estado imperial, o sujeito está enredado na mentira. Por que razão Orwell abate o elefante? Conforme ele conta:

> Ter chegado até ali, fuzil na mão, com duas mil pessoas caminhando atrás de mim, e depois recuar frouxamente, nada tendo feito — não, isso era impossível. A multidão zombaria de mim. E minha vida inteira, a vida de todos os brancos no Oriente, era um longo esforço do qual não se devia zombar.**

---

* George Orwell, "Um enforcamento" e "O abate do elefante". Trad. de José Antonio Arantes, em *Dentro da baleia e outros ensaios*. Org. de Daniel Piza. São Paulo: Companhia das Letras, 2005, p. 65.   ** Ibid., p. 65.

Portanto, Orwell é capaz de expressar uma forma de verdade sobre a experiência do imperialismo, mas não de contar toda a verdade, ou pelo menos não é capaz de viver toda a verdade, pois, como policial do império, só consegue usar uma máscara até o ponto de se tornar incapaz de removê-la.

Fanon estava convencido de que as pessoas que viviam sob aquele tipo de opressão brutal não usavam nenhuma máscara. Levavam uma vida miserável, mas vivida pelo que era de fato. Uma vida inteiramente reduzida à experiência da violência. A violência era, portanto, sua realidade, e dar-se conta dela, como para Marx também o proletariado deveria perceber a opressão sob a qual vivia, é que empoderava aquelas pessoas. Eis o poder que Fanon tentou apreender em *Os condenados da terra*. Na linguagem que usa para falar da política moderna, ele a contrasta deliberadamente com o que veio antes: concepções clássicas, medievais e teológicas da verdade. Fanon rejeita a duplicidade da política moderna. Não acha que a política possa ser duas coisas ao mesmo tempo e não acredita que conceitos distintos — governo e povo, meios e fins, justiça e violência — possam ser tratados como se fossem inseparáveis. Fanon quer retornar à noção de que há uma escolha real em política, ao mesmo tempo que se distancia da ideia de que essa escolha real possa ser evitada.

Em *Os condenados da terra*, ele explica a lógica aristotélica do colonialismo, em contraste com a desconcertante dialética da moderna social-democracia europeia. O que Fanon quer dizer é que a vida do colonizado não pode ser descrita como duas coisas ao mesmo tempo. Em vez disso, trata-se da política operando de acordo com as nítidas distinções da lógica clássica: o colonialismo é uma experiência do tipo ou/ou. Há, na colônia, uma linha divisória que ninguém pode cruzar. Ou se está de um lado, ou do outro, e qualquer forma de política que afirme ser possível estar dos dois lados da linha ao mesmo tempo é falaciosa. Fanon também chama a experiência do colonialismo de maniqueísta, ou seja, uma disputa cósmica do bem contra o mal, mais uma ideia oriunda do mundo pré-moderno. É o bem *ou* o mal: não o bem *e* o mal. Outra palavra que Fanon usa para descrever a vida sob o colonialismo é "bestial", querendo dizer que ser tratado daquela maneira é algo menos que humano. "Bestial" não fica longe de "brutal", um dos termos de Hobbes para definir a vida em estado de natureza.

Fanon imagina um mundo colonial que é, de certa forma, natural: é pré-moderno; do tipo ou/ou. Mas ele não está tentando argumentar que, por isso, viver numa sociedade colonizada é viver em estado primitivo. Ser colonizado, para Fanon, segue como uma experiência essencialmente moderna. O que ele quer mostrar é que a embalagem moderna da violência colonial é uma farsa. São necessários conceitos pré-modernos para despir o véu e mostrá-la como de fato é. E Fanon estava absolutamente convencido de que ninguém devia pensar que qualquer um dos instrumentos da política moderna era capaz de remediar a situação. Se a opressão colonial é do tipo ou/ou, se é bem versus mal, se é bestial, então a linguagem da representação e da democracia deve ser tomada pelo que ele achava que era: apenas fachada. Não dá para democratizar uma situação bestial. Não dá para representar a luta entre o bem e o mal de uma forma que realmente capte a diferença — afinal, como um malfeitor pode ser representado sem perpetuar o mal? Não dá para transformar uma escolha do tipo ou/ou num acordo de dois lados ao mesmo tempo simplesmente dando às pessoas o direito de voto.

Muito da raiva de Fanon em *Os condenados da terra* é direcionada contra as figuras públicas que, pensava ele, nas sociedades colonizadas, tentavam ter um pé de cada lado da política moderna. Fanon era contra reformas; era contra cooperar; era contra fazer acordos. Também era contra o que veio a ser chamado de modernização. Para muita gente, a solução era modernizar as sociedades coloniais, especialmente se isso pudesse ser feito no modelo europeu. Vamos dar a eles um parlamento! Um sistema de educação! Saneamento básico! Na visão de Fanon, não passavam de disfarces para o que de fato estava acontecendo. Ele desconfiava dos políticos locais que adotavam tais causas — especialmente daqueles que (como ele) tivessem se formado no exterior — por suspeitar de quem jogava dos dois lados. Também desconfiava profundamente de todas aquelas pessoas que quisessem intelectualizar a experiência do colonialismo. Pode-se pensar que foi ele mesmo quem intelectualizou essa experiência — afinal, escreveu dois livros altamente sofisticados, cheios de referências à psicanálise, ao existencialismo e à literatura —, mas Fanon não achava que fosse isso o que ele fazia. Parte da razão pela qual muitos de seus escritos posteriores descrevem o tormento mental vivenciado nas sociedades colonizadas é que, segundo pensava, aquilo precisava ser testemunhado e não apenas teorizado. Era o que ele tinha visto como médico. E era o que agora relatava.

Mas Fanon se esforçava, igualmente, para enfatizar que seu relato não era o mais autêntico disponível. A testemunha não é o verdadeiro agente da mudança. Ele costumava celebrar o que chamava de "o povo do interior". Não queria, com a expressão, dizer que fossem gente mais atrasada do que quem vivia nas cidades. O que queria apontar era o fato de ser um povo cuja experiência de opressão não havia sido comprometida pela educação e pela intelectualização, cuja experiência era inequívoca. Eram aqueles que menos se deixavam enganar.

Acima de tudo, e isso é o que mais choca na obra de Fanon, ele abraçou a violência. A violência, para Fanon, era o instrumento de libertação, o meio pelo qual se libertar da opressão colonial. O povo do interior entendia isso, ainda que os intelectuais não entendessem. A violência era o grande fator esclarecedor. Revelava a verdade. Gandhi também achava que a violência revelava a verdade sobre os regimes imperiais. Mas, ao contrário de Gandhi, Fanon acreditava que a verdade era que só com violência se poderia combater a violência. Celebrar a violência dessa forma ajudou muito a aproximar Fanon de algumas das tradições europeias que ele afirmava desprezar. O pensamento marxista contém vários tipos de celebração da violência, a começar pelos próprios Marx e Engels. Talvez o exemplo mais explícito seja um livro publicado em 1909 por Georges Sorel, um engenheiro francês, intitulado *Reflexões sobre a violência.* Nele, Sorel argumenta a favor da necessidade da violência muito à maneira de Fanon, exceto pelo fato de que aplica suas reflexões à experiência do proletariado. Defende que a violência, por si só, já revela a situação do trabalhador pelo que é, e por essa razão deve ser acolhida. Quem repudia a violência está negando a única experiência que permite à pessoa saber quem de fato é. Em particular, Sorel enalteceu a violência que viu ser deslanchada nos Estados Unidos, no início do século XX, por relações trabalhistas brutalmente conflitantes e greves interrompidas, muitas vezes, por soldados abatendo trabalhadores. Sorel defendia a ideia de uma greve geral que obrigasse os opressores a revelarem seu jogo. Quando grevistas são, por fim, confrontados por soldados armados, aí é que se pode saber que sua política está funcionando. É quando se percebe a necessidade de revidar. Não resta escolha.

Sorel sempre foi uma figura marginal no pensamento marxista do início do século XX, e suas ideias logo foram suplantadas pela perspectiva muito mais estatista de Lênin. A greve geral que Sorel esperava nunca aconteceu; o que, sim, aconteceu foi a Revolução Russa. Mas quando Fanon aderiu a essa linha de pensamento e a aplicou aos regimes coloniais, ela ganhou um novo sopro de vida. Fez o caminho de Paris à Argélia. E depois voltou para Paris. Em 1968, quando estudantes e trabalhadores de novo foram às ruas da cidade, tanto Fanon quanto Sorel eram nomes a ser considerados. Eram aqueles que falavam a verdade sobre os acordos fatais da modernidade, revelados quando os opressores tentam fazer seu pior. Tanto Sorel quanto Fanon argumentavam que os oprimidos deveriam estar dispostos a induzir seus opressores e permitir que se revelassem como quem de fato eram. Mas não se tratava de um chamado à desobediência civil. Era um chamado à revolução. Não vale a pena abraçar a violência e se recusar a revidar usando também dela. Para Fanon, como para Sorel, o objetivo era revidar.

Fanon não viveu para ver o que aconteceu nas ruas de Paris em 1968, tampouco a promessa de mudança revolucionária ou, por fim, a decepção que dela resultou. Morreu de leucemia pouco depois de terminar *Os condenados da terra*, em 1961. De qualquer forma, tinha pouca fé de que a Europa fosse um lugar onde a verdadeira transformação política pudesse ser alcançada. Era tarde demais para isso. Os europeus tinham desperdiçado uma perspectiva promissora. Fanon escreveu:

> Todos os elementos de uma solução para os grandes problemas da humanidade existiram, em momentos diversos, no pensamento da Europa, mas a ação dos homens europeus não realizou a missão que lhe competia e que consistia em refletir intensamente sobre esses elementos, em modificar-lhes o arranjo, o ser, em transformá-los, enfim em levar o problema do homem a um nível incomparavelmente superior.*

No fim das contas, os europeus não haviam enfrentado seus problemas com violência suficiente. Seguiram habitando a esfera do mero pensamento.

---

* Frantz Fanon, op. cit., p. 273.

Fanon achava que a Europa estava presa ao próprio passado. Tinha as ideias certas, mas não conseguira se libertar das estruturas sociais e políticas que sufocavam sua verdadeira expressão. Projetava-se para fora, na forma do imperialismo, mas era incapaz de projeção interna, de modo que, no final, a política europeia não passava de muito ruído e nenhuma ação. Tinha virado o que ele chama de "movimento imóvel",* descrição possível para uma versão do Estado moderno. O risco é que o Estado moderno se torne paralisante. Cada parte dele se encaixa na outra; há uma lógica de equilíbrio, mas nada se move, tudo está fixo. Como diz Orwell, a máscara serve tão bem que não dá para tirá-la, mas continua sendo uma máscara. Eis aí, para Fanon, o destino da Europa e da política europeia: ter construído uma forma de vida política que trazia em si o potencial de transformação, mas terminara aprisionada pelos desnorteadores, pelos educadores, pelos políticos, pelos representantes, os quais, no fim das contas, nada podiam fazer a não ser congelá-la no lugar para, em seguida, delegar a seus funcionários no império o trabalho bruto da opressão.

Fanon queria algo diferente. Achava que a África — não apenas a Argélia, mas o continente africano como um todo, que experimentara em toda a sua extensão as formas mais brutais de coerção imperialista — abrigava a possibilidade de um novo tipo de Estado. Seria um Estado que, como afirma Fanon, tem como seu objeto a humanidade inteira. Que retoma a questão da "massa cerebral de toda a humanidade".** Seria um Estado capaz de reumanizar a terra. Um projeto, portanto, nada menos que ambicioso. Fanon acreditava genuinamente que a esperança maior para esse tipo de Estado estava no tipo de experiência pelo qual apenas os colonizados africanos tinham passado.

---

* Ibid., p. 273.   ** Ibid., p. 274.

É difícil saber como caracterizar esse tipo de projeto político. Vai muito além de tudo o que falei até agora, tanto em ambição psíquica quanto, também, na disposição de acolher a violência como meio. Uma palavra em potencial para descrevê-lo é "pós-moderno". É o Estado que vai além do Estado moderno. Que transcende a duplicidade da política moderna não pelo pensamento dialético europeu, mas pela experiência vivida na África. Fanon acreditava verdadeiramente nessa possibilidade. Do ponto de vista do século XXI, é uma ambição que, na melhor das hipóteses, soa aspiracional — para usar uma palavra talvez delicada, neste caso. A história recente dos Estados africanos, inclusive daqueles criados no rescaldo dos movimentos de libertação e independência pós-coloniais, não é de transcendência da política moderna. A África não suplantou os dilemas da política moderna para adotar algo parecido com o destino cerebral da humanidade. Na verdade, a política africana parece tão presa à visão hobbesiana do que é política quanto a de qualquer outro lugar. Segurança não é algo que se possa dar como certo. O risco de colapso civil é real. O fracasso da autoridade soberana pode levar ao caos, mas o preço de mantê-la talvez leve à corrupção e à depredação. O que se pode esperar de melhor é, muitas vezes, escapar da política do tipo ou/ou — ou nós, ou eles — para alguma coisa próxima da estabilidade de um Estado moderno e funcional, mas tampouco isso se consegue sem seus próprios e significativos riscos. Um Estado assim não é a única esperança, embora — na maioria das vezes, para a maior parte das pessoas do planeta, inclusive para as populações em rápido crescimento nos Estados africanos — siga sendo a política que temos.

O que a palavra "pós-moderno" capta, embora signifique muitas outras coisas, é que a concepção de Fanon desse novo tipo de Estado pretende que ele seja o que vem *depois* do Estado moderno. É uma concepção voltada para o futuro. Fanon tinha bastante consciência de que, em particular para o tipo de plateia ocidental que seus textos provavelmente atrairiam, havia outro risco em celebrar a noção de africanidade. Era a tentação, entre esse seu público ocidental, de supor que ele estava defendendo uma espécie de primitivismo, que o que queria era voltar a um tempo menos artificial, mais instintivo. Em *Os condenados da terra*, Fanon é mordaz ao falar sobre aqueles europeus que celebram a cultura africana porque pensam que há algo de puro e natural nela, exibindo e trajando artefatos do mundo africano, apropriando-se deles, porque acham ser uma maneira de entrar em contato com sua própria inocência. Mesmo quando exalta o povo do interior, aqueles que não foram corrompidos por uma educação europeia, Fanon jamais defende um retorno ao primitivismo. Acredita genuinamente no poder da política para transcender e ir além. A pureza da experiência africana, para Fanon, era simplesmente a pureza da experiência da violência — a experiência da opressão sem mediação. Quem não é africano não tem como resgatar isso apropriando-se de um artefato, nem deveria tentar.

Hannah Arendt foi uma das muitas pessoas que ficaram horrorizadas com Fanon. Ela se chocava com o que via como celebração da violência e com aquilo que chamou, ela própria, de naturalização da violência em Fanon. Arendt considerava a violência como essencialmente destrutiva, contrastando-a com o que chamava de "força", que, ao contrário da violência, era capaz de atividade produtiva real no mundo. Força não era o mesmo que ação, mas podia resultar na fabricação de coisas de valor duradouro. Deveria ser possível usar o poder do Estado como uma forma de força, que é criativa, e não como veículo de violência, que só pode ser destrutiva. Ao reclamar da naturalização da violência em Fanon, Arendt também estava implicitamente argumentando que, apesar de toda a conversa sobre transformação, o que ele fazia era reduzir a violência ao nível do trabalho: torná-la repetitiva, implacável, cíclica e autossuficiente. Arendt escrevia em 1970, depois de ter visto a futilidade das tentativas dos estudantes de adotar os argumentos de Fanon pela violência criativa em prol da mudança transformadora. Violência criativa, para Arendt, era uma contradição em termos.

Arendt tem pouco em comum com Fanon e, no entanto, acho que há uma coisa que os conecta. Ambos estavam tentando, de jeitos muito diferentes, enfatizar que a política moderna não é a única maneira de fazer política, que há algo de contingente numa história que começa com o Estado moderno. Há algo de contingente numa compreensão da política cujo alicerce é uma aliança entre violência e segurança. Ambos tentavam sair e ir além disso ao sugerir que existem formas pelas quais as ideias que Hobbes unira — a tal ponto que acreditou tê-las tornado inseparáveis — podiam ser separadas. Talvez precisassem mesmo ser separadas. Por mais diferentes que sejam esses dois autores, Arendt e Fanon propõem a questão fundamental da política moderna. Ela é contingente? É uma máscara que podemos tirar, ou a máscara avançou sobre nosso rosto de modo a se encaixar com tanta firmeza que nunca conseguimos tirá-la?

Essa pergunta sobre o Estado moderno é mais do que apenas uma pergunta sobre a experiência do colonialismo. É sobre o fato de todos vivermos sob as condições da modernidade, potencialmente presos, potencialmente livres. O destino do planeta pode depender da nossa resposta a isso. Mas se Fanon acreditava que a experiência do colonialismo tem uma capacidade única para fazer a pergunta soar real, quem pode dizer que ele estava errado?

II.
MacKinnon sobre a opressão sexual

Toward a Feminist Theory of the State [Para uma teoria feminista do Estado] (1989)

Catharine A. MacKinnon (1946-) nasceu em Minneapolis. Seu pai era deputado e sua mãe, juíza. MacKinnon se formou como advogada na Universidade Yale, onde também fez doutorado em ciência política. Atualmente é professora de direito na Universidade de Michigan e, de 2008 a 2012, foi assessora especial para questões de gênero do Tribunal Penal Internacional. Participou de campanhas por muitas causas feministas, inclusive pela abolição da pornografia, pelo reconhecimento legal do estupro em situação de genocídio e pela Coalizão contra o Tráfico de Mulheres. Seus livros incluem *Sexual Harassment of Working Women* [Assédio sexual às mulheres operárias] (1975), *Women's Lives, Men's Laws* [Vidas femininas, leis masculinas] (2005) e *Butterfly Politics* [Política borboleta] (2017), no qual argumenta que "uma pequena intervenção acertada num sistema político instável pode ter grandes e complexas reverberações". MacKinnon segue escrevendo sobre uma ampla gama de questões referentes à igualdade sexual, tanto nos Estados Unidos quanto internacionalmente — e militando por isso. Suas abordagens da desigualdade, da pornografia e dos discursos de ódio têm sido particularmente influentes na Suprema Corte canadense.

A história das ideias políticas modernas que venho contando já nos aproxima dos dias atuais — neste capítulo, teremos chegado a 1989. Antes disso, quero voltar brevemente ao início. Não a Hobbes, mas a Mary Wollstonecraft e seu livro *Reivindicação dos direitos da mulher*. De todos os textos que discuti, é o de que mais gosto, pois me parece o mais humano. O *Leviatã* é uma obra-prima, mas também levemente desumano. Fica a apenas um passo da ficção científica, enquanto Wollstonecraft está a apenas um passo de Jane Austen. Wollstonecraft, porém, propõe igualmente um desafio básico para a política moderna, e não acho que tenhamos respondido a ele. Tentar dar essa resposta, ou pelo menos dizer por que é tão difícil encontrar uma, segue sendo importante.

O desafio proposto por Wollstonecraft é o seguinte: construímos o Estado moderno, a instituição fundamental da política moderna, e ao fazê-lo criamos um monstro. Nós o construímos para nos mantermos seguros. Ele está aí para nossa proteção. Demos a ele poderes especiais porque achamos que alguém ou alguma coisa precisa ter tais poderes para o bem da nossa segurança. Mas sabemos que grande parte de nossa vida permanecerá intocada pelo Estado. Nenhum Estado pode fazer tudo e, de fato, a maioria vai deixar de lado a maior parte das coisas. Também estamos cientes de que aquelas áreas de nossa vida nas quais o Estado não interfere não são lugares inocentes em que só coisas boas acontecem. Em nossa vida doméstica, em nossa vida privada, em nossa vida pessoal, em nossa casa, mas também nas ruas, coisas ruins acontecem o tempo todo, e há injustiças, crueldades, violência, até morte. Os Estados muitas vezes serão indiferentes a esse tipo de sofrimento. Então o que devemos fazer com todas essas searas da vida, intocadas pelo Estado, nas quais ainda assim precisamos de proteção? Não se trata, aqui, de uma questão sobre a proteção política fundamental na qual Hobbes estava pensando — ser resgatado da guerra, do colapso civil, da invasão estrangeira, do desastre econômico e de outros desastres de grandes proporções. Trata-se da proteção cotidiana contra nossos opressores cotidianos — ser resgatada de maridos, amantes, pais, patrões, desconhecidos, homens.

Poderíamos responder a essa pergunta dizendo que, assim como construímos o Estado, também podemos refiná-lo. Criações artificiais podem ser reprogramadas. Poderíamos redesenhar o Estado de modo a dotá-lo das qualidades necessárias para enfrentar também essas injustiças do dia a dia. Ele não passa de uma máquina, então, vamos fazê-la funcionar melhor. Mas essa linha de argumentação racionalista, em particular, é que deixava Wollstonecraft desconfiada. O Estado não é apenas uma máquina. É uma máquina construída a partir de nós: sua matéria-prima são os seres humanos. Como podemos ter certeza de que não vai simplesmente replicar as injustiças do dia a dia que queremos que ele resolva? De modo que, nesse caso, em vez de ser o instrumento a nos resgatar das crueldades de rotina, ele se tornaria simplesmente uma versão amplificada delas. Eis o perigo que Wollstonecraft ilustrou em seu relato das relações cotidianas entre homens e mulheres. São relacionamentos, sob muitos aspectos, fundamentalmente injustos e mutuamente corruptores; precisam de reparos. Mas se o Estado é o instrumento que escolhemos para reparar tais injustiças, sem antes ter certeza de que ele não é só mais uma versão delas, estamos apenas piorando uma situação ruim.

Para Wollstonecraft, aqueles Estados com os quais, no final do século XVIII, tinha tomado contato replicavam, simplesmente, tudo o que havia de errado nas relações entre homens e mulheres. A luxúria masculina, o poder masculino, a crueldade masculina e com isso a dependência e a corrupção mútuas que se seguiam estavam inscritos de alto a baixo no Estado. Assim, se o Estado ia lidar com essas coisas, teria de enfrentar a si mesmo. Não parece claro que Estados saibam como fazer isso: a máquina não é capaz de autocorreção. Eis o desafio, portanto: como ter um Estado que não recrie e amplifique, simplesmente, os humanos fracassos domésticos que está tentando resolver, uma vez que esse Estado é construído a partir de nós e somos seres humanos falíveis? Entre os autores que discuti, existem essencialmente dois tipos de resposta a isso. Uma é a liberal. A outra, a marxista.

A resposta liberal diz que devemos focar um Estado que seja essa espécie de máquina e usar seu lado mecânico e impessoal para afastá-lo o máximo possível das injustiças cotidianas. Deixá-lo pairar acima da contenda: podemos torná-lo confiável simplesmente como um mecanismo baseado em regras. Uma palavra para esse tipo de Estado seria "neutro". Ele não toma partido porque realmente não lhe interessa nem um pouco saber como é vivenciar aquelas injustiças. Ele apenas aplica as regras. Se isso significa que precisará parecer um pouco desumano, que seja. E se não der certo — porque mesmo o mais mecânico dos Estados terá algumas qualidades humanas, uma vez que constituído por seres humanos —, então concedamos aos cidadãos mais proteção, providenciando que tenham direitos de defesa contra o Estado. A gente tenta garantir que eles possam ser protegidos da arbitrariedade do Estado ao mesmo tempo que, sempre que possível, tenham o poder de influenciá-lo. Alguns desses direitos são legais — garantias jurídicas — e alguns são políticos — voz pelo voto. Dessa forma, os cidadãos conseguem informar ao Estado quando ele foi longe demais, quando está piorando as coisas, quando apresenta pontos cegos, quando não sabe o que está fazendo. O que ecoa o entendimento de Constant sobre o que deveria ser um Estado liberal: uma instituição neutra que nos protege uns dos outros, mas depende de nós para dizer quando sentimos que precisamos de mais proteção contra o próprio Estado.

Há uma poderosa versão feminista desse argumento. O feminismo liberal se concentra nos direitos das mulheres, inclusive naqueles que as empoderam contra quem as possa estar oprimindo, e também nos direitos delas contra o Estado, caso este venha a se tornar um daqueles opressores. Isso significa garantir que as mulheres possam votar; portanto, uma forma clássica de feminismo liberal moderno é a luta pelo direito de voto delas. Mas o voto, embora necessário, não é suficiente, e as feministas liberais têm procurado encampar uma gama muito mais ampla de direitos participativos — aí incluído o direito a diferentes formas de bem-estar social — a fim de garantir que, quando o Estado deixa transparecer sua parcialidade, as pessoas do outro lado recebam dele próprio uma compensação.

Esse é o modelo liberal. Os marxistas diriam que tal versão da política é um absurdo interesseiro. É totalmente ingênuo pensar que se possa construir um Estado imparcial e neutro. A sociedade que criou o Estado moderno — a sociedade capitalista burguesa — o fez para livrar suas próprias injustiças da necessidade de compensação, não para nos proteger delas. Portanto, o argumento marxista afirma algo completamente diferente. Não dá para resgatar as pessoas lhes concedendo mais direitos. Não dá para resgatá-las tentando garantir que o Estado seja o mais neutro possível. É preciso que a gente se desfaça do chamado Estado neutro e o substitua por algo que será muito claramente parcial, pois precisará estar do lado dos oprimidos.

Marx e Engels — particularmente Engels — adaptaram esse argumento às relações familiares e às questões de sexo e poder. O argumento marxista diz que os homens, nas sociedades burguesas, são os proprietários de fato das mulheres e que as leis supostamente imparciais que regem essa relação não são neutras. O casamento, sob as condições estabelecidas pelo capitalismo, não passa de uma relação de propriedade, do que resulta que não há muita diferença entre casamento e prostituição. Mulheres são uma posse que os homens exploram. Do ponto de vista marxista, não faz sentido dizer que poderíamos ter leis melhores, mais justas e igualitárias, para reger o casamento, se o problema é que o casamento, por definição, trata as mulheres como propriedade. Não se mudam as leis para proteger as mulheres; é preciso mudar toda a base da sociedade. E isso requer uma revolução.

Liberais e marxistas tentaram, portanto, responder à questão: como impedir que o Estado reproduza as injustiças que queremos que ele enfrente? Os liberais respondem que precisamos de um Estado mais justo. Os marxistas, que precisamos de uma sociedade mais justa. Catharine MacKinnon diz que a longa história de lutas pelo empoderamento das mulheres mostra que ambas as respostas são inadequadas. Nem a resposta liberal nem a resposta marxista funcionam porque, na verdade, não respondem à questão.

MacKinnon é uma advogada com excelente formação. O único outro advogado de formação sobre o qual falei neste livro é Gandhi, que às vezes também é considerado uma espécie de feminista. No caso, adepto de um tipo peculiar de feminismo. Gandhi tinha algumas atitudes bastante estranhas em relação ao sexo em particular. Celebrava a castidade e a resistência à tentação, defendendo a abstinência até mesmo para casais que dividiam a mesma cama. Tentou praticar o que pregava, passando seu tempo em proximidade física com mulheres jovens como forma de *não* fazer sexo com elas. Gandhi nunca acreditou que sua vida sexual pudesse ser um modelo para a sociedade como um todo — era um modelo exigente demais. Mas levou muito a sério o papel das mulheres na sociedade e militou contra a opressão feminina. Defendeu que as mulheres deveriam resistir a ser vistas como "meros símbolos sexuais, brinquedos ou bonecas". É possível argumentar que sua compreensão da não violência era meio que uma forma de política feminina que se contrapunha à política masculina da violência e da coerção.

No entanto, para chamar Gandhi de feminista, temos de extrair de seu pensamento esses fios separados e com eles tecer uma outra coisa. O feminismo é, na melhor das hipóteses, um desdobramento de alguns dos outros princípios que motivam os textos dele. Isso vale para a maior parte das formas de feminismo, certamente aos olhos de MacKinnon. É, para ela, o problema do feminismo liberal: a resposta que dá à questão de compensar a opressão cotidiana não prioriza o feminismo sobre o liberalismo; é o liberalismo que vem primeiro, só depois o feminismo. Parte-se de princípios liberais para, em seguida, tentar aplicar esses princípios à "questão da mulher", como costumava ser chamada. As mulheres são incidentais, não essenciais, para essa análise política.

A mesma coisa com o marxismo. O feminismo marxista parte do que acontece não entre homens e mulheres, mas entre a burguesia e o proletariado, e só então tenta aplicar o argumento a tudo o mais, aí incluídas as questões de gênero e as relações sexuais. MacKinnon afirma que isso não é feminismo de verdade. Num artigo que escreveu pouco antes de publicar *Toward a Feminist Theory of the State* [Para uma teoria feminista do Estado], ela expõe esse ponto da maneira mais clara possível. Há todo tipo de variedade diferente de feminismo, diz ela, inclusive os feminismos liberal e marxista, junto com muitos outros. A gente pode ter o tipo de feminismo que quiser; só precisa pegar um princípio de justiça e aplicá-lo à questão de como as mulheres são tratadas na sociedade. Dá para fazer um feminismo ecológico, um feminismo vegetariano, um feminismo hobbesiano, caso se queira muito. Mas MacKinnon insiste em que feminismo radical é "feminismo", simplesmente. Sem qualificativos. A forma radical do feminismo é aquela que parte do próprio feminismo, em vez de tê-lo como ponto de chegada. Quando se parte do feminismo é que se percebe que as versões liberal e marxista não têm a ver, em última análise, com a defesa das mulheres contra os homens. Dizem respeito a outra coisa — à defesa dos indivíduos contra o Estado, ou à defesa dos trabalhadores contra os capitalistas. E, como são outra coisa, não respondem à questão sobre como defender as mulheres contra os homens em primeiro lugar.

Então o que exatamente há de errado com o feminismo liberal, na visão de MacKinnon? Ela acha que o problema é a falsa tentativa de criar um Estado neutro que esteja acima dos conflitos que julga. O ideal liberal é o de um Estado que não toma partido e simplesmente olha para as evidências segundo seus méritos. É imparcial. Ele não replicará o preconceito e a paixão humanos, e isso, supostamente, é o que o salva, e a nós também, porque o Estado liberal é projetado para nos resgatar do pior de nós mesmos. Mas, observa MacKinnon, quando se tem uma sociedade fundamentalmente injusta porque as relações de poder entre homens e mulheres são fundamentalmente injustas, um árbitro neutro não vai corrigir a injustiça. A neutralidade só vai replicar a injustiça. Um árbitro que se recuse a tomar partido numa disputa em que um lado tem todo o poder vai simplesmente garantir que esse lado siga vencendo.

MacKinnon pensa no Estado liberal como, essencialmente, o Estado masculino. Ele tenta esconder esse fato dizendo que é neutro. Mas, como afirma MacKinnon, qualquer mulher que tenha tentado lidar com o Estado sabe que, ao não tomar partido, ele fica do lado do homem. O Estado é invariavelmente povoado por homens, em especial nas funções mais poderosas (políticos, juízes, policiais); vê o mundo como os homens veem o mundo; e deixa intacto o poder masculino. Aí chama essa postura de neutralidade.

Uma maneira de pensar sobre isso é com uma analogia (minha analogia, nesse caso, não de MacKinnon). Imagine uma competição esportiva. Escolha o esporte que preferir — pode ser futebol, pode ser *netball*, pode ser qualquer coisa, jogada por homens ou mulheres, não importa. O que está em jogo aqui não são as relações de gênero; são as relações de poder. Pense numa versão de equipe para o esporte em questão e imagine uma partida entre as categorias etárias sub-18 e sub-12. Suponha que a partida seja jogada conforme as regras convencionais do esporte, projetadas para serem justas e imparciais. Os esportes coletivos quase sempre têm um juiz ou árbitro, cujo trabalho jamais é escolher um dos lados; é, na medida do possível, ser completamente neutro e simplesmente aplicar as regras. Agora pense na partida entre essas duas equipes, todos jogando de acordo com as regras. Os sub-18 jogam segundo as regras; os sub-12 jogam segundo as regras; o árbitro ou juiz aplica as regras de forma justa. É uma disputa com arbitragem neutra. E o que resultará disso é que os sub-18 ganharão sempre.

Isso, para MacKinnon, é o que acontece numa sociedade em que, havendo profunda injustiça estrutural, interponha-se um árbitro neutro ao qual se diga para atuar de acordo com as regras. Não importa quão escrupulosamente esse árbitro tente aplicar as regras, ao fazê-lo, estará garantindo que o lado que sempre vence continue a vencer. Se os homens de saída tiverem todo o poder e forem julgados de forma neutra, terminarão com todo o poder.

MacKinnon associa as falhas do liberalismo à noção de liberdade negativa. Conforme sua visão, as pessoas são atraídas para a ideia de liberdade negativa porque querem ser protegidas do poder arbitrário do Estado. Querem ser livres para conduzir sua própria vida, cometer seus próprios erros, fazer o que quiserem com seu corpo, com suas propriedades, com suas crenças, com seus valores. A ideia de liberdade negativa supõe que somos os donos do nosso destino. Mas MacKinnon diz que a liberdade negativa é o tipo de noção que atrai aquelas pessoas que não precisam dela, porque já têm essa liberdade de qualquer maneira; o poder que detêm significa que ninguém as impede de fato de fazer nada, para começo de conversa. Aquelas pessoas relativamente desempoderadas, que se beneficiariam de fato de uma maior amplitude de horizontes em sua vida, não querem mais liberdade negativa porque sabem que isso não faz diferença.

Aqueles que amam a liberdade negativa sem precisar dela tendem a ser homens; acima de tudo, homens de posses. Se a pessoa acha que quer levar uma vida na qual seja livre para cometer os próprios erros, é quase sempre porque já pode cometê-los com a certeza de que nenhum erro será fatal. É um pouco como a visão de Tocqueville sobre a América. Para Tocqueville, os Estados Unidos podiam se dar ao luxo de cometer erros por não haver possibilidade de que um deles fosse fatal — e, no fim das contas, isso significava complacência política. Para MacKinnon, qualquer indivíduo que pense que nenhum erro seu será fatal já está protegido pelo sistema. A liberdade negativa é uma ideia inerentemente complacente. As pessoas para quem um erro pode ser fatal sabem que o sistema não apenas não as protege, mas também que toma o partido daqueles que podem se dar ao luxo de cometer erros. A liberdade negativa, no sistema vigente, não traz vantagem para as pessoas que se beneficiariam de verdade dela, pois o que precisam é de um sistema totalmente diferente.

Isso pode fazer parecer que MacKinnon deveria ser marxista ou pelo menos defensora da liberdade positiva de inspiração marxista. Se não basta proteção contra poder e interferência arbitrários, uma vez que todo mundo precisa ter as condições necessárias para levar uma vida plena, então o que necessitamos não é do tipo de Estado que nos dê essas condições? MacKinnon, porém, afirma que a versão marxista desse argumento adota fatalmente outra categoria equivocada de análise ao supor que é possível a transposição de um Estado baseado na reparação da injustiça de classe para um cenário com todos os outros tipos de injustiça. O pressuposto é que, enfrentada a injustiça de classe, os demais tipos desaparecerão. Em algum lugar das profundezas do pensamento marxista, mora a crença de que, com o tipo certo de revolução política — aquele que ponha os trabalhadores no comando de todos os demais —, o casamento, as relações domésticas e trabalhistas, uma harmonização de todas as relações sociais e humanas, na verdade, é o que se seguiria naturalmente. MacKinnon diz que não há absolutamente nenhuma razão para pensar que isso seja verdadeiro.

Por que as injustiças verificadas entre homens e mulheres desapareceriam só pelo fato de os trabalhadores assumirem o comando, especialmente quando quase todas as teorias marxistas imaginam esses trabalhadores como homens? MacKinnon usa uma imagem muito marcante para descrever o que acha que sobra depois de os marxistas conquistarem seu Estado. Diz ela que a versão marxista do feminismo deixa as mulheres à mercê da "sociedade civil". O socialismo é, entre outras coisas, o -*ismo* da sociedade contra a política (é o "social-ismo").

Na teoria marxista pura, o Estado mais ou menos desaparece quando os trabalhadores assumem o controle: deixa de ser necessário, pois a sociedade é capaz de governar a si mesma. Uma sociedade que governa a si mesma é, para MacKinnon, estado de natureza, simplesmente. É o que ela vê como o destino das mulheres na ausência do Estado: após a revolução marxista, "as mulheres são abandonadas à sociedade civil, a qual, para elas, mais se assemelha ao estado de natureza".* É a expressão de Hobbes aplicada não ao que existe antes do Estado, mas ao que vem depois que homens revolucionários desejaram o fim dele.

O que MacKinnon está efetivamente dizendo é que a versão hobbesiana do estado de natureza inverte as coisas. A suposição básica de Hobbes sobre o que acontece com os seres humanos em condições nas quais haja apenas uma relação natural é a da igualdade, no sentido de que todos somos igualmente vulneráveis, porque o ser humano é um animal vulnerável. Temos um cérebro grande e um corpo frágil, de modo que somos fáceis de matar. Para Hobbes, o fato básico do estado de natureza é que qualquer um é capaz de matar um igual. Portanto, cria-se o Estado hobbesiano para proteger os indivíduos dessa igualdade na vulnerabilidade. Mas MacKinnon observa que, uma vez que se faça isso, que se tenha estruturado a sociedade política de modo que o Estado esteja lá para proteger as pessoas, a desigualdade subjacente do estado de natureza ainda permanece intocada. O fato primordial do estado de natureza, para MacKinnon, é não haver igualdade de condições; não é qualquer um que é capaz de matar um igual. O fato primordial é que são os homens que matam as mulheres. Muito, muito mais homens matam mulheres do que mulheres matam homens. E desfazendo-se do Estado por supostamente se ter remediado a injustiça fundamental da sociedade

---

* Tradução nossa.

civil, deixa-se a desigualdade subjacente ao estado de natureza sem solução. Uma sociedade estruturada sobre essa desigualdade, na ausência de um Estado, põe as mulheres à mercê dos homens. São os homens que tornarão a vida das mulheres sórdida, brutal e curta.

MacKinnon usa a linguagem hobbesiana, mas rejeita a história de Hobbes para a origem do Estado. Ela acha que nem a versão liberal, nem a versão marxista do feminismo fazem coisa alguma para resolver o problema de fundo. Portanto, sua crítica é quase total em relação a todas as coisas sobre as quais tenho falado neste livro. Não é uma rejeição total do Estado: o argumento é desenhado e avança para uma teoria feminista do Estado. Mas avançar para um Estado feminista significa se distanciar do Estado conforme concebido desde Hobbes.

MacKinnon afirma explicitamente, sobre o autor que dá a definição mais famosa dessa concepção de Estado, Weber, que ele apenas perpetua o problema que o Estado deveria resolver. Weber define o Estado como a associação que reivindica com sucesso o monopólio do uso legítimo da violência. Assentimos a isso porque queremos que a violência legítima nos proteja de outros tipos de violência e opressão. Mas, como diz MacKinnon, em qualquer Estado desse tipo, muito da violência que existe permanecerá intacta. Acima de tudo, a violência entre homens e mulheres: de homens contra mulheres. Uma sociedade em que o Estado é a única organização à qual se permite praticar a violência, e ainda assim ele deixa que outras formas de violência persistam, é uma sociedade em que o Estado legitima tacitamente toda a violência por ele permitida. Para as mulheres, o Estado moderno falhou em sua função básica. Toda a violência que ele não impede, acaba por autorizar.

Essa não é uma discussão só sobre Weber e Hobbes. Em essência, MacKinnon rejeita a ideia de que a política moderna — a própria modernidade — seja tão transformadora quanto seus profetas reivindicam. É contundente com aqueles que acreditam que, ao instituir a política moderna, deixamos para trás a superstição medieval. Não transformamos o mundo de algo confuso, feio e violento em algo limpo, mecânico e eficiente. Isso não passa de uma ilusão. Uma famosa definição do século XIX sobre o que distingue o mundo pré-moderno do moderno — de autoria do advogado vitoriano Henry Maine — diz que, chegada a modernidade, passamos do mundo do status para um mundo de contratos. O mundo do status é aquele no qual alguém consegue o que quer por ser quem é: você é filho deste ou daquele homem (ou filha deste homem, ou esposa daquele outro — mas só com muita sorte, nesses casos); você tem este ou aquele título, o que o torna titular de direitos; você vem ao mundo com esses benefícios no pacote. O contrato é o ideal liberal, baseado na suposição de que transacionamos livremente uns com os outros, e é assim, testando o que esta ou aquela pessoa vai permitir e quanto esta ou aquela pessoa vai querer gastar, que descobrimos nossa relação uns com os outros. À medida que passamos do status ao contrato, nesse relato vitoriano, estaríamos caminhando em direção à liberdade.

Há muitas razões — e não somente as marxistas — para pensar que essa história é certinha e organizada demais para ser convincente. O que MacKinnon diz é que o erro, aí, é não enxergar a forma mais básica de status que não conseguimos superar. Em *Toward a Feminist Theory of the State*, ela afirma que, uma vez percebido o elemento sexual da estratificação social subjacente à vida política e social moderna, o que se nota é a persistência do status.

> Sob essa luz, uma vez que o gênero é entendido como um meio de estratificação social, as categorias básicas de status para a lei medieval, que se pensava terem sido substituídas, nos regimes liberais, por construtos não hierárquicos

e aspiracionais de personalidade abstrata, se revelam, no fundo, inalteradas. Simplesmente se pressupôs que o gênero como categoria de status não tem existência legal, relegando-o a uma ordem social presumivelmente pré-constitucional por meio de uma estrutura constitucional projetada para não o incluir.*

O que significa que os homens seguem tendo status e as mulheres não. O status deles determina o resultado de toda disputa dita neutra, pois, quando se soma neutralidade ao status, quem tem status sempre sai ganhando.

MacKinnon aplica essa análise a todos os aspectos, não apenas a crimes de violência, mas também ao desejo das mulheres de corrigir profundas desigualdades, econômicas e de outros tipos. A legislação convencional sobre discriminação sexual, elemento fundamental da tentativa liberal de corrigir desequilíbrios e injustiças cotidianas, tornando mais fácil para as mulheres receber o mesmo que os homens, é para MacKinnon uma abordagem totalmente inadequada. Suas falhas refletem o problema fundamental da neutralidade como princípio básico do direito.

> Naquelas questões das quais a legislação sobre discriminação sexual chega a se ocupar, o masculino é a referência implícita para o humano, a masculinidade, a medida do direito à igualdade. Em sua interpretação dominante, tal legislação é neutra: concede às mulheres pouco que não possa também conceder aos homens, mantendo intocada a desigualdade sexual enquanto dá a impressão de enfrentá-la. O gênero, assim elaborado e sustentado pela lei, é mantido como divisão de poder.**

---

* Tradução nossa.   ** Tradução nossa.

Se os homens tiverem o status e as mulheres não receberem tratamento especial, elas vão continuar perdendo, porque uma legislação neutra nunca lhes dará os direitos dos homens. É um pouco como aquela disputa entre os sub-18 e os sub-12. A única maneira de os sub-12 vencerem é se a lei não se aplicar de forma igual e justa a ambos os lados. Se um lado precisa de ajuda para superar as adversidades, temos de abandonar o princípio da neutralidade e atacar a injustiça estrutural fundamental que preexiste às regras e ao próprio jogo. Não é o jogo que decide quem está por cima e quem está por baixo. Isso já sabemos antes de a disputa começar.

A neutralidade é totalmente inadequada caso se queira que os sub-12 tenham alguma chance. É preciso impor limites aos sub-18. Embora MacKinnon rejeite as noções hobbesianas de como a política deve funcionar, e é certo que rejeita a ideia de que algo mudou fundamentalmente quando criamos o Estado representativo moderno, há por trás desse argumento uma premissa hobbesiana básica. Não é coincidência que MacKinnon aceite sem problemas usar a linguagem do estado de natureza e do próprio Estado. O Estado existe para empregar sua violência contra outras formas de violência. Então, a pergunta que persiste é: contra quais outras formas de violência precisamos do Estado?

MacKinnon tem um desprezo mal disfarçado por muitas versões diferentes da política moderna. Mas seu argumento não vai contra a ideia básica do Estado. Para ela, o Estado liberal é inadequado: sua suposta justiça com distanciamento é injusta. O Estado marxista que se esvai após a revolução também não cumpre aquilo que lhe é exigido. Seguimos precisando usar de força e coerção para neutralizar a força e a coerção, pois nada mais funcionará. É um pouco como Fanon dizendo que a única coisa capaz de fazer frente à violência é a violência. Mas, ao mesmo tempo, não tem nada a ver com Fanon, porque ele era marxista e acreditava na possibilidade de uma forma de violência que acabaria por transformar o Estado em algo que transcendesse as condições sociais preexistentes. A crença de Fanon era num futuro em que todas as relações humanas problemáticas seriam de algum jeito reconciliadas. No entanto, Fanon tinha pouco a dizer — à parte suas anotações sobre casos psiquiátricos, as quais têm muito a dizer da potência sexual masculina — sobre a relação política entre homens e mulheres. Não há quase nada em Fanon que inspire em quem quer que seja muita confiança de que as relações entre homens e mulheres seriam corrigidas pela versão da violência que ele defendia.

Catharine MacKinnon é conhecida, para além de suas obras de teoria política, pelas muitas campanhas feministas das quais participou na prática. A causa pela qual é provavelmente mais conhecida é a da militância contra a pornografia, que ela quer tornar ilegal. A pornografia é uma ilustração de como seu argumento teórico mais amplo pode funcionar, uma vez que, para MacKinnon, é uma forma de violência contra as mulheres. A pornografia retrata essa violência, e para aqueles que dizem se tratar de uma representação da violência apenas — não de violência real —, MacKinnon responde que a representação da violência replica a violência real. Isso é pornografia; sua violência está no que representa. Mas a pornografia pode ser uma questão política complicada para muitas pessoas, inclusive para os liberais.

Para alguns deles, não é uma questão tão difícil, particularmente para aqueles que se desviam para o libertarianismo. Pode-se tomá-la como simples questão de princípio. Passa a ser uma questão de liberdade: de liberdade de expressão, de liberdade de contrato. Se algumas mulheres veem a pornografia como um meio de ganhar a vida, quem somos nós para proibi-las? Se muitas pessoas — principalmente homens, mas também algumas mulheres — desejam consumir pornografia, quem somos nós para impedi-las? Devemos prevenir — até mesmo a maioria dos libertários reconhece — quaisquer atos inequívocos de violência e danos infligidos na produção de pornografia, particularmente contra indivíduos vulneráveis, crianças sobretudo. Mas se a pornografia é uma representação consensual de atos sexuais, e nessa representação as pessoas são livres para escolher como querem se comportar, assim como outras pessoas são livres para escolher o que desejam consumir, então, passa a ser uma questão de direitos. Podemos tentar proibir algumas formas de pornografia se decidirmos que são por alguma razão obscenas, pelo modo como são produzidas ou porque representam coisas que consideramos intoleráveis para uma sociedade decente. A maioria das formas de pornografia na maior parte das sociedades liberais será, porém, permitida — contanto que se pense nelas como uma questão de liberdade. Os liberais tendem a tolerar a pornografia.

Os marxistas, como em tantas outras coisas, em geral acham que, se formos capazes de corrigir o problema estrutural básico da sociedade moderna, que é o capitalismo, outros problemas desaparecerão. A pornografia é um empreendimento essencialmente capitalista, e muita gente fez fortuna com ela. Depois da revolução, não deveria mais haver necessidade de pornografia, portanto, com as pessoas livres para amar quem quiserem sem que ninguém procure lucrar com isso e igualmente livres para mostrar umas às outras o respeito que merecem. Elas terão chegado ao tipo certo de liberdade de expressão. De modo que a pornografia é algo que não deveria ser permitido numa sociedade marxista por não atender a nenhuma necessidade e representar tendências renegadas. As sociedades marxistas reais — isto é, aquelas que tiveram uma suposta revolução marxista e, a partir daí, instituíram o que gostavam de chamar de regimes comunistas — tendiam a ser bastante puritanas em relação à pornografia e muito mais propensas a proibi-la do que as sociedades liberais.

Uma das memórias que ficaram do meu tempo de estudante data de 1989, ano em que Catharine MacKinnon publicou *Toward a Feminist Theory of the State*. Foi também o ano da queda do Muro de Berlim, assunto do próximo capítulo. No início daquele ano, na primavera, fui à Romênia, então ainda uma sociedade dita comunista, governada por Nicolae Ceauşescu, um dos piores entre todos os ditadores do Leste Europeu, junto com sua esposa, Elena. Eu já tinha viajado bastante pela região — Polônia, Hungria, Alemanha Oriental, Tchecoslováquia —, mas a Romênia, em 1989, foi definitivamente o pior lugar que visitei. Era uma sociedade profundamente opressiva, muito pobre e miserável, habitada pelas pessoas mais amáveis. Em parte, a razão pela qual eu gostava de viajar pelo Leste Europeu era encontrar pessoas tão amistosas que se tornava muito fácil fazer amigos. Nem sempre era tão fácil entrar naqueles países, mas, uma vez lá dentro, as pessoas eram abertas a ponto de receber o visitante em sua própria casa.

Na época um estudante de 21 anos, viajando pela Romênia, fiz amizade com um grupo de estudantes como eu — alguns da minha idade, outros mais velhos — que me convidaram para ir à casa de um deles, onde fariam uma espécie de confraternização. Ficou claro que era uma reunião se não de dissidentes, pelo menos de pessoas fartas do regime comunista. Era uma mistura de homens e mulheres. Conversamos; me serviram comida. Foi um momento maravilhoso, e então, no fim da noite, os homens na sala disseram que era hora de as mulheres irem para casa. E elas foram embora, mas os homens nos convidaram — eu estava com um companheiro de viagem britânico — a ficar para o que seria o ponto culminante da noite. Eles nos levaram para o porão, onde fecharam as cortinas e colocaram um filme: pornografia hardcore da Alemanha Ocidental. Era para ser assistido em grupo, numa espécie de estado de reverência. Foi um dos momentos de maior desilusão da minha vida. Ainda me lembro do choque que me causou e, também, de me perguntar: é isso que significa liberdade para eles? Nem falo do constrangimento social: era politicamente constrangedor. Eu realmente não sabia o que pensar ou como reagir. Então, arrumamos uma desculpa e fomos embora.

A pornografia parece ser uma questão política muito difícil porque, aparentemente, toca em questões fundamentais sobre liberdade. Mas MacKinnon afirma não ver dificuldade no assunto se lembrarmos que o Estado existe para nos proteger da violência. Não temos de tolerar a pornografia. Não temos de supor que se trata do direito das pessoas de se expressarem e se divertirem da maneira que acharem melhor. Não é uma questão de liberdade negativa. MacKinnon argumenta que a pornografia tem mais a ver com tráfico humano do que com liberdade de expressão, e as pessoas envolvidas no negócio são quase sempre coagidas de alguma forma. São vítimas de injustiças estruturais muito mais profundas, de desigualdades e de violência latente.

Sabemos o que fazer quanto ao tráfico: não é uma questão política difícil, ainda que possa ser difícil aplicar, na prática, a teoria política. Sabemos o que fazer quando descobrimos que seres humanos estão sendo transportados e retidos à força, empregados e explorados contra sua vontade. Nós os libertamos. Não nos preocupamos com os direitos e as liberdades das pessoas que os mantêm presos. Libertamos os oprimidos. E, portanto, o que precisamos fazer com a pornografia é tratá-la como uma forma de tráfico humano. O que fazemos nas boas sociedades liberais — ou pelo menos tentamos fazer, quando lembramos — quanto ao tráfico de pessoas? Fazemos tudo o que está ao nosso alcance para proibi-lo, bani-lo, reprimi-lo: usamos de violência, da violência do Estado. MacKinnon acha que devemos fazer o mesmo com a pornografia.

Segue sendo um argumento que remete ao Estado, mas o faz ao mesmo tempo que afirma que todos os outros argumentos que remetem ao Estado, e sobre os quais tenho falado neste livro, são inadequados porque nos esquecemos de para que serve o Estado. O Estado é feito para nós e acabou por nos deixar, se esse nós são as mulheres, desprotegidas.

Tanto no que concerne à pornografia quanto no que diz respeito a como o Estado deve usar seu poder, é um raciocínio profundamente controverso. É profundamente controverso no contexto do feminismo. É ainda mais controverso fora desse contexto. Muita coisa mudou no mundo e também no feminismo desde 1989. Hoje existem muitas correntes diferentes de pensamento feminista sobre todo tipo de questão do feminismo, inclusive a pornografia. Ainda há muitas feministas liberais que não gostam da ideia de que a prática deva simplesmente ser banida. Para outras pessoas, o argumento de MacKinnon é legalista demais. Remete ao Estado, mas também à lei. Como MacKinnon é advogada, muitos de seus textos são discussões bastante técnicas sobre questões jurídicas, e muitas formas de feminismo querem ir além de uma concepção legalista de justiça. Querem pensar sobre outras questões possivelmente maiores, aí incluídas questões de cultura, performance e identidade.

Mas há ainda outra coisa que mudou desde 1989: a pornografia. Não necessariamente piorou — eu não saberia dizer —, mas sem dúvida se tornou mais difundida. A internet é uma máquina propagadora de pornografia. Quando penso na minha experiência na Romênia em 1989 e em seguida penso na Romênia de hoje, tenho certeza de que a pornografia lá está tão amplamente disponível quanto em qualquer outro lugar. Quase com certeza não há mais necessidade de reuniões no porão de alguém depois do jantar, com as cortinas fechadas. A China, em parte porque ainda finge ser uma sociedade marxista, é um dos últimos lugares do mundo que tenta manter a linha dura contra a pornografia. E, para falar sem rodeios, está fracassando. A pornografia é onipresente na era da internet. É quase impossível imaginar como se conseguiria bani-la hoje. E está em toda parte porque a informação está em toda parte. Minha experiência de 1989 parece mais longínqua do que apenas uma geração atrás. Não lembro qual tecnologia era usada na Romênia para exibir aqueles filmes, mas definitivamente eles não eram vistos pela internet: 1989 não chegava a ser o mundo pré-moderno, mas a gente vivia no mundo pré-digital — que às vezes, do ponto de vista de hoje, pode parecer pré-moderno.

Há, portanto, uma questão fundamental que permanece sem solução nesta análise da política. É a questão básica acerca do Estado hoje, e é a ela que vou me voltar, não em relação a MacKinnon, feminismo ou pornografia, mas de forma mais ampla, no capítulo final deste livro. Na era da internet — um mundo de interconectividade, de ubiquidade da informação, de acesso ilimitado, algo que vai além da liberdade negativa e se torna quase que o ar que respiramos, sendo a pornografia parte disso, onipresente a ponto de as pessoas quase não a notarem —, o Estado ainda tem poder suficiente para fazer o que quer que seja quanto às injustiças? Está tudo muito bem quando se diz que construímos o Estado e demos a ele toda a autoridade coercitiva que podíamos, esse temerário atributo do uso da violência para nos proteger. Mas estamos no século XXI, não mais no século XX, muito menos no século XVII. Podemos nos perguntar: demos ao Estado todo esse poder, mas será suficiente?

12.
Fukuyama sobre a história
O fim da história e o último homem (1992)

Francis Fukuyama (1952-) nasceu em Hyde Park, Chicago. Seu avô, um imigrante japonês de primeira geração, chegou aos Estados Unidos durante a Guerra Russo-Japonesa de 1905 e, na Segunda Guerra Mundial, foi mantido sob custódia pelo Estado norte-americano. Fukuyama estudou na Universidade Cornell, onde teve aulas com o filósofo político conservador Allan Bloom. Depois do doutorado em ciência política, defendido em Harvard, passou a trabalhar para a RAND Corporation e na equipe de planejamento político do Departamento de Estado. Foi professor nas universidades George Mason, Johns Hopkins e Stanford. Estão entre suas demais obras: *Nosso futuro pós-humano* (2002), *A construção de Estados* (2004), além de uma história da ordem política desde os tempos pré-humanos até o presente em dois volumes, *As origens da ordem política* (2011) e *Ordem e decadência política* (2014). Seu livro mais recente, *Identidades: exigência de dignidade e a política do ressentimento* (2018), explora as origens de movimentos populistas atuais, inclusive o que elegeu Donald Trump.

Tentei, sempre que possível, associar os autores que discuti a bordões, geralmente frases ou slogans de quatro palavras: "sórdida, brutal e curta" (Hobbes); "homens ricos contratam mordomos" (Constant); "a tirania da maioria" (Tocqueville); "trabalhadores do mundo todo, uni-vos!" (Marx e Engels, embora esta tenha cinco palavras); "o caminho da servidão" (Hayek); "a banalidade do mal" (Arendt). Imagino que Hannah Arendt tenha se cansado de ser lembrada da expressão em todo lugar por onde passava. Deve ter começado a lhe soar bem banal.

Mas há um só autor — tema deste capítulo final — que *virou* o próprio bordão e, por trinta anos, vem lutando para superá-lo. É o slogan pelo qual ficou conhecido acima de qualquer outra coisa. Para muitas pessoas, é a única coisa que sabem sobre ele. Em 1989, Francis Fukuyama declarou que ali alcançávamos "o fim da história", e essas quatro palavras o perseguiram desde então. Em 1992, ele publicou um livro chamado *O fim da história*, embora acrescentando um qualificativo — *e o último homem* — ao título. Fukuyama escreveu muitos outros livros desde então, sobre uma gama notavelmente abrangente de tópicos, inclusive um relato definitivo em dois volumes sobre como o Estado moderno conquistou e pôs a perder a ordem política no mundo moderno, mas nunca conseguiu se livrar do bordão que o tornou famoso. Acompanhei, online, uma conferência sua em Munique, em março de 2020, durante o que deve ter sido um dos últimos encontros presenciais do tipo antes do lockdown, e ele falava sobre o fim da história e os caminhos pelos quais a expressão acabou sendo mal compreendida. A história segue em frente, assim como as tentativas de Fukuyama de explicar o que, na verdade, ele quis dizer.

"O fim da história" foi o título de um artigo que Fukuyama publicou em 1989, três anos antes de lançar o livro de mesmo nome. Aquele foi também o ano em que caiu o Muro de Berlim, evento que marcou o momento em que a Guerra Fria terminou de fato. No fim de 1989, estava claro que a vitória tinha sido do Ocidente, ou da democracia liberal — ou, alguns poderiam dizer, *nossa*. Ou seja, Fukuyama se viu associado não apenas a seu bordão, mas ao triunfalismo e à arrogância que prevaleceram em certos setores no clímax da Guerra Fria. A suposição frequente é de que ele estava afirmando que a história havia terminado em 1989 com o triunfo do Ocidente.

Como consequência, Fukuyama é lembrado como alguém que comemorou o fato de a história terminar com a ascendência da versão democrática liberal da política moderna sobre todos os outros tipos, aí incluída a versão marxista ou comunista que entrou em colapso em 1989. O fim da história, em outras palavras, tinha sido escrito pelos vencedores. Fukuyama também é frequentemente identificado como um otimista ingênuo que pensava que tudo correria sem obstáculos para a democracia liberal a partir daquele momento, agora que não havia mais batalhas ideológicas a serem travadas — o que obviamente não foi o caso. Mas, conforme Fukuyama vem insistindo desde que escreveu *O fim da história*, ele nunca disse nada disso. Nem poderia ter dito, pois não faria nenhum sentido.

Em primeiro lugar, não teria como o artigo estar comemorando o fim da Guerra Fria porque foi publicado no verão de 1989, bem antes da queda do Muro de Berlim. É muitíssimo improvável que Fukuyama, na época um funcionário relativamente subalterno do Departamento de Estado em Washington, soubesse mais do que qualquer outra pessoa da iminência da queda do muro. "O fim da história", o artigo, foi publicado originalmente em *The National Interest*, um periódico americano até certo ponto obscuro de ideias de centro-direita — acho que ninguém ali tinha a menor ideia de que Fukuyama e sua tese estavam prestes a se tornar famosos no mundo todo. E ele, como afirma no artigo, não estava prevendo nada. Na verdade, não comentava nenhum conjunto específico de eventos. De forma muito mais ampla, o artigo se referia ao arco geral da história, independentemente do que viesse a acontecer em seguida.

Um dos aspectos estranhos do artigo original é que, quando de fato faz especulações, é acerca de coisas que talvez acontecessem no sentido de frustrar sua tese maior. O que Fukuyama defende é que seu argumento continua válido, não importando o desenrolar dos fatos nos meses ou anos seguintes. Tinha ficado claro, na altura daquele verão de 1989, que os regimes do Leste Europeu e da União Soviética estavam em apuros, mas Fukuyama diz que seu argumento ainda valeria se aqueles regimes não entrassem em colapso, ou se houvesse um contragolpe e o antigo regime fosse restaurado. Acrescenta que o argumento é válido independentemente dos acontecimentos seguintes no Oriente Médio. Talvez, ele especula, viesse o estabelecimento de algum tipo de califado, uma *fatwa* decretada contra o Ocidente e pessoas aderindo a essa causa. Como de fato aconteceu, nos casos da Al-Qaeda e do Estado Islâmico. Não importa — aquele continuaria sendo o fim da história. Fukuyama não estava tentando dizer nada sobre o que ocorreria em particular. Estava argumentando acerca da forma de política que prevalecera no geral, não porque a história tivesse cessado ou sido interrompida, mas por ter chegado, conforme ele diz, a um conjunto de ideias que não permitia tomar nenhum rumo alternativo. Aquelas eram ideias sem sucessoras plausíveis. A versão democrática liberal é a forma final a que a política moderna pode chegar. A única outra opção seria o retorno a ideias e instituições que já haviam fracassado.

A história não terminou porque algo aconteceu com a democracia liberal em 1989. Na verdade, conforme Fukuyama insistiria, argumentar nesse sentido seria absurdo, pois a democracia liberal não mudou no ano da queda do muro. O regime soviético, sim, mudou drasticamente, quando começou a desmoronar, mas a democracia liberal de 1989 era muito parecida com a de 1988 e, na verdade, não tão diferente do que tinha sido em vários momentos anteriores de sua história. Se a história tivesse chegado ao fim em 1989, a verdade é que seu final, de fato, teria vindo antes, uma vez que a forma de política que representa esse derradeiro destino das ideologias políticas é muito anterior ao clímax da Guerra Fria. É anterior até mesmo à própria Guerra Fria. Fukuyama observa que as origens do fim da história remontam ao início do século XIX. Ele as identifica com um filósofo que não discuti neste livro, Hegel, e não será agora que vou começar com Hegel aqui. A questão é que Fukuyama pensava que uma concepção de política do início do século XIX ainda se mantinha no jogo no final do século XX, enquanto todas as demais tinham desaparecido.

Complicado chamar isso de uma visão triunfalista. O Estado moderno, liberal e democrático é tudo o que resta. É a única forma de política que permanece intacta depois que os terríveis traumas do século XX testaram todas as outras ideias até o limite da destruição. Os seres humanos ainda têm muitas opções restantes. Nossa vida individual segue em aberto — nossas liberdades garantem isso —, mas não vamos chegar a um melhor entendimento coletivo de como a política funciona do que esse. Como disse Fukuyama na palestra que deu em Munique no início de 2020, ele continua achando que, basicamente, tinha razão. É possível que a China agora ofereça uma alternativa ao modelo ocidental, mas Fukuyama não está convencido de que seja um concorrente sério no domínio da ideologia. A versão chinesa da política moderna não é democrática e, em muitos aspectos, tampouco é liberal, embora certamente seja capitalista. O Estado chinês pode fazer algumas coisas que os Estados ocidentais não podem, particularmente no que concerne ao controle sobre seus cidadãos. Mas será essa uma *ideia* melhor? Fukuyama duvida. Ele está certo? Voltarei a essa questão no final.

Fukuyama não era um triunfalista, tampouco um profeta. No fim de 1989, ele era, isso sim, muito famoso: um dos intelectuais públicos mais famosos do mundo. Na altura da publicação de seu livro, em 1992, essencialmente tinha deslocado Hegel das origens de seu relato para colocar no lugar outro filósofo alemão do século XIX, Nietzsche, que é a fonte da frase anexada por Fukuyama a "o fim da história", numa tentativa de qualificar a expressão inicial: "o último homem". Ele recorreu a Nietzsche a conselho de seu ex-professor Allan Bloom, autor de *The Closing of the American Mind* [O fechamento da mente americana], um surpreendente best-seller acadêmico de 1987 e outro livro profundamente pessimista. Ao abraçar Nietzsche, Fukuyama se esforçava para sugerir que o fim da história não trazia só boas notícias; fazia o possível para não soar triunfalista. Na verdade, lido hoje, *O fim da história e o último homem* é bastante pessimista. Seja porque Fukuyama já estava um pouco desconfortável com a fama, seja porque antecipava as críticas que o espreitavam, o livro não é um relato celebratório do fim da Guerra Fria e do triunfo do Ocidente. A Guerra Fria mal é mencionada. *O fim da história e o último homem* retoma algumas preocupações persistentes acerca do triunfo da política democrática liberal dos últimos duzentos anos de pensamento político. O livro trata de todas as muitas coisas que podem dar errado no fim da história.

O tal "último homem" do título não se refere à versão final dos seres humanos. Não é um livro sobre a extinção da raça humana: não é esse o tipo de "fim" que Fukuyama tinha em mente. "O último homem" é a expressão de Nietzsche para o que pode acontecer conosco se perdermos nosso ímpeto humano essencial, nossa vivacidade, nossa criatividade, nossa capacidade de nos recriarmos. Se pararmos de lutar por transcender nossas circunstâncias e simplesmente agirmos no automático, estamos acabados. Não que para Fukuyama o grande risco de uma era na qual a democracia liberal triunfe seja nos tornarmos máquinas, como temia Arendt. Fukuyama não estava imaginando um mundo em que nos transformamos em criaturas robóticas, desprovidas de uma mente própria. Sua preocupação adotava um registro menos elevado. Ele temia que nos tornássemos um pouco sem imaginação, um pouco superficiais, e que nossa política ficasse monótona, ela própria nada imaginativa, segura, garantida, próspera, saudável, benéfica, decente, valorosa, mas, acima de tudo, chata. O último homem, nesse sentido, refere-se a pessoas que perderam o ânimo. Esse é também um tema tocqueviliano. Ao lado de Nietzsche, o outro pensador sobre o qual Fukuyama escreve na versão em livro de seu artigo, embora não aparecesse no artigo em si, é Tocqueville. A inspiração vem, em particular, das ideias do volume II de *Da democracia na América*, no qual Tocqueville expressa seu temor de que, à medida que a democracia se torne a forma dominante de política, deixemos de questionar seu domínio sobre nós; em vez disso, simplesmente seguimos seu curso.

O fim da história é providencial nesse sentido ambivalente, tocqueviliano. É nosso destino. Estamos num rio que flui em determinada direção, e o risco é que apenas sigamos a corrente de nossa vida e deixemos que nos leve aonde for. Democracias prósperas, seguras e liberais não vão, na verdade, a lugar nenhum em particular — simplesmente acontecem. Se a história é feita por nós, chegamos ao fim da história quando deixamos que ela nos faça quem somos. Não é a pior coisa que pode acontecer. Há muitos destinos piores, como o século XX se esforçou para demonstrar. Antes democracia liberal entediante do que o terror do fascismo ou o peso esmagador do comunismo. Fukuyama é mais otimista do que Tocqueville quanto ao perigo de a democracia terminar em tirania; se isso acontecer, será numa versão mais suave. Ao contrário de Hayek, Fukuyama não vê a tirania da maioria como a maior ameaça à liberdade humana. A democracia, para Fukuyama, não está de fato no caminho da servidão. O verdadeiro risco é que esteja no caminho para lugar nenhum.

Escrevendo em 1992, ele imaginou dois modelos futuros de democracia, confortáveis mas, ao mesmo tempo, potencialmente sombrios. Um deles é o do Japão. No futuro, pensa Fukuyama, todos podemos nos tornar um pouco japoneses. Não é para soar como uma perspectiva sinistra, com tons da expansão militar japonesa na primeira metade do século XX. Ele estava pensando num país que se tornara estável, próspero, bem-sucedido e pacífico durante a segunda metade do século passado. O Estado japonês, depois de sair quebrado da Segunda Guerra Mundial, reinventou-se como um moderno Estado democrático liberal, liderando uma sociedade moderna e tecnologicamente sofisticada. Em 1989, dava a impressão de que era a próxima superpotência. No fim da década de 1980, livros publicados em série previam que o século XXI seria o século japonês. A indústria japonesa era líder mundial; a tecnologia japonesa parecia à frente do resto; empresas japonesas estavam comprando empresas americanas.

Em 1992, já ficara claro que havia algo de ilusório na ideia de um iminente domínio japonês. Em 1989, o mercado de ações local, que estava em alta (a bolsa de valores Nikkei, em seu auge, somava 40% do valor global negociado em ações), implodiu de repente. Mais uma coisa que Fukuyama não havia previsto. Mas, como ele mesmo disse, a questão não era prever o futuro. Em 1992, seguia acreditando que, no geral, o rumo da viagem era claro. O estouro da bolha financeira japonesa pouco significou em termos de perturbação da estabilidade e da segurança política e social dos japoneses. O Japão representava um futuro seguro, estável e um pouquinho estéril. Numa imagem memorável, Fukuyama observou que a política do fim da história talvez acabe sendo como a cerimônia japonesa do chá: elegante, digna, decente, na qual quase nada se passa nos subterrâneos. A própria definição de agir no automático em política.

O outro exemplo de Fukuyama acerca do que poderia ser nosso futuro coletivo no fim da história era a União Europeia (UE). A UE que emergia no início dos anos 1990, na época do Tratado de Maastricht: uma empreitada burocrática, decente, próspera, fundamentalmente avessa ao risco e, de novo, um pouco maçante. Parecia improvável que a UE fosse um lugar onde se produziriam grandes ideias, e certamente não parecia que contivesse em si a possibilidade de uma profunda transformação política. Era um meio de conservar aquilo que tínhamos, protegê-lo, torná-lo um pouco melhor. Era uma organização incremental que, se guardava ambições, escondia isso atrás de uma linguagem técnica nada inspiradora. "Não balance o barco" parecia ser a filosofia que a guiava; ou, para usar outro clichê: "Não assuste os cavalos".

Hoje, quase trinta anos depois, esses dois exemplos do fim da história já ficaram datados. O século XXI não será o século japonês. Quando a bolha japonesa estourou, muitas pessoas presumiram que era apenas uma questão de tempo até que o Japão voltasse com tudo. No fim da década de 1980, o país parecia prestes a substituir os Estados Unidos como a economia dominante no mundo, além de aparentemente dispor dos recursos necessários para enfrentar a tempestade. Mas esse

Japão nunca mais voltou. Nas décadas que se seguiram, ficou paralisado. Foram os chamados anos perdidos, quando o crescimento econômico mais ou menos cessou e a deflação tomou conta, quando a sociedade e a política locais pareceram só estar girando em falso, procurando maneiras de se reimaginar e de reacender a dinâmica dos anos 1980. Não havia mais a faísca para isso. O que ecoa aquilo que Fukuyama temia, mas também é diferente do que imaginava. Não é o que ele quis dizer com o fim da história. O Japão não parece uma sociedade que esteja providencialmente navegando o rio da história para nenhum lugar em particular. Parece uma sociedade que ficou presa na vegetação aquática. Não está seguindo o fluxo; ficou empacada.

Com a UE, é diferente. Se o projeto europeu do início dos anos 1990 parecia um pouco monótono, um pouco técnico, um pouco sem imaginação, agora não parece mais. E não apenas por causa do Brexit. A UE aparenta estar frágil e turbulenta. Também parece que pode ter sido vítima da própria arrogância. O euro, o grande projeto transformador de uma moeda única europeia que emergiu da linguagem burocrática do início dos anos 1990, é a razão de grande parte da fragilidade e da turbulência. A política da zona do euro não é monótona. Muitos políticos europeus gostariam que fosse bem mais entediante. É energia e vivacidade demais para uma vida tranquila. A impressão é de uma forma de política em que muita coisa está em jogo e muita coisa ainda pode dar errado.

Se o euro fracassasse como projeto político e econômico, não nos pareceria que chegamos ao fim da história como Fukuyama o descreveu em 1992. Seria um cenário dramático e incerto demais para isso. O Japão e a UE não são mais modelos de um futuro seguro e relativamente estático. No entanto, como afirmava Fukuyama em seu artigo original, nada em sua tese geral pode ser provado ou refutado por exemplos e acontecimentos particulares. Mesmo que o euro fracasse, isso não invalida o argumento, uma vez que ele não é sobre o que acontecerá num determinado lugar ou a um conjunto específico de instituições. Trata-se de uma ideia, ou melhor, de um pacote de ideias.

Fukuyama ainda acha que essas ideias não têm como ser melhoradas. Qual é, então, o pacote ideológico que sobra no fim da história? Para o autor, a democracia liberal tem duas virtudes primordiais. O que a torna imbatível é a combinação das duas: o fato de que, nos Estados democráticos liberais, as duas andam juntas. É essa sua duplicidade que constitui seu único atrativo vendável.

A primeira dessas vantagens é a prosperidade — ou prosperidade e paz, que são duas versões da mesma coisa. A democracia liberal estável proporciona as condições sob as quais as pessoas podem esperar levar uma vida relativamente longa e confortável, a menos que algum infortúnio lhes aconteça, e também é capaz de fornecer salvaguardas contra esses infortúnios. Os cidadãos de Estados democráticos bem estabelecidos podem ter razoável esperança de que seus filhos levarão uma vida melhor do que a deles próprios e de que, caso isso não aconteça, terão assistência. Era o que parecia em 1992, enfim. As democracias liberais se mostraram capazes de produzir resultados práticos. Aquela era uma forma de fazer política que melhorava a vida das pessoas, o que talvez seja o desafio fundamental para qualquer Estado. Seja qual for nossa definição de "vida melhor" — e ela não precisa ser em termos de PIB, tampouco ser reduzida a um número —, a democracia liberal oferece resultados: não para todo mundo o tempo todo, não necessariamente, mas para muita gente a maior parte do tempo. Nos tipos de sociedade de que Fukuyama falava em 1992, incluindo as democracias da Europa, dos Estados Unidos e do Japão, essa forma de política parecia funcionar melhor do que as alternativas porque produzia melhores resultados a longo prazo.

Ao mesmo tempo, dava às pessoas uma espécie de dignidade ou respeito, porque lhes dava voz. Aí está sua outra grande vantagem. A democracia liberal, além de melhorar a vida das pessoas, também permitia que elas se expressassem, o que para Fukuyama é algo de valor político inerente e uma necessidade fundamental em qualquer sociedade. Deve haver um canal para o desejo das pessoas de serem ouvidas. Somos ouvidos por meio de eleições, que ainda são uma parte crucial do que torna a democracia tão atraente: a cada um, o voto significa que minha voz conta tanto quanto a do outro. Mesmo que não obtenhamos o resultado que desejamos, não podemos dizer que não tivemos a oportunidade de nos expressarmos. Mas outras liberdades de expressão também vêm no pacote, aí incluída a possibilidade de reclamar entre uma eleição e outra. Isso é o que Constant acreditava ser a característica essencial da moderna política liberal: que os cidadãos modernos não apenas *podem* como *devem* incomodar. Se não gostamos do que está acontecendo, não precisamos sofrer em silêncio; podemos amainar o sofrimento fazendo muito barulho.

Eis o pacote de vantagens tão difícil de ser superado. Resultados mais respeito; prosperidade mais dignidade; benefícios mais voz. E o que o torna tão formidável é que essas coisas parecem reforçar umas às outras. Uma das razões pelas quais as democracias liberais são boas em melhorar a vida das pessoas é precisamente o fato de que essas mesmas pessoas têm voz. Elas podem reclamar e fazer saber a seus governantes quando sentirem que estão sendo negligenciadas ou deixadas de fora. Se surgem problemas que os políticos não previram, as democracias liberais são eficazes em soar vários tipos de alertas sobre o descontentamento social persistente com o qual, em algum momento, será preciso lidar.

Nos Estados democráticos liberais, os eleitores podem dizer o que precisa ser feito aos políticos, que têm um forte incentivo para tentar corresponder às demandas. Caso contrário, esses políticos serão substituídos por outros prometendo alguma coisa diferente. Hayek achava que esse sistema logo se degrada porque se torna um leilão de promessas impossíveis de serem cumpridas. Mas Fukuyama confiava muito mais que haveria um aumento constante dos benefícios. Para ele, naqueles Estados democráticos com instituições duráveis e públicos razoavelmente bem informados, e ainda políticos com alguma ideia de como o jogo deve ser jogado, as coisas seguirão melhorando. Os mecanismos de autocorreção da democracia liberal deveriam superar seus impulsos autodestrutivos. É assim que é para funcionar. E é por isso que, no fim da história, foi a única ideia a continuar de pé.

Mas isso ainda vale quando entramos na terceira década do século XXI? Se deixarmos de lado o noticiário dos últimos tempos — de Trump ao Black Lives Matter, das eleições aos protestos, da mudança climática ao coronavírus — e olharmos apenas para o pacote democrático liberal em si, podemos legitimamente nos perguntar se ele ainda se mantém. É uma pergunta diferente daquela que se fez Fukuyama sobre ser possível pensar numa ideia melhor. Mesmo que não surja nenhuma ideia melhor, ainda assim faz uma diferença importante saber se o pacote democrático liberal está se desintegrando. A democracia liberal é a melhor ideia porque ela se mantém íntegra, e somente por isso. De modo que, se está começando a rachar, é possível que não tenhamos chegado ao fim da história, afinal.

Quais são os desafios para o pacote democrático liberal hoje? Um é a atual versão chinesa do capitalismo de Estado, que não é nem liberal nem democrático, mas tem sido muito eficaz na produção de resultados materiais: acima de tudo, ao tirar centenas de milhões de cidadãos da pobreza opressiva. Fukuyama reconhece que isso representa um tipo muito diferente de desafio à democracia liberal daquele proposto pelos regimes marxistas do século XX. A combinação resultados mais respeito surge diferente no modelo chinês. Sob o modelo democrático liberal, o respeito que temos é como indivíduos ou como indivíduos que podem escolher a quais grupos queremos pertencer. Eis a liberdade liberal básica resultante de sermos ouvidos por quem somos. Os cidadãos chineses não têm muitas dessas liberdades. A versão chinesa do Estado moderno tenta cada vez mais canalizar o respeito por meio de formas de nacionalismo e afirmação coletiva da dignidade nacional, associada a um modelo gerencial de produção de resultados práticos para os indivíduos.

Portanto, se a versão democrática liberal soma cidadãos com voz a governos eficazes a longo prazo, sob o sistema chinês algo mais está acontecendo. É a combinação de um senso de dignidade nacional com a capacidade de um regime tecnocrático de proporcionar prosperidade e crescimento material rápido. Respeito a curto prazo e resultados a longo prazo são substituídos por respeito a longo prazo e resultados a curto prazo — o que tem se provado uma combinação formidável, mas não é o pacote do fim da história imaginado por Fukuyama. A alternativa chinesa ainda dá seus primeiros passos. Fukuyama concede que, se em vinte anos essa versão da política continuar a provar seu valor, poderá ter de reconhecer que o argumento que apresentou pela primeira vez em 1989 estava fundamentalmente incompleto. Mas ele ainda não acredita ser esse o caso.

Uma razão para duvidar de que o sistema chinês seja o modelo do futuro é que não está claro como a autoafirmação nacional e o modelo gerencial de produção de resultados econômicos reforçam um ao outro ao longo do tempo. Não há uma conexão óbvia a longo prazo. Mais frequente é o nacionalismo ser usado para encobrir falhas no desempenho econômico, e isso ainda pode vir a acontecer com a China. Há um motivo, porém, para pensar que o anúncio do fim da história de Fukuyama pode ter sido prematuro: talvez estejamos lidando com um prazo mais longo do que aquele no qual a democracia liberal provou seu valor. O modelo chinês de política tem suas raízes profundas no mundo pré-moderno. Apoia-se numa concepção de civilização que pode ser datada de milênios atrás, não apenas de séculos.

É possível que o domínio ocidental dos últimos 350 anos seja um evento contingente na verdadeira longa duração da história, o que tornaria a era do Estado democrático liberal uma fase passageira. Talvez a maneira chinesa de organizar a política, dando menos ênfase aos direitos do indivíduo, seja o padrão. A China é um Estado moderno, mas não se baseia só nas ideias desenvolvidas desde que Hobbes escreveu o *Leviatã*. Confúcio, que viveu no século anterior a Platão e Aristóteles, também é relevante aqui. A prevalência do Estado liberal moderno talvez constitua uma era atípica na extensão mais abrangente da história. Se é mesmo concebível que os últimos três séculos venham a ser a exceção, não a regra, então não chegamos ao fim da história.

Outro motivo para pensar que o pacote liberal democrático pode estar se desintegrando é a forma como a tecnologia digital o tem afetado. Desde que Fukuyama escreveu pela primeira vez sobre o fim da história, tudo mudou no espaço da informação e na forma como nos comunicamos e nos relacionamos por meio da tecnologia. Fukuyama não poderia ter previsto isso, assim como Hayek também não. A tecnologia digital reforçou muito a voz do povo: nossa capacidade de nos expressar e nossa capacidade de nos fazer ouvir. É, entre outras coisas, um amplo canal para reclamações sem fim. A mesma tecnologia melhorou, da mesma forma, nossa capacidade de resolver certos tipos de problemas práticos e, assim, oferecer benefícios materiais tangíveis. Isso tornou algumas pessoas — os bilionários da tecnologia — muito, obscenamente mais ricos, o que provavelmente não será bom para a democracia. Mas também promoveu uma vasta distribuição de alguns bens básicos, até porque grande parte dessa tecnologia é de uso gratuito. Embora tenha muitas desvantagens, de um modo geral, a revolução digital veio somar aos dois lados da equação democrática: mais voz e maiores benefícios.

A dificuldade, porém, é que não é de todo óbvio que essas duas tendências se reforcem mutuamente. Elas parecem cada vez mais em desacordo. A democracia funciona melhor quando ter voz reforça os resultados e os resultados proporcionam mais voz. A aptidão da tecnologia digital para resolução de problemas fica, muitas vezes, bem atrás de sua capacidade para nos permitir expressar nossa raiva e nossa frustração. De fato, muitas pessoas usam cada vez mais esse canal de expressão de raiva e frustração pela incapacidade da tecnologia de resolver problemas, uma vez que grande parte dela parece estar nas mãos de cada vez menos pessoas e parece, com frequência, ser algo técnico e distante para que seja possível conectar essas soluções à experiência cotidiana de muitos indivíduos. A tecnologia digital pode, talvez, desestabilizar um pacote democrático liberal que insiste que os resultados sejam acompanhados de maior respeito. Muitas vezes, a eficiência de resultados deixa os indivíduos se sentindo desrespeitados. Ter problemas resolvidos por uma máquina é potencialmente desumanizante por muitas das razões que Gandhi alertou que seria.

Assim como é recente o experimento da China com o capitalismo de Estado — embora tardio na história muito mais longa da civilização chinesa —, também é relativamente novo o experimento da política democrática digital. São muitos os rumos diferentes que ele pode tomar e não é de forma alguma uma conclusão dada que a distância entre as reivindicações humanas e as soluções fornecidas pelas máquinas continuará a aumentar. Pode-se encontrar várias formas de conectá-las, sejam tecnológicas, políticas ou ambas. No entanto, as instituições democráticas parecem, por ora, incapazes de diminuir essa distância. É um aspecto notável do mundo desde que Fukuyama escreveu *O fim da história e o último homem* que, embora muita coisa tenha mudado na maneira como os seres humanos se relacionam uns com os outros, a única coisa que praticamente não mudou seja a arquitetura institucional da democracia liberal. O argumento de Fukuyama em 1989 era que a democracia liberal não precisava mudar, razão pela qual o fim da história não dependia dos acontecimentos políticos seguintes. Mas o fracasso da democracia liberal em mudar desde então é diferente: talvez evidencie rigidez e fragilidade, em vez de durabilidade e força. As instituições pelas quais os resultados e o respeito democráticos devem ser produzidos não se adaptaram ao potencial transformador da revolução digital. É possível que deem um pouco a mesma sensação da sociedade japonesa — engatada na vegetação aquática da história, enquanto o rio segue seu curso.

Quando escreve sobre política hoje, Fukuyama é um autor muito mais sombrio do que era em 1992 — e em 1992 ele já era muito mais sombrio do que sugere sua reputação, em particular no que dizia respeito aos Estados Unidos. Repetidamente alertou, ao longo da última década e antes, que as instituições democráticas americanas talvez não se adequassem mais ao seu propósito. A ideia de democracia liberal segue sem ter um sério concorrente; mas a maneira como, na prática, ela tem funcionado na principal democracia liberal do mundo talvez torne difícil acreditar nisso. A democracia americana nunca gerou tanto ruído quanto agora, mas também está, como temia Tocqueville, acomodada. Suas instituições não mudam e, ao mesmo tempo, não permitem que mudanças significativas aconteçam ao seu redor e fora delas. Uma palavra que Fukuyama tem usado para descrever a política americana é "vetocracia", querendo dizer que se tornou muito mais fácil dizer por que as coisas não podem acontecer do que por que deveriam. Seus freios e contrapesos viraram becos sem saída e obstáculos.

Nossa política é uma versão da política tocquevilliana: muito ruído, muita agitação na superfície, muita quebra de pratos — nada a ver com a cerimônia japonesa do chá —, volátil, partidária, polarizada, cada lado acusando o outro de terríveis injustiças e crimes contra o Estado e não muita coisa acontecendo, nada mudando de fato. Acusações dos dois lados sobre profundas conspirações; acusações de uma parte a outra sobre total desconhecimento de como a política deve ser conduzida; e, no entanto, ela segue sendo conduzida sem que nada mude. Essa versão da política, se é o fim da história, não parece estável nem sustentável. Em algum momento, algo terá de acontecer. Não para ter uma política que é só ruído e nenhum resultado. É preciso haver resultados reais ou o ruído vai abafar completamente a democracia liberal.

No final de O fim da história e o último homem, Fukuyama oferece outra imagem memorável para pensarmos sobre onde estamos. Ele insiste que o fim da história não significa o fim da jornada humana, tampouco que algo novo não possa surgir em algum momento. Argumenta só que a política moderna, nos últimos dois séculos, vinha seguindo no mesmo rumo e mais ou menos em direção ao mesmo destino: o destino do Estado democrático liberal moderno. A comparação que faz é com uma caravana no velho oeste americano, rumando a um derradeiro ponto de parada. Algumas carroças chegam mais rápido; outras, mais devagar; outras, ainda, não alcançaram o destino e podem ter um longo caminho a percorrer. Mas todos íamos na mesma direção. Em dado momento, "parariam na cidade carroças suficientes para fazer com que qualquer pessoa razoável, observando a situação, fosse forçada a concordar que tinha havido uma única jornada e um único destino".*

Há outra questão, porém: o que acontece quando chegamos lá? Assentamos ou seguimos em frente? Podemos decidir que é ali que vamos ficar ou podemos nos reagrupar e partir para um lugar novo. Podemos resolver que, tendo chegado ao nosso destino, mesmo sem saber o que virá a seguir, a jornada deve continuar, porque, sem uma jornada — sem a sensação de estar indo adiante —, a vida humana perde o sentido. Sempre existe a possibilidade, mesmo que não sejamos capazes, hoje, de pensar numa maneira melhor de fazer política, de que ela exista em algum lugar, bastando que a gente tenha a coragem de sair para procurá-la. Conforme afirma Fukuyama: "Também, em última análise, não podemos saber, admitindo-se que a maioria das carroças tenha chegado à mesma cidade, se seus ocupantes, depois de examinarem suas novas paragens, não as acharão inadequadas e não voltarão os olhos para uma nova e mais distante viagem".**

O que não é convincente nessa imagem, porém, é a sugestão de que podemos saber quando chegamos ao nosso destino. Fukuyama achava que já deveríamos saber em 1992, se não antes. Mas nunca sabemos de fato. Na política moderna, seguimos constantemente tentando descobrir onde estamos. Não há uma sensação compartilhada de que, tendo alcançado nosso derradeiro ponto de parada, nosso respiro, somos capazes agora de tomar coragem e tentar algo novo. Nunca é a hora de seguir em frente. Sempre é tempo de garantir o que temos.

O sentimento dominante na atual política democrática liberal é de um apego desesperado a algo que sabemos que funciona,

---

* Francis Fukuyama, *O fim da história e o último homem*. Trad. de Aulyde Soares Rodrigues. Rio de Janeiro: Rocco, 1992, p. 406.   ** Ibid., pp. 406-7.

ou pelo menos deveria funcionar como funcionou para nós no passado. Mas não conseguimos descobrir exatamente o que deu errado com esse arranjo. Estamos o tempo todo tentando consertá-lo. Estamos tentando mantê-lo íntegro e, com ele, o pacote completo. Não ousamos tentar algo novo porque temos profunda consciência, igualmente, de que é mais frágil do que pensávamos e pode facilmente se desintegrar. Não temos a impressão de que esse seja o derradeiro ponto de parada do qual podemos partir para um lugar novo. Parece mais um poleiro precário de cujo equilíbrio relutamos a sair.

Há ainda outras maneiras de pensar sobre o fim da história. Vou dar apenas um exemplo, tirado de dois livros que venderam muito mais exemplares do que *O fim da história*, de Fukuyama. *Sapiens*, de Yuval Noah Harari, e sua sequência *Homo Deus* oferecem uma definição diferente do que pode significar o fim da história. Harari afirma que a história é a história da mediação humana. E não está falando apenas da história moderna; é uma história que tem pelo menos 100 mil anos. A história é o que os seres humanos fazem, a forma como agem sobre o mundo. Mas dá para dizer que, dentro dessa longa história, existem duas histórias. Primeiro, houve aquele período extenso no qual a mediação humana foi definida por aquilo de que os seres humanos eram capazes: a longa, longa história da existência humana pré-moderna. Depois, vem o período muito mais recente no qual a mediação humana foi aprimorada pela mediação artificial dos Estados modernos e das corporações modernas. Uma história de 350 anos dentro de uma história de 100 mil anos.

Essa mudança de um tipo de mediação, a humana, para outro, a humana mais a artificial, transformou nossa condição e criou o mundo extraordinariamente próspero, incrivelmente pacífico (se medido por padrões históricos), notavelmente seguro que os cidadãos do Ocidente habitavam no final do século xx: o mundo de Fukuyama, o mundo do fim da história. A preocupação de Harari é que outra mudança esteja prestes a acontecer. A mediação humana mais a mediação artificial dos Estados em breve ganhará um complemento: a inteligência artificial (IA) das máquinas. Uma vez que a mediação artificial seja moldada por IAs sofisticadas, a mediação humana será relegada a uma função secundária e posta a serviço das máquinas. Se isso acontecer, se as máquinas deixarem de nos aprimorar para que nós as aprimoremos, fornecendo-lhes os pontos de dados de que precisam para fazer seu trabalho, então, diz Harari, a história terá chegado ao fim porque, se ela não for mais primordialmente a história da mediação humana, não é nada. É apenas ciência de dados.

Não acredito que Harari esteja certo. Também não acho que chegamos ao fim da história nesse sentido, até porque ainda é a questão de como a mediação humana se relaciona com a mediação artificial de Estados e corporações que determinará nosso futuro. Restam escolhas políticas reais a serem feitas sobre como controlamos as IAs por meio dos entes artificiais que começamos a construir há mais de trezentos anos, tanto para nos controlar quanto para nos libertar. Essas escolhas reais dizem respeito, inclusive, a se a inteligência artificial será administrada por Estados, como no caso chinês, ou por corporações, como cada vez mais parece ser o caso americano, ou talvez por uma burocracia legalista, que é o modelo da UE. São escolhas políticas e também históricas: seguir o caminho chinês, o caminho americano ou o caminho da UE. E sugerem futuros muito diferentes. Se a questão é quem tem o poder de controlar essas máquinas pensantes cada vez mais poderosas, ela está posta dentro e não fora da história, pois depende de como nos relacionamos com os Estados que fazem escolhas por nós.

Uma razão pela qual acredito que não chegamos ao fim da história, seja no sentido de Harari, seja no de Fukuyama, é que seguimos vivendo num mundo hobbesiano. Ainda dependemos do Estado para nos mantermos seguros e, ao mesmo tempo, continuamos a lidar com a questão fundamental de como impedir que esse Estado nos domine. O Estado cada vez mais coexiste com gigantescas corporações de tecnologia — Apple, Google, Facebook, Microsoft, Tesla, Alibaba, Baidu, Huawei, Tencent —, donas de alguns poderes que nem ele tem. Como o Estado pode controlar as corporações que produzem as máquinas pensantes? Alguém ou alguma coisa é capaz disso? Essas ainda são questões hobbesianas, pois dizem respeito a coisas que construímos para nos servir e a se elas ainda nos servem ou nós é que as servimos. São sempre perguntas duplas que nunca poderão ter uma única resposta. O Estado nos protege do poder da máquina. O Estado nos faz vulneráveis ao poder da máquina. Ele nos serve e nós o servimos, as duas coisas ao mesmo tempo. Eis a compreensão de Hobbes. Eis a condição moderna. É a nossa condição. Sempre as duas coisas ao mesmo tempo. Não uma ou outra, mas ambas.

Hoje vivemos a era do coronavírus, da Covid-19. Gravei as palestras nas quais este livro se baseia durante os meses de março e abril de 2020 em minha casa, onde tinha sido trancafiado pelo meu Estado moderno, o Estado britânico. Um lockdown que não foi feito de maneira particularmente opressiva. Não me deixou mais assustado em relação ao Estado, mas sim com uma profunda consciência de seu poder. No mundo todo, as pessoas estão conscientes do poder de seus Estados, da capacidade que eles têm, até hoje, de decidir o destino delas, mesmo quando esses Estados alegam, e em alguns casos de fato conseguem, servir aos interesses e à segurança das pessoas. Durante a pandemia, o Estado moderno mostrou ser ainda uma instituição indispensável. É muito difícil imaginar como qualquer um de nós estaria vivendo, nestes tempos, na ausência do tipo de entes políticos construídos, se não exatamente como

Hobbes disse que deveriam ser, de formas compatíveis com a imaginação do filósofo para o que poderiam ser. São Estados com poder extraordinário, Estados dos quais dependemos para nos mantermos seguros, Estados dos quais devemos ter medo, Estados que, quando erram, podem causar desastres, Estados que seguem tendo poder de vida ou morte sobre nós — mesmo em sua versão democrática liberal, seguem tendo tal poder. Mas essa não é a história toda. Nós temos poder sobre eles; nossos líderes políticos nos temem tanto quanto nós os tememos. Sempre as duas coisas ao mesmo tempo.

O Estado moderno, além de indispensável, tampouco é inevitável. Podemos imaginar um mundo no qual essas instituições estejam fraturadas. Sabemos que vivemos em um mundo no qual essas instituições podem falhar, e é possível que o pacote que as mantinha íntegras esteja começando a se desintegrar. Mesmo que a imagem de Fukuyama seja equivocada — mesmo que ainda não tenhamos chegado ao nosso destino político e dali nos reagrupado e decidido que é hora de seguir em frente —, talvez precisemos seguir em frente de qualquer maneira, gostemos ou não disso. A instituição indispensável do mundo moderno, o Estado moderno, não é eterna. O Estado também é mortal. No momento atual, parece indispensável e também frágil. É impossível imaginar a vida sem ele, e ainda assim a vida poderá ter de continuar sem ele em breve. Mas, por enquanto, o Estado ainda é este duplo: humano e mecânico, essencial e dispensável. Não é uma instituição do tipo ou/ou. É ambas as coisas. Não é o Estado ou a gente; não é a máquina ou o ser humano. É tanto o Estado quanto nós, tanto a máquina quanto o humano. Seguimos vivendo num mundo político dominado pela máquina humana que é o Estado moderno — a dupla criação definitiva. Ainda não chegamos ao ponto de ter de fazer a escolha final entre o Estado e nós.

Não ainda.

Outras referências para ler, assistir e ouvir

A série original de podcasts na qual este livro é baseado — *Talking Politics: History of Ideas* — está disponível no iTunes e demais tocadores de podcasts. Também pode ser ouvida aqui: <https://www.talkingpoliticspodcast.com/history-of-ideas>.

1. HOBBES, *LEVIATÃ* [pp. 11-45]

Edição recomendada

HOBBES, Thomas. *Leviathan*. Org. de Richard Tuck. Cambridge: Cambridge University Press, 1996. [Ed. bras.: *Leviatã*. Trad. de João Paulo Monteiro e Maria Beatriz Nizza da Silva. São Paulo: Martins Fontes, 2003.]

O que mais ler

AUBREY, John. "Thomas Hobbes". In: ____. *Brief Lives*. Nova York: Vintage Classics, 2016.
FROST, Samantha. *Lessons of a Materialist Thinker: Hobbesian Reflections on Ethics and Politics*. Stanford: Stanford University Press, 2008.
MALCOLM, Noel. *Aspects of Hobbes*. Oxford: Oxford University Press, 2004.
RUNCIMAN, David. "The Sovereign". In: MARTINICH, A. P.; HOEKSTRA, Kinch (Orgs.). *The Oxford Handbook of Hobbes*. Oxford: Oxford University Press, 2016.
TUCK, Richard. *Hobbes: A Very Short Introduction*. Oxford: Oxford University Press, 2002.

Para assistir

SKINNER, Quentin. "What Is the State?" (palestra). Disponível em: <vimeo.com/149795551>.
SMITH, Sophie. "The Nature of Politics" (palestra). Disponível em: <www.youtube.com/watch?v=si9iG-093aY>.

2. WOLLSTONECRAFT, *REIVINDICAÇÃO DOS DIREITOS DA MULHER* [pp. 46-66]

Edição recomendada

WOLLSTONECRAFT, Mary. *A Vindication of the Rights of Men and A Vindication of the Rights of Woman*. Org. de Sylvana Tomaselli. Cambridge: Cambridge University Press, 1995. [Ed. bras.: *Reivindicação dos direitos da mulher*. Trad. de Ivana Pocinho Motta. São Paulo: Boitempo, 2016.]

O que mais ler

AUSTEN, Jane. *Razão e sensibilidade*. Trad. de Alexandre Barbosa de Souza. São Paulo: Penguin-Companhia das Letras, 2012.
TOMASELLI, Sylvana. *Wollstonecraft: Philosophy, Passion and Politics*. Princeton: Princeton University Press, 2020.
WOOLF, Virginia. "Mary Wollstonecraft". In: _____. *The Common Reader*. v. 2. Nova York: Vintage Books, 2003.

Para ouvir

In Our Time: "Mary Wollstonecraft" (podcast). Disponível em: <www.bbc.co.uk/programmes/b00pg5dr>.

3. CONSTANT, "A LIBERDADE DOS ANTIGOS COMPARADA À DOS MODERNOS" [pp. 67-90]

Edição recomendada

CONSTANT, Benjamin. *Political Writings*. Org. de Biancamaria Fontana. Cambridge: Cambridge University Press, 1988. [Ed. bras.: *A liberdade dos antigos comparada à dos modernos*. Trad. de Leandro Cardoso Marques da Silva. São Paulo: Edipro, 2019.]

O que mais ler

BERLIN, Isaiah. "Dois conceitos de liberdade: O romântico e o liberal". In: _____. *Ideias políticas na era romântica*. Org. de Henry Hardy. Trad. de Rosaura Eichenberg. São Paulo: Companhia das Letras, 2009.
CONSTANT, Benjamin. *Adolpho*. Trad. de Carlito Azevedo. Rio de Janeiro: Imago, 1992.

FONTANA, Biancamaria. *Benjamin Constant and the Post-Revolutionary Mind.* New Haven: Yale University Press, 1991.

ROSENBLATT, Helena (Org.). *The Cambridge Companion to Constant.* Cambridge: Cambridge University Press, 2009.

Para assistir

ROSENBLATT, Helena. "Benjamin Constant, Germaine de Staël, and the Foundations of Liberalism" (palestra). Disponível em: <www.youtube.com/watch?v=2uu_C6Rho9I>.

Para ouvir

In Our Time: "Germaine de Stäel" (podcast). Disponível em: <www.bbc.co.uk/programmes/b09drjm1>.

4. TOCQUEVILLE, *DA DEMOCRACIA NA AMÉRICA* [pp. 91-112]

Edição recomendada

TOCQUEVILLE, Alexis de. *Democracy in America.* Org. de Isaac Kramnick. Londres: Penguin Classics, 2003. [Ed. bras.: *Da democracia na América.* Trad. de Pablo Costa e Hugo Medeiros. Campinas: Vide, 2019.]

O que mais ler

BROGAN, Hugh. *Alexis de Tocqueville.* Londres: Profile, 2006.

ELSTER, Jon. *Alexis de Tocqueville: The First Social Scientist.* Cambridge: Cambridge University Press, 2009.

WELCH, Cheryl (Org.). *The Cambridge Companion to Tocqueville.* Cambridge: Cambridge University Press, 2006.

WOLIN, Sheldon. *Tocqueville: Between Two Worlds.* Princeton: Princeton University Press, 2001.

Para ouvir

In Our Time: "Tocqueville's Democracy in America" (podcast). Disponível em: <www.bbc.co.uk/programmes/b09vyw0x>.

Talking Politics: "The 15th and the 19th Amendments" (podcast). Disponível em: <www.talkingpoliticspodcast.com/ blog/2020/212-the-15th-and-the-19th>.

5. MARX E ENGELS, *MANIFESTO DO PARTIDO COMUNISTA* [pp. 113-36]

Edição recomendada

MARX, Karl; ENGELS, Friedrich. *The Communist Manifesto*. Org. de Gareth Stedman Jones). Londres: Penguin, 2014. [Ed. bras.: MARX, Karl; ENGELS, Friedrich. *Manifesto do Partido Comunista*. Trad. de Sergio Tellaroli. São Paulo: Penguin-Companhia das Letras, 2012.]

O que mais ler

HUNT, Tristram. *Comunista de casaca: A vida revolucionária de Friedrich Engels*. Trad. de Dinah Azevedo. Rio de Janeiro: Record, 2010.
JONES, Gareth Stedman. *Karl Marx: Grandeza e ilusão*. Trad. de Berilo Vargas. São Paulo: Companhia das Letras, 2017.
MOGGACH, Douglas Moggach; JONES, Gareth Stedman (Orgs.). *The 1848 Revolutions and European Political Thought*. Cambridge: Cambridge University Press, 2018.
WOLF, Jonathan. *Why Read Marx Today?* Oxford: Oxford University Press, 2003.

Para ouvir

In Our Time: "Marx" (podcast). Disponível em: <www.bbc.co.uk/programmes/p003k9jg>.
LANCHESTER, John. "Marx at 193" (palestra: London Review of Books; Museu Britânico). Disponível em: <soundcloud.com/britishmuseum/john-lanchester-marx-at- 193>.

6. GANDHI, *HIND SWARAJ — AUTOGOVERNO DA ÍNDIA* [pp. 137-59]

Edição recomendada

GANDHI, Mohandas. *"Hind Swaraj" and Other Writings*. Org. de Anthony Parel. Cambridge: Cambridge University Press, 2009. [Ed. bras.: *Hind Swaraj: Autogoverno da Índia*. Trad. de Gláucia Gonçalves, Divanize Carbonieri, Carlos Gohn e Laura P. Z. Izarra. Brasília: Funag, 2010.]

O que mais ler

FORSTER, E. M. *A máquina parou*. Trad. de Teixeira Coelho. São Paulo: Iluminuras, 2018.
GANDHI, M. K. *An Autobiography*. Londres: Penguin, 2001.

GUHA, Ramachandra. *Gandhi before India.* Nova York: Alfred Knopf, 2014.
PAREKH, Bhikhu. *Gandhi: A Very Short Introduction.* Oxford: Oxford University Press, 2001.

Para ouvir

Talking Politics: "Gandhi's Politics" (podcast). Disponível em: <www.talkingpoliticspodcast.com/blog/2018/121-gandhis-politics>.

7. WEBER, "POLÍTICA COMO VOCAÇÃO" [pp. 160-83]

Edição recomendada

WEBER, Max. *Political Writings.* Org. de Peter Lassmann. Cambridge: Cambridge University Press, 1994. [Ed. bras.: "Política como vocação". In: ____. *Essencial Sociologia.* Org. de André Botelho. Trad. de Marcelo Rondinelli. São Paulo: Penguin-Companhia das Letras, 2013.]

O que mais ler

MULLER, Jan-Werner. *Contesting Democracy: Political Ideas in Twentieth-Century Europe.* New Haven: Yale University Press, 2013.
PEARCE, Nick. "Politics as a Vocation in a Post-Democratic Age", *openDemocracy*, 5 fev. 2014. Disponível em: <www.opendemocracy.net/en/opendemocracyuk/politics-as-vocation-in-post-democratic-age/>.
RADKAU, Joachim. *Max Weber.* Cambridge: Polity Press, 2009.
RUNCIMAN, David. *The Politics of Good Intentions.* Princeton: Princeton University Press, 2006.

Para ouvir

Talking Politics: "The Problem with Political Leaders" (podcast). Disponível em: <www.talkingpoliticspodcast.com/blog/2019/141-the- problem-with-political-leaders>.

8. HAYEK, *O CAMINHO DA SERVIDÃO* [pp. 184-206]

Edição recomendada

HAYEK, F. A. *The Road to Serfdom.* Oxfordshire: Routledge Classics, 2001. [Ed. bras.: *O caminho da servidão.* Trad. de Anna Maria Capovilla, José Ítalo Stelle e Liane de Morais Ribeiro. São Paulo: LVM, 2010.]

O que mais ler

GAMBLE, Andrew. *Hayek: The Iron Cage of Liberty*. Cambridge: Polity Press, 1996.
HAYEK, F. A. *A constituição da liberdade*. Trad. de Pedro Elói Duarte. São Paulo: Avis Rara, 2022.
JONES, Daniel Stedman. *Masters of the Universe: Hayek, Friedman and the Birth of Neo-Liberal Politics*. Princeton: Princeton University Press, 2014.
RIDLEY, Matt. *O otimista racional: Por que o mundo melhora*. Trad. de Ana Maria Mandim. Rio de Janeiro: Record, 2014.

Para ouvir

"Hayek versus Keynes" (BBC Radio). Disponível em: <www.bbc.co.uk/programmes/b012wxyg>.

9. ARENDT, *A CONDIÇÃO HUMANA* [pp. 207-28]

Edição recomendada

ARENDT, Hannah. *The Human Condition*. Chicago: Chicago University Press, 2018. [Ed. bras.: *A condição humana*. Trad. de Roberto Raposo. São Paulo: Forense Universitária, 2020.]

O que mais ler

ARENDT, Hannah. *Eichmann em Jerusalém: Um relato sobre a banalidade do mal*. Trad. de José Rubens Siqueira. São Paulo: Companhia das Letras, 1999.
MASON, Paul. *Em defesa do futuro: Um manifesto radical pelo ser humano*. Trad. de Berilo Vargas. Rio de Janeiro: Zahar, 2020.
VILLA, Dana (Org.). *The Cambridge Companion to Hannah Arendt*. Cambridge: Cambridge University Press, 2001.
YOUNG-BRUEHL, Elizabeth. *Por amor ao mundo: A vida e a obra de Hannah Arendt*. Trad. de Antônio Trânsito. Rio de Janeiro: Relume Dumará, 1997.

Para assistir

Hannah Arendt (filme). Dir. Margaretha von Trotta (2012).

Para ouvir

In Our Time: "Hannah Arendt" (podcast). Disponível em: <www.bbc.co.uk/programmes/b08c2ljg>.

10. FANON, *OS CONDENADOS DA TERRA* [pp. 229-50]

Edição recomendada

FANON, Frantz. *The Wretched of the Earth*. Londres: Penguin Modern Classics, 2001. [Ed. bras.: *Os condenados da terra*. Trad. de Lígia Fonseca Ferreira e Regina Salgado Campos. São Paulo: Zahar, 2022.]

O que mais ler

ARENDT, Hannah. *Sobre a violência*. Trad. de André Duarte. Rio de Janeiro: Civilização Brasileira, 2009.
CHERKI, Alice. *Frantz Fanon: A Portrait*. Ithaca: Cornell University Press, 2006.
FANON, Frantz. *Pele negra, máscaras brancas*. Trad. de Sebastião Nascimento e Raquel Camargo. São Paulo: Ubu, 2020.
ORWELL, George. "Um enforcamento" e "O abate do elefante". In: ____. *Dentro da baleia e outros ensaios*. Org. de Daniel Piza. Trad. de José Antonio Arantes. São Paulo: Companhia das Letras, 2005.

Para assistir

A batalha de Argel (filme). Dir. Gillo Pontecorvo (1966).

Para ouvir

"Philosophy Talk: Frantz Fanon and the Violence of Colonialism" (podcast). Disponível em: <www.philosophytalk.org/shows/frantz-fanon>.

11. MACKINNON, *TOWARD A FEMINIST THEORY OF THE STATE* [pp. 251-72]

Edição recomendada

MACKINNON, Catharine A. *Toward a Feminist Theory of the State*. Cambridge: Harvard University Press, 1991.

O que mais ler

DWORKIN, Andrea. *Pornography: Men Possessing Women*. Nova York: Putnam, 1981.
DWORKIN, Ronald. "Women and Pornography". *New York Review of Books*, out. 1992.

MACKINNON, Catharine A. "Where #MeToo Came From and Where It's Going". *The Atlantic*, 24 mar. 2019. Disponível em: <www.theatlantic.com/ideas/archive/2019/03/catharine-mackinnon-what-metoo-has-changed/585313/>.
_____. *Butterfly Politics*. Cambridge: Harvard University Press, 2017.
WATSON, Lori (Org.). "Symposium on Catharine A. MacKinnon's Toward a Feminist Theory of the State". *Feminist Philosophy Quarterly*, n. 3, v. 2, 2017.

12. FUKUYAMA, *O FIM DA HISTÓRIA E O ÚLTIMO HOMEM* [pp. 273-95]

Edição recomendada

FUKUYAMA, Francis. *The End of History and the Last Man*. Londres: Penguin, 2012. [Ed. bras.: *O fim da história e o último homem*. Trad. de Aulyde Soares Rodrigues. Rio de Janeiro: Rocco, 1992.]

O que mais ler

BLOOM, Allan. *The Closing of the American Mind*. Nova York: Simon & Schuster, 1987.
FUKUYAMA, Francis. *As origens da ordem política: Dos tempos pré-humanos até a Revolução Francesa*. Trad. de Nivaldo Montingelli Jr. Rio de Janeiro: Rocco, 2013.
_____. *Ordem e decadência política: Da revolução industrial à globalização da democracia*. Trad. de Nivaldo Montingelli Jr. Rio de Janeiro: Rocco, 2018.
MENAND, Louis. "Francis Fukuyama Postpones the End of History". *The New Yorker*, set. 2018.

Para assistir

"Democracy: Even the Best Ideas Can Fail", Intelligence Squared, 2014 (vídeo). Disponível em: <www.youtube.com/watch?v=55LNwkH6iAM>.
"Francis Fukuyama on the End of History: Munich Security Conference 2020" (vídeo). Disponível em: <www.youtube.com/watch?v=YM6p-15fjBg>.

Para ouvir

Talking Politics: "Francis Fukuyama" (podcast). Disponível em: <play.acast.com/s/talkingpolitics/francisfukuyama>.

Índice remissivo

A

"Abate de um elefante, O" (Orwell), 240-1
absolutismo, 38
ação, capacidade de, 83-4, 205, 207, 215-8, 220-3, 225-7, 246-7, 249
Adolpho (Constant), 68, 86-9
África, 234, 247-; Estados africanos, 248
África do Sul, 137, 139, 155
Alemanha, 67, 87, 113, 131, 133, 160-7, 171-2, 175, 177, 180-1, 207, 211, 269; Baviera, 162, 166; Kaiser da, 166, 171, 175, 182; Munique, 161-2, 166, 177, 180-1, 274, 277; Muro de Berlim, 185, 269, 275; Oriental, 269; Primeira Guerra Mundial, 131, 162-4, 166, 175; República de Weimar, 162, 166, 171, 180-1; SPD (partido alemão), 133
Allende, Salvador, 202
Amazon, 219
amor romântico, 69-70
Anders, Günther, 208
Antigo Regime e a Revolução, O (Tocqueville), 92
árabe, mundo: Primavera Árabe (2010-2), 131
arbitrariedade, 41, 54, 255

Arendt, Hannah, 207-28, 249-50, 274, 279; *A condição humana*, 207, 213, 219-21; *As origens do totalitarismo*, 208, 211; e Fanon, 249-50; e Hobbes, 208-9, 213-4, 220-1, 223-7, 250; e tecnologia, 213-4, 221-3, 226-8; *Eichmann em Jerusalém*, 208, 211
Argélia, 91, 230, 234, 236-7, 245, 247; Frente de Libertação Nacional (FLN), 230
aristocracia, 94, 98-9
Aristóteles, 12, 287
Armada Espanhola, 21-2
ateísmo, 12, 23
atividade produtiva, 219-20, 222, 224-5, 249; *ver também* fabricação
Austen, Jane, 65-6, 252

B

Bacon, Francis, 50
Baviera, 162, 166
Beaumont, Gustave, 91
Behemoth (Hobbes), 12
Bentham, Jeremy, 51
Berlim, 166; Muro de, 185, 269, 275
Berlin, Isaiah, 83, 85-6, 188; "Dois conceitos de liberdade", 83

Bezos, Jeff, 219
Biden, Joe, 20
Birmânia, 240; Polícia Imperial Birmanesa, 240
Blair, Tony, 17
Bloom, Allan, 273, 278
Blücher, Heinrich, 208
bolcheviques, 119, 130, 162-3, 165-6, 171
Brexit, 133, 282
burguesia, 117, 122, 124, 126-9, 132-3, 257
Burke, Edmund, 48-9, 52-6, 234
Bush, George H. W., 185

C

Caminho da servidão, O (Hayek), 184, 190-2, 195, 199, 201, 203-4, 274, 280
Campbell, Alastair, 17
Capital, O (Marx), 114, 135
capitalismo, 117, 119-20, 123-9, 131-2, 134-6, 140, 142, 234-5, 256, 268, 285, 288; crises do, 103, 119-20, 126, 129, 135, 159, 186, 202; de Estado, 285, 288; e Hobbes, 40, 117; e imperialismo, 234-5; Marx e Engels sobre, 123-9, 134-6, 140, 142, 234-5; moderno, 136
Carlos II, rei da Inglaterra, 21, 31
casamento, 50-1, 64-5, 89, 256, 261
Cavendish, família, 11, 24, 233
Ceaușescu, Nikolai e Elena, 269
ceticismo, 24-5, 43, 188, 205-6; e Descartes, 24; e Hayek, 188, 205-6; e Hobbes, 24-6, 43, 188, 206
Charles, príncipe, 19
Chicago, Universidade de, 184, 202
Chile, 202

China, 112, 157-8, 271, 278, 286-8; capitalismo de Estado, 285, 288; e Estados Unidos, 112; e pornografia, 271-2; Estado chinês, 112, 158, 278; pensamento de Marx e Engels na, 158
classes, 132-4, 144; classe média, 113, 117, 132; classe trabalhadora *ver* proletariado; luta de, 127, 132
Clemenceau, Georges, 174
Closing of the American Mind, The (Bloom), 278
colonialismo, 8, 229, 233, 239-40, 242-4, 250
Companhia das Índias Orientais, 233-4
Comuna de Paris (1871), 119
comunismo, 8, 119, 130, 280
Condenados da terra, Os (Fanon), 229-30, 237-8, 242-3, 246, 249
condição humana, 209, 217, 220
Condição humana, A (Arendt), 207, 213, 219-21
conformismo, 104, 107
Confúcio, 287
consequências não intencionais, 179
Constant, Benjamin, 67-83, 86-90, 95, 115, 123, 161, 176, 188, 234, 255, 274, 284; "A liberdade dos antigos comparada à dos modernos", 68; *Adolpho* (romance), 68, 86-9; e Berlin, 86; e Hobbes, 69-72, 74, 82; e Napoleão, 68, 73, 75, 234; e Romantismo, 69, 71, 87; liberalismo, 70, 71, 90
Constituição americana, 199
Constituição britânica, 63
Constituição da liberdade, A (Hayek), 204
consumo, 215, 218-9, 222

contar histórias, 226
contrato social, 35, 37
contratos, 35, 264, 267
"convenção", 36, 37, 42
convicção, 176-9
corporações, 292-4
Covid-19, pandemia de, 13, 285, 294
crise financeira global (2008), 120, 186, 202

dinheiro, 28, 40, 79, 84-5, 114-5, 167, 201
direito de voto, 62-3, 199, 243, 255
direitos civis, 140, 155
Disraeli, Benjamin, 174
dívida(s), 79, 115-6, 191-2, 199, 201-2
Do cidadão (Hobbes), 11-2
"Dois conceitos de liberdade" (Berlin), 83
durabilidade, 100, 131, 225, 289

D

Da democracia na América (Tocqueville), 91, 98-9, 101, 105, 107, 109-11, 188, 279
De Staël, Madame, 67, 69
democracia, 8, 12, 63, 91-9, 101, 103-12, 116, 122, 141, 164-5, 169, 188, 195, 197-202, 242-3, 275, 277, 279-80, 283-5, 287-90; americana, 103-6, 109-11, 182, 289; antiga, 75, 78, 92, 96; democracias ocidentais, 165, 190, 195, 204; e Fukuyama, 275, 277, 279-80, 283-5, 289-90; e Hayek, 190, 195, 197-202, 204; e Hobbes, 12; e Tocqueville, 92-7, 99, 101, 103-6, 108-12; e Weber, 164-5, 169, 182; e Wollstonecraft, 63; liberal, 275, 277, 279-80, 283-5, 287, 289-90; representativa, 94-5; responsabilidade democrática, 196
Descartes, René, 24-5, 51
"desindividualização", 222
desobediência civil, 147, 152-3, 157, 246
Dias na Birmânia (Orwell), 240
Dickens, Charles, 100-1, 109, 139
"difidência", 33-4

E

economia, 22, 114, 116-7, 160-1, 180, 184-6, 194, 196-7, 204-5, 220, 281; Prêmio Nobel de Economia, 185
educação, 55, 60-2, 69, 201, 239, 244, 249; e classes, 133; e Madame de Staël, 69; e Wollstonecraft, 60-1
Eichmann em Jerusalém (Arendt), 208, 211
Elementos da lei natural e política, Os (Hobbes), 11
elite, 15, 54, 61, 93
Elizabeth I, rainha da Inglaterra, 21, 30
Elizabeth II, rainha da Inglaterra, 19-20
empreendedorismo, 115, 116
"Enforcamento, Um" (Orwell), 240-1
Engels, Friedrich, 113-4, 116-24, 126-30, 132-6, 138, 140-7, 158-9, 208, 234-5, 245, 256, 274; *A situação da classe trabalhadora na Inglaterra*, 113-4; e China, 158; e violência, 122, 146, 245; *Manifesto do Partido Comunista*, 113-4, 116, 118-20, 124, 127, 130, 135, 139-40, 159; sobre sexo e poder, 256

escravidão, 59, 65, 96, 101, 109
Espinosa, Baruch, 51
Estados: capitalismo de Estado, 285, 288; e ação, 205, 207, 215-8, 220-3, 225-7, 246-7, 249; e dívida, 79; e injustiça, 253-6, 258-9, 261-2, 265-6, 270, 272, 290; Estado bolchevique, 130; Estado feminista, 263; Estado hobbesiano, 40, 42, 82, 122, 136, 151, 227, 239, 262; Estado liberal, 72-3, 95, 258-9, 266, 287; Estado moderno, 7-8, 13-7, 41, 45, 63, 79, 82, 86, 90, 93, 114, 122-3, 136, 140-2, 146, 148, 151, 158, 167-8, 171-3, 176-7, 179-80, 183, 206, 208, 210, 212, 214, 225-7, 230, 235-7, 239, 247-8, 250, 252, 255, 263, 274, 277, 286-7, 294-5; Estado pós-moderno, 248; Estado totalitário, 212; Estado-nação, 129-31, 135; Estados soberanos, 43, 71, 114-5, 118, 176, 230, 232; império e colônia, 233; liderança política, 178-80, 182; não violência, 146, 152, 257; neutralidade do Estado, 258, 265-6; poderes do Estado, 66, 128-9; relações internacionais, 230-1; violência e, 122, 168-9, 270; *ver também* governo; política
Estados Unidos, 19-20, 73, 75, 95-100, 103, 106-7, 111-2, 115, 119, 124, 133, 154-7, 161, 164, 173-4, 184, 191, 198, 204, 207, 211, 230, 233, 245, 252, 260, 273, 281, 283, 289; como república ou principado, 19-20; Constituição americana, 199; crises bancárias (1857), 119; democracia americana, 103-06, 109-11, 182, 289; Dickens nos, 100-1; e China, 112; e Rússia, 111-2; e violência, 182-3; Estado americano, 112, 182; exilados alemães nos, 211; Fukuyama sobre, 289-90; Guerra Civil Americana (1861-5), 73, 182-3; "máquinas partidárias" nos, 173; movimento pelos direitos civis (1960), 155; Partido Democrata, 133; política americana, 106, 109, 290; segregação racial nos, 152; Segunda Guerra Mundial, 191, 280; separação de poderes, 73
Europa, 24, 29, 73, 95, 97-101, 110, 118-20, 124, 131, 151, 155, 163-4, 185, 229, 235, 238, 246-7, 283; Oriental, 101, 120, 131, 269, 276; União Europeia (UE), 133, 281-2
Extinction Rebellion, 156-7

F

fabricação, 215-20, 224, 249
Fanon, Frantz, 229-30, 234-40, 242-50, 266-7; e Arendt, 249-50; e Hobbes, 231, 239; e violência, 229, 235, 237-40, 242-6, 249-50, 266; *Os condenados da terra*, 229-30, 237-8, 242-3, 246, 249; *Pele negra, máscaras brancas*, 229-30
fascismo, 171, 212, 280
fatalismo, 203, 205
feminismo, 8, 255-8, 261, 263, 271-2; e pornografia, 271
Fichte, Johann Gottlieb, 120
"Fim da história, O" (artigo de Fukuyama, 1989), 274-6

Fim da história e o último homem, O
(livro de Fukuyama, 1992), 273, 275, 278, 282, 289-90, 292
Forster, E. M., 143
França, 24, 47, 53, 72-3, 75, 79-80, 95, 97, 108-9, 163-4, 174, 211, 229, 236; colônias francesas, 229, 236; Comuna de Paris (1871), 119; Estado francês, 95, 236; Primeira Guerra Mundial, 163, 164; Revolução de 1848, 108; *ver também* Revolução Francesa (1789)
Frankenstein (Shelley), 66
Frente de Libertação Nacional (FLN, Argélia), 230
Friedman, Milton, 185, 202
Fukuyama, Francis, 273-95; e democracia, 275, 277, 279-80, 283-5, 289-90; "O fim da história" (artigo de 1989), 274-6; *O fim da história e o último homem* (livro de 1992), 273, 275, 278, 282, 289-90, 292

G

Gandhi, Mohandas, 137-59, 173, 175, 178, 208, 234-5, 245, 256-7, 288; como inspiração, 152; e políticos, 146, 150, 152-4; e tecnologia, 142; *Hind Swaraj* (manifesto de Gandhi pela independência da Índia), 137, 139-40, 142, 144-5, 150, 159; os meios e o fim, 148, 178; resistência passiva, 147-8, 150-3
Gladstone, William, 173, 175, 180, 182
Godwin, Mary Wollstonecraft, 47, 66

Godwin, William, 47, 66
governo, 15-6, 18, 20, 35-7, 44, 54-5, 62-3, 68, 72-5, 92-3, 110, 137-8, 141, 150, 188, 196, 198, 201-2, 230, 242; governados, 15, 18, 20, 170; governantes, 15, 20, 284
Grã-Bretanha, 53, 72, 98, 124, 154, 164, 174, 191; como república ou principado, 19; Constituição britânica, 63; e Índia, 139-41, 144, 150; Estado britânico, 52-3, 62, 73, 95, 150, 172, 233, 294; liderança política, 180, 182; Primeira Guerra Mundial, 163, 174; Segunda Guerra Mundial, 150, 191; *ver também* Inglaterra; Reino Unido
gripe espanhola (1918-9), 162
Guerra Civil Americana (1861-5), 73, 182-3
Guerra Civil Inglesa (1642-60), 11, 22-4, 37, 63
Guerra dos Trinta Anos (Europa, 1618-48), 21-2
Guerra Fria, 111, 120, 275, 277-8
Guerra Russo-Japonesa (1905), 273

H

Hannah Arendt (filme de 2012), 208
Harari, Yuval Noah, 222, 292-3
Hayek, Friedrich, 184-206, 274, 280, 285, 287; *A constituição da liberdade*, 204; e democracia, 190, 195, 197-202, 204; e Keynes, 203; e Pinochet, 202; *O caminho da servidão*, 184, 190-2, 195, 199, 201, 203-4, 274, 280
Hegel, Georg Wilhelm Friedrich, 120, 277, 278
Heidegger, Martin, 207, 210, 213

Hind Swaraj (manifesto de Gandhi pela independência da Índia), 137, 139-40, 142, 144-5, 150, 159
Hindenburg, Paul von, 175, 181-2
História, 21, 127, 195, 223, 226, 275-7, 292-3
Hitler, Adolf, 162, 180-1, 210
Hobbes, Thomas, 11-5, 17, 21-54, 66, 69-72, 74, 76, 85-6, 90, 93-5, 109, 114-5, 117, 136, 167-72, 176, 178, 186, 188, 206, 208-9, 213-4, 220-1, 223, 225-7, 231-3, 243, 250, 252-3, 262-3, 274, 287, 294-5; *Behemoth*, 12; *Do cidadão*, 11-2; e Arendt, 208-9, 213-4, 220-1, 223-7, 250; e Bacon, 50; e Berlin, 85; e capitalismo, 40, 117; e ceticismo, 24, 25, 26, 43; e Constant, 69-72, 74, 82; e democracia, 12; e dinheiro, 28, 40; e Fanon, 231, 239; e leis da natureza, 28, 232; e MacKinnon, 258, 262-3, 266; e Marx e Engels, 114-7, 122, 136; e relações internacionais, 231; e Revolução Francesa (1789), 47-8; e Romantismo, 69; e Weber, 167-72, 176, 178; e Wollstonecraft, 47-52, 54, 66; Estado hobbesiano, 40, 42, 82, 122, 136, 151, 227, 239, 262; império e colônia, 233; *Leviatã*, 12-4, 17, 21-3, 28, 31-4, 36, 38, 41, 49, 66, 74, 77, 136, 141, 168, 209, 214, 220, 225-6, 252, 287; *Os elementos da lei natural e política*, 11
homens, 50
Homero, 12
Homo Deus (Harari), 292
Hume, David, 51

I

idade, 133, 199
Ilíada (Homero), 12
Imlay, Gilbert, 47
imperialismo, 234-6, 240, 242, 247; e capitalismo, 234-5
impérios, 8, 126, 233
Índia, 137-41, 144-5, 150-2, 154, 157, 158; independência da, 138, 140, 144, 150
Inglaterra, 23, 31, 47, 61, 75, 84, 114, 139, 171; colônias inglesas (Estados Unidos), 233; Constituição britânica, 63; Guerra Civil Inglesa (1642-60), 11, 22-4, 37, 63; Revolução Gloriosa (1688), 95; Revolução Industrial (séc. XVIII), 69; *ver também* Grã-Bretanha; Reino Unido
injustiças, 253-6, 258-9, 261-2, 265-6, 270, 272, 290
inteligência artificial, 227, 293
internacionalismo, 129-30, 144
internet, 187, 193, 198, 271-2; e pornografia, 271
Irlanda, 101
Itália, 101

J

Japão, 280-3
Johnson, Boris, 20
jovens, 96, 133-4, 177, 199
judeus, 84, 151, 210-1

K

Kaiser da Alemanha, 166, 171, 175, 182
Kant, Immanuel, 51
Kapital, Das (Marx), 114, 135
Keynes, John Maynard, 203
King, Martin Luther, 152, 154-6
Knight, Frank, 185

L

Leibniz, Gottfried Wilhelm, 51
leis da natureza, 28, 232
Lênin, Vladímir, 120, 127, 165, 234, 245
Leste Europeu, 120, 131, 269, 276
Leviatã (Hobbes), 12-4, 17, 21-3, 28, 31-4, 36, 38, 41, 49, 66, 74, 77, 136, 141, 168, 209, 214, 220, 225-6, 252, 287
liberalismo, 70-1, 90, 188, 239, 257, 260; democracia liberal, 275, 277, 279-80, 283-5, 287, 289-90; e Constant, 70-1, 90; e Hayek, 188; e MacKinnon, 257-60; e neutralidade do Estado, 258, 265-6; Estado liberal, 72-3, 95, 258-9, 266, 287; neoliberalismo, 204-5
"Liberdade dos antigos comparada à dos modernos, A" (Constant), 68
liberdade negativa, 84-6, 188, 260-1, 270, 272
liberdade positiva, 83-6, 261
liderança política, 178-80
Limbaugh, Rush, 107
Lincoln, Abraham, 182-3
livre mercado, 185, 188, 190, 196
Lloyd George, David, 174-5
Locke, John, 51

Ludendorff, Erich, 175, 182
Luís XVI, rei da França, 47

M

MacKinnon, Catharine A., 251-72; e pornografia, 251-2, 267-8, 270-1; e Weber, 263; *Toward a Feminist Theory of the State* [*Para uma teoria feminista do Estado*], 251, 257, 264, 269
Maine, Henry, 264
Mandela, Nelson, 152-6
Manifesto do Partido Comunista (Marx & Engels), 113-4, 116, 118-20, 124, 127, 130, 135, 139-40, 159
Maquiavel, Nicolau, 17-20; *O príncipe*, 18, 20
"Máquina parou, A" (E.M. Forster), 143
máquinas, 132, 142-5, 173, 213-4, 221-3, 226-8, 279, 288, 293-4; política da máquina, 173; *ver também* tecnologia
"máquinas partidárias" (Estados Unidos), 173
Martinica, 229, 236
Marx, Karl, 113-46, 158-9, 185, 208, 219, 234-5, 239, 242, 245-6, 274; *Das Kapital*, 114; e China, 158; e violência, 122, 146, 245; *Manifesto do Partido Comunista*, 113-20, 124, 127, 130, 135, 139-40, 159; sobre sexo e poder, 256
marxismo, 114, 116-7, 120, 129, 132, 134, 144-6, 171, 219, 234, 255-7, 261, 264, 268, 286; e feminismo, 255; e Hobbes, 114-7, 122, 136; e MacKinnon, 254-8; e pornografia, 268, 271-2; ocidental, 120

Mason, Paul, 213, 273
mediação, 116, 128, 133-4, 249, 292-3; artificial, 292-3; humana, 116, 292-3
mercado, 84, 125, 184, 188-91, 193, 195-6, 199, 201, 206, 280; livre mercado, 185, 188, 190, 196
Mitchell, Joni, 218
modernidade, 110, 142, 212, 214, 246, 250, 263-4
monarquia, 94
moralidade, 55, 58, 61; risco moral, 102-3
mudança climática, 13, 134-5, 157, 205-6, 285; Extinction Rebellion, 156-7
mulheres: opressão sexual, 251-72; a política e os sexos, 46-66
Munique (Alemanha), 161-2, 166, 177, 180-1, 274, 277
Muro de Berlim, 185, 269, 275

N

nacionalismo, 130, 138, 163, 286
não violência, 146, 152, 257
Napoleão Bonaparte, 68, 73, 75, 234
Nasa (National Aeronautics and Space Administration), 221
"natalidade", espaço da, 223
National Interest, The (periódico), 276
natureza, leis da, 28, 232
nazismo, 151, 162, 181, 190, 193, 207, 210-2, 236
neoliberalismo, 204-5
neutralidade do Estado, 258, 265-6
Nietzsche, Friedrich, 51, 278-9

O

Occupy Wall Street, 153, 156
Odisseia (Homero), 12
operários *ver* proletariado
opressão sexual, 251-72
Oriente Médio, 276
Origens do totalitarismo, As (Arendt), 208, 211
Orwell, George, 151, 240-2, 247

P

pandemia de coronavírus *ver* Covid-19, pandemia de
Paris, 23-4, 46, 50, 67-8, 113, 119, 161, 176, 207, 245; Comuna de Paris (1871), 119; movimentos de 1968, 246
participação política, 62, 82
Partido Conservador (Reino Unido), 185
Partido Democrata (Estados Unidos), 133
Partido Trabalhista (Reino Unido), 133-4
partidos políticos, 83, 134, 172-3
Pele negra, máscaras brancas (Fanon), 229-30
pessoas mais velhas, 93, 133-4
Pinochet, Augusto, 202
planejamento econômico/ planificação econômica, 186, 191, 194-8, 204
Platão, 12, 139, 287
poderes, separação de, 73
Polícia Imperial Birmanesa, 240
política: americana, 106, 109, 290; da máquina, 173; e os dois conceitos de liberdade, 85; e

os sexos, 46-66; participação política, 62, 82; partidos políticos, 83, 134, 172-3; profissional, 176
"Política como vocação" (Weber), 160, 168
Polônia, 130, 269
populismo, 106-7, 274
pornografia, 64, 251-2, 267-72; e internet, 271; e marxismo, 268, 271-2
"pós-moderno", Estado, 248
povo, o, 15, 20, 31, 94, 112, 141, 166, 169, 173, 188, 200-1, 244, 249, 287
Prêmio Nobel de Economia, 185
Primavera Árabe (2010-2), 131
Primeira Guerra Mundial, 119, 131, 138, 161-4, 166, 174-5, 182, 184, 190, 231
principados, 18-20, 31, 87
Príncipe, O (Maquiavel), 18, 20
proletariado, 118, 127-8, 132-4, 140, 198, 219, 242, 245, 257
prosperidade, 34, 283-4, 286

R

racionalidade/razão, 48-9, 51-3, 55-6, 58, 65, 176, 221
racismo, 236; segregação racial, 152, 155
Razão e sensibilidade (Austen), 65
Reader's Digest (revista), 190
Reagan, Ronald, 204
Reflexões sobre a Revolução na França (Burke), 48
Reflexões sobre a violência (Sorel), 245
"Rehab" (canção de Amy Winehouse), 85

Reino Unido, 7, 19, 133, 138, 199, 204; como república ou principado, 19; Índia e, 138-41, 144, 150; Partido Conservador, 185; Partido Trabalhista, 133-4; *ver também* Grã-Bretanha; Inglaterra
Reivindicação dos direitos da mulher (Wollstonecraft), 46-7, 49-50, 55, 57, 59, 61, 63-4, 69-70, 252
relações internacionais (RI), 230-1
religião, 22-3, 25, 28, 40-1, 55, 68, 77, 81, 83-4, 101, 150
representação, 30-1, 36, 71, 93-5, 112, 145-6, 149, 152, 154, 158, 176, 180, 235, 243, 267-8
República de Weimar, 162, 166, 171, 180-1
repúblicas, 18, 20
resistência passiva, 147-8, 150-3, 156-7
Revolução de 1848 (França), 108
Revolução de Veludo (Tchecoslováquia, 1989), 131
revolução digital, 135, 187, 288-9
Revolução Francesa (1789), 47-8, 52, 56, 60, 62, 65, 67, 73-6, 78-80, 82, 86-7, 95, 97, 161, 231; e Burke, 48-9, 52; e Constant, 67, 73-6, 78-80, 82, 86-7, 95; e Hobbes, 47, 48; e Tocqueville, 95, 97; e Wollstonecraft, 47-9, 52, 56, 60, 62, 65, 74
Revolução Gloriosa (Inglaterra, 1688), 95
Revolução Industrial (Inglaterra, séc. XVIII), 69
revolução neoliberal, 204-5
Revolução Russa (1917), 130, 163-4, 245
revoluções, 8, 47, 74, 108, 131-2, 147, 230

Ridley, Matt, 187
risco moral, 102-3
Romantismo, 69, 71, 87
Romênia, 269, 271-2
Rousseau, Jean-Jacques, 86
Rússia, 73, 111-2, 119-20, 131, 157, 163-4; Primeira Guerra Mundial, 163-4; Revolução Russa (1917), 130, 163-4, 245; *ver também* União Soviética

S

Sapiens (Harari), 292
Sartre, Jean-Paul, 230
segregação racial, 152, 155
Segunda Guerra Mundial, 150, 190-1, 193-5, 273, 280
Seleções/Reader's Digest (revista), 190
sentimento/sensibilidade, 56, 58, 61, 65-6
separação de poderes, 73
sereias, canto das, 200-1
Shelley, Mary, 47, 66
Shelley, Percy Bysshe, 66
Situação da classe trabalhadora na Inglaterra, A (Engels), 113-4
Smith, Adam, 51
soberania, 43, 71, 114-5, 118, 170, 176, 230, 232
socialismo, 114, 190, 261
Sociedade Mont Pelèrin, 185
soldados, 59-60, 63, 66, 167, 175, 178, 182, 239-40, 245
Sorel, Georges, 245-6
SPD (partido alemão), 133
Sputnik (satélite soviético), 221, 227
Stálin, Ióssif, 120
status, 264-6

T

tecnologia, 135, 142-3, 192-4, 197-8, 205-6, 210, 213, 221-3, 272, 280, 287-8, 294; determinismo tecnológico, 192, 193; digital, 142, 192, 222, 287-8; e Arendt, 213-4, 221-3, 226-8; e crise climática, 206; e Gandhi, 142; revolução digital, 135, 187, 288-9
Thatcher, Margaret, 185, 204
"tirania da maioria", 105-7, 274, 280
Tocqueville, Alexis de, 91, 97-116, 157, 164, 188, 234, 260, 274, 279-80, 289; *Da democracia na América*, 91, 98-9, 101, 105, 107, 109, 110-1, 188, 279; e Fukuyama, 279; *O Antigo Regime e a Revolução*, 92
totalitarismo, 38-9, 212, 223
Toward a Feminist Theory of the State [*Para uma teoria feminista do Estado*] (MacKinnon), 251, 257, 264, 269
trabalho, 122-5, 132-3, 167, 191, 199, 214-20, 224, 245, 250, 261
tradição contratualista, 35
tráfico humano, 251, 270
Trump, Donald, 20, 107, 198, 274, 285

U

Ulisses (personagem mitológica), 200
União Europeia (UE), 133, 281-2
União Soviética, 111, 120, 230, 235, 276-7; Estado soviético, 193; Segunda Guerra Mundial, 193; *ver também* Rússia

V

"vetocracia", 290
viagens espaciais, 221
Vindication of the Rights of Men, A [*Reivindicação dos direitos dos homens*] (Wollstonecraft), 52
violência, 49, 79, 149, 152-4, 168-9, 177, 238-40, 244-6, 248-9, 263, 266-7; e Fanon, 229, 235, 237-40, 242-6, 249-50, 266; e Gandhi, 138, 146-7, 149, 151-4; e MacKinnon, 257; e Weber, 168-9, 178; Marx e Engels, 122, 146, 245; não violência, 146-7, 152, 257
Virginia Company, 233
voto, direito de, 62-3, 199, 243, 255
voz, 17, 20, 29, 60, 63, 94-5, 100, 255, 284, 287-8

W

Weber, Max, 160-83, 237, 263; e democracia, 164-5, 169, 182; e MacKinnon, 263; "Política como vocação", 160, 168
Weimar, República de, 162, 166, 171, 180-1
Wilhelm II (Kaiser da Alemanha), 166, 171, 175, 182
Wilson, Woodrow, 174
Winehouse, Amy, 85
Wittgenstein, Ludwig, 51
Wollstonecraft, Mary, 46-6, 69-70, 72, 74, 76, 88, 95, 115, 138, 208-9, 234, 252-4; e Companhia das Índias Orientais, 234; e democracia, 63; e educação, 60-1; e Hobbes, 47-52, 54, 66; e homens, 50; e Revolução Francesa (1789), 47-9, 52, 56, 60, 62, 65, 74; *Reivindicação dos direitos da mulher*, 46-7, 49-50, 55, 57, 59, 61, 63-4, 69-70, 252; *Reivindicação dos direitos dos homens*, 52

Créditos das imagens

pp. 11, 46, 67, 91, 113, 137, 184, 207: Getty Images
p. 273: Profile Books
pp. 160, 229, 251: Domínio público

Todos os esforços foram feitos para encontrar os detentores de direitos autorais das imagens/fotos incluídas neste livro. Em caso de eventual omissão, a Todavia terá prazer em corrigi-la em edições futuras.

© David Runciman, 2021

Todos os direitos desta edição reservados à Todavia.

Grafia atualizada segundo o Acordo Ortográfico da Língua Portuguesa de 1990, que entrou em vigor no Brasil em 2009.

capa e ilustração de capa
Laurindo Feliciano
preparação
Laura Folgueira
índice remissivo
Luciano Marchiori
revisão
Ana Alvares
Jane Pessoa

Dados Internacionais de Catalogação na Publicação (CIP)

Runciman, David (1967-)
 Confrontando o Leviatã : uma história do pensamento político moderno / David Runciman ; tradução Christian Schwartz. — 1. ed. — São Paulo : Todavia, 2023.

 Título original: Confronting Leviathan: A History of Ideas
 ISBN 978-65-5692-509-7

 1. Ciência política. 2. Pensamento político. I. Schwartz, Christian. II. Título.

CDD 320

Índice para catálogo sistemático:
1. Ciência política 320

Bruna Heller — Bibliotecária — CRB 10/2348

todavia
Rua Luís Anhaia, 44
05433.020 São Paulo SP
T. 55 11 3094 0500
www.todavialivros.com.br

fonte
Register*
papel
Pólen soft 80 g/m²
impressão
Geográfica